地域を支える
エッセンシャル・ワーク

―保健所・病院・清掃・子育てなどの現場から―

同志社大学政策学部教授　大東文化大学法学部准教授

山谷清志・藤井誠一郎

編著

ぎょうせい

ので、コロナ対策の調整に手間取ったことはよく報道された。「GoTo トラベル」「GoTo イート」で見られた政府判断のズレも周知の事実である。しかし天災に人為ミスが重なった問題で大きいのは、わたしたちの生活を支えるエッセンシャル・ワーカーの困難を招いたことだった。これまでの行政改革は民営化・民間委託の名目で無意味な経費削減競争を強い、エッセンシャル・ワーカーに非正規就労を拡大させ、賃金カットを横行させた。改革を進める中央は、仕事を下請業者に出してコストカットする、そのため非正規は低賃金で十分だと思ったのではないか。もちろんその人たちにも生活があるとは考えないだろうし、仕事に責任感とプライドを持っているとは想像しなかっただろう。この鈍感さを新型コロナ禍が襲ったのである。エッセンシャル・ワーカーも大変だし、そのサービスを受けるわたしたちも困った原因は、こうした鈍感さが天災に加わったからである。

本書の執筆は、当たり前だと思っていた生活が実はそうでなく、いろいろな人がこのくらしを支えていることに気づいたところから始まった。もちろん新型コロナ禍がきっかけで、もっと配慮や尊敬がエッセンシャル・ワークにあるべきだと反省したからである。しかし恐れていることがある。やがてこの複合災害に慣れ、わたしたちの生活をサポートする人たちを見失い、喉元過ぎて熱さを忘れるのではないか。

今川晃はその著書の最初に書いている。「私たちが置かれた社会状況は大きく変化している。その変化の中で、ますます取り残されようとしているのは個人としての人格の尊重である」(今川晃『個人の人格の尊重と行政苦情救済』敬文堂 2011, p. i)。この国では大きな組織や強い立場の主張が大きいので、一人ひとりの声は聞こえず、この人たちの人格に対して配慮する努力を怠ってきた。発展や豊かさの影の部分はますます見えづらくなり、忘れられる。その先にあるのは、「昨日と同じ明日」を漫然と続ける鈍感な生活である。

エッセンシャル・ワーカーの困難を前にわたしたちにできることは、反省し、記録し、広く社会に問うことである。今井照は、検証もなく反省もないまま10年を迎える原発事故の歴史を目の当たりにして、記録に意義を見いだす。「ひょっとしたら後生の誰かが目にしてくれて、ああこんなこともあったのか、こうして生きた人もいたのか」と考えるかも知れない（今井照／自治総研『原発事故　自治体からの証言』ちくま新書 2021,p.8)。エッセンシャル・ワーカーの困難についても、将来行われる政策の評価に向けて記録を残し、語りついでいくことが、わたしたちの使命だと思う。

最後に、日々のくらしを支えるエッセンシャル・ワーカー、とくに本書執筆にご協力いただいたエッセンシャル・ワーカーの方々に感謝しつつ、本書が多くの方々の目に触れるよう願っている。そして、執筆者たちのこうした想いを聞き届けてくださった、株式会社ぎょうせい出版事業部の皆様に心からお礼を申し上げたい。

2021年3月

山谷清志

目　次

第1部

エッセンシャル・ワーカーの厳しい20年

第１章

地方行革の『効率化』問題

エッセンシャル・ワーク。私たちが社会で暮らす上で欠かせない仕事、命や健康に関わる大切な仕事であるが、立場や環境によってもその必要の意味が違う。高齢者の食事や入浴、郵便や荷物の配達、学校や病院、介護施設、放課後の学童保育、学校給食、そしてこうした施設への交通アクセスなど、人それぞれ、さまざまな立場に立って考えてみれば「エッセンシャル」の意味や範囲が大きく違う。もちろん、看護師や保健師、保育士のように資格がある仕事、資格は不要だが熟練を要し相手の気持ちに配慮する仕事もある。そして、忘れてはいけないのはどんな種類の仕事であっても、それで家族を養っている人の仕事もまたエッセンシャル・ワークだということであろう。

ところで、エッセンシャル・ワーカーに注目して議論をしている中で、一つ気づいたことがあった。このエッセンシャル・ワークのかなりの部分が、20 世紀末から進められてきた地方自治体の行政改革、財政赤字論議、コスト削減の対象になっていた事実である。それによってここでエッセンシャル・ワークと呼んでいる仕事の多くが民間委託にまわされたり非正規就労化されたりしてきたこと（内藤・山谷 2015)、エッセンシャル・ワークを担当する人たちの人件費を低く抑えることは知っていた。そして、新型コロナ禍になって今さらながら気づかされたのである。私たちは、エッセンシャル・ワーカーが置かれていた境遇の意味を忘れてきたのではないか。

あらためてこれまでの政府改革、地方行革の流れを述べ、その中でこれらの改革が導いた評価がエッセンシャル・ワークにどんな働きをしてきたのかについて説明し、第２章以降の理解に役立てたい。

1 「カイカク」のねらい

後から考えれば、あれはやり過ぎだったと後悔することが歴史には多い。また、気づいていたけれども、本気で見ようとしなかった反省もある。本書で取り上げた新型コロナ禍でのエッセンシャル・ワーカー問題は、この後悔と反省の代表である。

後悔と反省のそもそもの原因は、小泉純一郎首相の「コイズミ改革」から始まった一連の政府改革にある。「20年遅れのサッチャー改革」と呼ばれたこのコイズミ改革は、本場イギリスの政府改革手法にならって耳慣れない多くの手段・手法を繰り出した。これら政府改革（以下ではこの特定の意図の改革を一般の意味で区別するため「カイカク」と記す）のカイカク手法は民営化、民間委託、独立行政法人・国立大学法人、PFI（Private Finance Initiative）、公民連携（Public Private Partnership）、民間との競争・民間売却を想定した公会計制度導入の検討、法人化をふまえた病院や大学の統廃合、そしてレベルは違うが市町村合併が代表だった。目的は効率化・無駄削減で、手段はコスト・カット、具体的にはアウトソーシング、給与・退職金カット、人員削減であった。議員歳費カットや議員定数削減もこれに含めても良いだろう。

「集中改革プラン」（2005年3月29日付け総務事務次官通知「地方公共団体における行政改革の推進のための新たな指針」）は、この方向を明確化した公式文書である。具体的内容は①事務事業の再編・整理、廃止・統合、②民間委託等の推進、③定員管理の適正化、④給与の適正化、⑤第三セクターの見直し、⑥経費節減の財政効果、⑦地方公営企業の経営改革で、後述の保健所改革や病院改革は、この集中改革プランの影響が大きかった分野である。

もちろん、この手のカイカクにありがちなように「何を目的でこれをやるのか」が忘れられ、本来は手段であった削減やカットの自己目的化が進んだ。代表は「平成の大合併」で、市町村の数が1999年3月31日には3,232だったのが2018年10月1日には1,718にまで削減されたときも、ひたすら市町村数を減らすことが目的になった（数字は総務省HP)。政策論争ではなく、削減目標の達成を迫る政治が横行し、その中でカイカクは政治戦略化し、選挙マニフェストにまで使われた。内容が無駄削減の行政改革を装っていたので多くの有権者は民間企業並みの業務カイゼン（特定の意図があるので改善ではなく以下では「カイゼン」と言う）だと錯覚し、「小泉劇場」の「自民党をぶっ壊す」のキャッチフレーズに多くの有権者が幻惑された。それにあやかった政党や政治勢力も出現し、一定数の議席を確保した。カイカクが目指す「減税」「小さな政府」といったひびきが良い言葉の陰で、カイカクに反対する人びとは抵抗勢力とレッテルを貼られ、政治の舞台から遠ざけられ、効率を主流化したカイカク運動が拡散した。

この改革路線への不安、違和感はその後の地方財政の逼迫、とくに2006年の「夕張ショック」（夕張市の財政破綻・財政再建団体化）によって無視され、地方公共団体の財政の健全化に関する法律（2009年）によって、市民意識においてもカイカク運動は日常化した。慣らされたのかも知れない。

しかしそこで見過ごされてきたのは、そのカイカク運動がエッセンシャル・ワークと呼ばれる公共的な労働の現場を直撃した惨状だった。選挙戦術でカイカクを進める側は、市民は納税者、納税者は顧客だとおだて、税金を正しく使う、「無駄削減」を主張して票を獲得し、カイカク運動を正当化する。当然、公共部門の雇用の現場、とくにエッセンシャル・ワークでは人件費をコストと言い換え、その人件費もぎりぎりまで削減し、削られた部分は非正規労働で補填され、それでも間に合わない、対応できないときにはエッセンシャル・ワークすら縮減する。指定管理者制度や会計年度任用職員という都合のよいテクニックまでも編み出した（新藤 2020, 第３章）。

そして、いまから思えば大事なことを見過ごしていた。カットや削減、民間委託の対象になった仕事は、「誰でもできる」「交替がきく」「○○な仕事」と低く評価されていたことである。この「○○」に労働の価値を軽んじる、その労働に携わる人の尊厳を貶める言葉を入れてもよいだろう。

もちろん、私たちはこうした状況を他人事《ひとごと》としてとらえてきた。新聞報道やテレビのドキュメンタリーでエッセンシャル・ワーカーの惨状を見たそのときには気の毒だと思うが、財政赤字の声に幻惑されてカイカクの流れを止めようとは思わなかったし、エッセンシャル・ワークの惨状に批判の声を上げることもなかった。それでも多くの公的サービスはエッセンシャル・ワーカーの責任感と、仕事に対する矜持によって何とか維持されてきた。そのことに私たちは気づかなかった。それは大きな油断だろう。

しかし、こうした油断を衝いたのが「新型コロナ（COVID-19）」だった。私たちは当たり前の生活が、昨日と同じように明日も続くと思っていたが、実はそうではない。コロナに感染する恐れの中で、私たちにとって必要不可欠な仕事を続けている人たちがいるから持続可能だった。この恐れに気づかない鈍感な社会に私たちは暮らしていた。

2　カイカクをリードした評価

もちろん、価値中立性を装う改革にしろ、政治意図を隠したカイカクにしろ、それを支える仕組みが使われる。その１つが「評価」だった。地方自治体に「評価」が登場してからいくつかの局面があったが（山谷2016）、その評価を導入した人たちの意図、さまざまな改革と結びついた評価の本質をふり返り、見ておく必要があるだろう。

たとえば地方自治体の政策評価である。政策評価が地方自治体に登場した背景には1995年の「地方分権推進法」がある。それは自民党が野党になった1993年、憲法にある地方自治を尊重し、中央政府に従属した立場から自立したい地方自治体の長年の夢を叶える政治改革のシンボルでもあった。「地方分権改革」とも呼ばれるこの改革（西尾勝2007）は、中央と地方の関係を見直し地方の自立を促す大改革で、地方自治体も自ら政策を作り、政策を実施し、政策評価をするようになる、そんな気運が高まった。1990年代に登場した公立大学の政策系学部はその気運を反映していたし、1996年に設立された日本公共政策学会に数多くの自治体職員、自治体議員、首長が参加したのはその代表的例で、また北海道、岩手県、秋田県で政策評価条例ができたのも自治体が政策主体になる覚悟であった。そして政策評価は政策を考える３つの大きな前提を理解しておく必要がある。政策体系、この政策体系の中心のプログラムに政策手段を組み込む政策デザイン、政策プロセスを導くロジックである。

ただ、地方自治体の評価は政策評価の枠組みが道や県の総合計画に評価を組み込むところからはじまっていたので、やがて判明した総合計画の政策管理機能の弱さから、政策評価には次第に「物足りなさ」「力不

図１：政策体系と政策デザイン

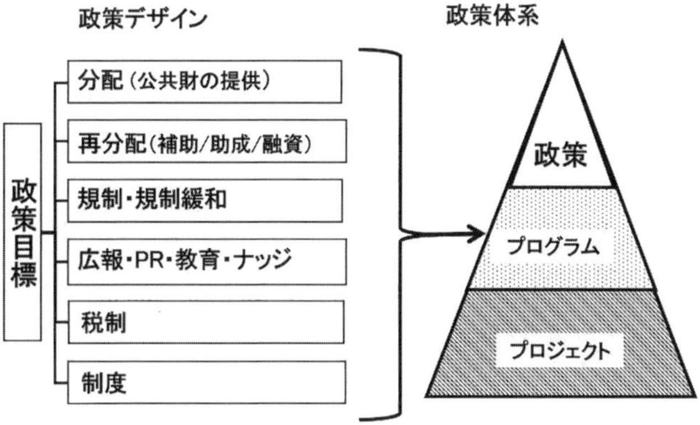

出典：山谷清志作成

足感」が出てくる。たとえば地方自治体の企画部局の準備不足と企画と原課の縦割りの悪影響があり、政策体系と政策手段の組み合わせが理論（図１）の通り進まなかった場合もある。中央省庁（たとえば厚生労働省や文部科学省）が基本の政策を決めるので、自治体が独自で政策体系を作れない仕掛けもある。政策を作るのが中央省庁、それを補助金や交付金で地方自治体が実施する長年の関係は地方分権改革運動が始まっても残存しており、学校や保健所、あるいは政策医療の現場の地方自治体は「政策主体」ではない。

また評価理論が重視する政策の「成果」、プログラムの「有効性」をベースに考える政策プロセスのロジック（図２）を政策実務に携わる現場が認識していないこともあって、政策評価が目指した政策管理機能はその有用性を発揮できない。そのため、地域の政策課題や問題の解決の有効性を問う政策評価は断念され、業務の効率化、経費削減の手法（＝測定）に目が向いたのは政策評価導入の少しあとで、21 世紀になったばかりのころ、財政危機の恐れが背景にあったためである。評価実務は

図２：政策プロセスのロジック

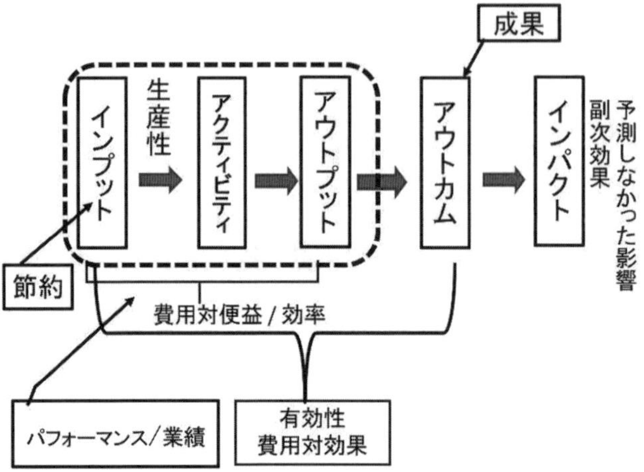

山谷清志作成

シート方式の評価票を採用し、その中に毎年予算と人員を書き込む年中行事的な事務作業になる。事務事業評価と呼ばれる行政評価、あるいは経営評価に接近するのが自治体評価のメインストリームになった。

なお、政策評価導入とほぼ同時期に進められていた運動に、「行政経営品質向上」がある。この運動は工場生産現場での品質改善運動に近く、それを行政の現場マネジメントに使おうとしたのである。有名になったのは東京都三鷹市で、三鷹市は社会生産性本部の支援を受けて行政経営品質評価規準を開発し、その後全国から注目を浴びた（1999年）。政策評価を目指していた三重県、岩手県もこの品質改善運動に取り組んでいた。もちろんこの品質向上運動はQC（Quality Control）サークル的な意識改革活動で無駄削減、コスト・カットの精神を現場で共有することが目的である。また、ほぼ同時期に流行した「国際標準化機構」のISO（International Organization for Standardization）の規格取得も、地方自治体がカイゼン戦略に使った。外部の権威ある民間機関、国際標準化機構の認証を受けることを前提に、その準備作業として経営見直し、組織改革、カイゼンがセットで含まれており、また事後的にもカイゼンの継続をチェックされるため、経営の品質について認証を定期的に受けることになる。ISOは自らのイニシアチブによって改革・改善を進めるので、この姿が地方分権と重なってISOを取得する地方自治体が増えていった。なお地方自治体が、経営改善型の行政評価に政策評価から向かう背景にISO取得があったことは知られていない。政策体系や政策デザイン、政策プロセスのロジックが不要な経営改善は、政策学や評価学に不案内な人には便利で、現場の業務効率化に貢献したが、ここがエッセンシャル・ワークを直撃したのである。

こうして政策評価、事務事業評価、行政経営品質向上運動、ISOなどに積極的に取り組む自治体、首長が改革派として賞賛される状況が世紀末一気に拡散し、「ギョーカク・フィーバー」が地方自治体を席捲した。中央地方関係を再考する地方分権改革の中で、なぜか経営改善のフィーバーが起き、その文脈で地方自治体の行政評価が注目されたのである。したがって、政策評価は行政評価、事務事業評価と混同され、本来の政策の見直しもしない、政策の優先順位の変更や政策の終了・廃止の検討もしない、経費削減や経営マネジメントのツールであると誤解された。政策評価も行政評価も同じ文脈で、同じ目的で考えられ、良く言えば自治体の経営戦略のPR、しかし実態は組織いじりやコスト・カットの手段になり、工場経営が美徳と唱える情緒的なキャッチフレーズを各地のギョーカク・シンポジウムで耳にすることも少なくなかった。「乾いた雑巾をなおも絞る」コスト削減、である。

日本評価学会は2000年の設立当初から、この地方自治体評価を研究対象の１つとしてきたが、ODA評価など国際的に確立された理論や実践と比べたとき、日本の地方自治体評価には際だった特徴、違いがあることに気づいている。

第１は、外国の文献では目にしないPDCA（Plan-Do-Check-Action：下線筆者）を多用する特徴である。2003年２月17日、「平成15年第３回経済財政諮問会議」の奥田碩議員（当時トヨタの会長）の発言以来、PDCAは日本国内で急速に広がり、地方自治体も影響を受けた。しかしこのPDCAの考え方は評価理論とは無縁である。なぜならPDCAは生産現場の日本型QC活動「カイゼン」活動にルーツがあり、企業経営や生産現場で重視された日本オリジナルの実践活動で、諸外国の評価実務家や理論家にはなじみがない。そのため、評価の国際会議で言及しても理解が得られない。もちろんcheckはevaluationではない。またPDCAを検討する場面の多くは時間外労働のサービス残業時で、効率とは全く相容れない。日本の評価が国際標準から逸脱して、「ガラパゴス化した」という理由はここにある。

第２に、政策評価は存在したが、プログラム評価を名乗る組織が存在しなかったことである。プログラムとは課題や問題に対する対応策、アイデア、スケジュールのことで、そのプログラムを遂行する組織と予算の裏付けを持つ。かつての外務省経済協力局の有償資金協力課、無償資金協力課、技術協力課はこのプログラム課の代表である。

第３の特徴は「評価の氾濫」である。ギョーカク・フィーバーが去った後でもカイカク手法は惰性で残り、むしろ定着し、民間委託、地方独立行政法人、PFI、PPP、公会計制度導入の検討、法人化をふまえた病院や大学の統廃合、そしてそれを前提とした各種の業務で使われ続けている。図書館、美術館、保健所、男女共同参画関連施設、スポーツ関連施設、そして自治体病院に評価が溢れている。

その評価の業務の多忙さは時として本来業務を圧迫するほどで、地方自治体の現場には評価業務が溢れ（図３の評価マップ参照）、本来業務

図３：評価マップ

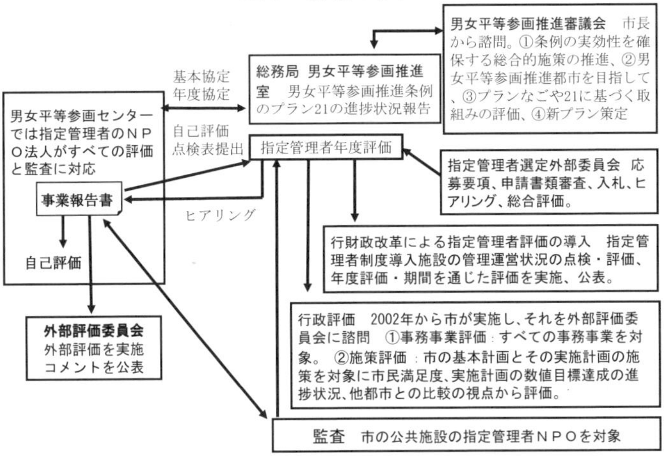

出典：内藤・山谷, 2015, p.216 を修正して引用.

遂行とそのアカウンタビリティ作業を評価業務が蚕食する「アカウンタビリティのジレンマ」に陥ることもある。夕方５時まで評価関係をやってから、本業に取りかかる奇妙な実態が蔓延したのである。もちろん、評価に関わる資料作成を手伝わされるスタッフがこうした多様な評価に通暁しているわけではないので、意味不明の評価関連業務を「やらされ」る。それでもなんとか業務を続けていても、NPO の場合数年に一度の指定管理者入札の競争に負けて、指定管理の業務から撤退する、非正規は派遣切りに合う、こんな事態がよくある。

特徴の第４は、先の PDCA 概念を使ってＣとＡが重要だと主張する点である。フィードバックが大事だからと言うのはよく分かる。しかし、このフィードバックのために何をするのか、それがはっきりしない。基本的に予算編成には使うが、事業や施策の出来・不出来の判断に使う場面は、残念ながらそれほど見られない。PDCA 型の予算編成では、複数年度の途中で効果がないと評価されれば次年度の予算の減額も考えられるが、減額とは事業の継続を保証することである。PDCAをうまく使って生き延びている行政の現場の知恵かもしれない。効率化や一部削減は、不出来な事業が「生き延びる」保証になっているが、日本の行政文化になじんだPDCAがその原因なのである。

第5は、用語とそれにまつわる機能に対する理解の特徴である。地方自治体で多用される事務事業評価はどう見ても「測定（measurement）」で、年度ごとの数字をちりばめた評価票や評価シートは、経済分析やシステム分析のような「分析（analysis）」がない記述（description）が多い。それを評価（evaluation）と呼ぶところにユニークさがある。国際社会ではこれを「業績測定（performance measurement）」と言う。さらに、重要なパフォーマンス指標を‘Key Performance Measurement’と呼ぶが、何が重要であるのかについては説明がなく、多くの場合主観的に決められている。組織内部の業務カイゼン指標（効率化）であれば問題はないが、役所の外に公表する指標でひとの人生を左右する指標（就労、健康、人生設計）にこの指標を使う鈍感さ、「上から目線」は評価や測定に使うべきではない。

それが現れたのが「地方創生」の悪影響である。これは政策の失敗を隠す意味での悪影響、また誤った評価（測定）を拡散させたという意味での悪影響である。まず前者の意味で言えば、国の補助金がつく各種の事業「まち・ひと・しごと創生総合戦略」「地方創生推進交付金」「地方創生加速化交付金」は、1995年以来の地方分権の精神に逆行した仕組みである（新藤 2019:119-120）。中央が補助金、交付金を餌に地方に事業を提案させ、それによって一定方向（中央の考える方向）に誘導する仕組みだからである。その結果はどうだったか。たとえばマクロ政策として安倍政権は、2014年12月「まち・ひと・しごと創生総合戦略」を掲げ、内閣府に地方創生推進事務局を置き、これを所管する内閣府は

2020 年度まで数多くの施策を進めてきた。各施策について内閣府はその自己評価を行っている。たとえば「令和元年度内閣府実施施策に係る評価書」の政策評価シートを見ると、各施策評価結果については「進捗あり」「目標達成」の文言がある。しかし、その現実は違う。地方都市の人口減少は止まらないどころか加速化し、青森県、秋田県のように安倍長期政権期間に 10 万人規模で住民が減っている県が複数存在するからである。内閣府のアカウンタビリティは政権幹部に向いており、地方に暮らす市民の生活実感とかけ離れている。

「地方創生」の悪影響の後者の部分は、こうした実態を隠す評価が行われていること、そしてそれを当の内閣府自身、そして報道機関が問題にしないところである。多くの市民はこのような評価が存在することが分からない、評価と測定の違いが分からない。総合戦略の測定で重視する KPI（Key Performance Indicators）が意味する K の重要さは中央政府が考える重要な K であって、地方の市民から見れば必ずしも K ではない。それでも、交付金・補助金をもらいたい自治体行政から言えば、評価をクリアして中央の意向に従う姿勢を見せることが大事になる。「地方自治」と反対の「中央集権」に貢献するモラルハザードを、この K が招く。評価の意図的な誤用が行政無責任につながるひとつの典型である。

3　コロナが露見させたレトリックの虚

課題が山積した状況はうすうす気づいてはいたが、大きな社会問題だとは思わなかった、こうしたカイゼンとその評価の認識を、新型コロナ禍は一変させた。カイカクは無配慮、無責任で大きな見落としを続けたと考えるしかないからである。平時のカイカクは緊急時には有害だった、と言い換えてもよい。たとえば自衛隊看護官への出動依頼、他県への看護師派遣協力依頼は、平時に多くの看護師退職を放置した地方自治体の危機管理対策ミス、政策無能だろう。

ごみ収集、介護、保育、学童保育、生活に困窮化した人の相談、保健所などの公共サービスを提供する労働の現場は、これまで地方行政改革の対象となり続け、過去20年間、非正規化、コスト・カット、人員削減にさらされ、公共サービスを安定的継続的に提供していく体制は脆弱なものとなってきた。改革には賛否、功罪両面あるが、今回のコロナ禍ではっきりしたのは20世紀末からのカイカク自身が再評価を必要とし、そのためには軌道修正が必要だということである。この時期は、ミクロの「カイゼン」が大きなマクロ改革であると勘違いさせられた、残念な時期だったのかも知れない。ふり返るとカイカクは民間コンサルに「お任せ」で、実態としてそれが巧く行っているかどうかは不明で、しかし地方自治体本来の民主的な視点から言えばポピュリズム的な言説に誘導され、何か良くなったかと問えば実は何も変わっていない、そんな時代であった。

カイカク時代を特徴付けた２つの大きなポイントがある。１つはカイカクに際して公務労働者に法律で付与された権利、常識として認められてきた待遇を、このカイカクを主導する側は「既得権益」と言いかえるレトリックを多用し、選挙スローガンを通じて市民にこのレトリックを浸透させた、こうした政治戦略である。法律で保護されてきた権利や保証を守る運動をする側に「抵抗勢力」とレッテルを貼ったやり方は、1960年代から70年代、原子力発電や核エネルギーに絡んだ地域振興策に違和感を抱き、消極的発言をした人を、それが長年保守陣営にいた人であっても革新勢力・サヨクとしてレッテルを貼って排除した方法に似ている。

もう１つのポイントは、公務労働を民間委託に出し、あるいは非正規労働の対象にするときの暗黙の規準である。「その仕事は誰でもできるので重要でない、だから賃金は安くて良い」という判断がこのカイカク時代、絶対に無かったと言い切れるのか、カイカクを主導した政党や候補者に尋ねてみたい。

カイカクを見直しするためにはどうしても評価が必要である。そこで、その評価規準を議論するところから始めるべきかも知れない。まずは、日本語で同じくキジュンと言う規準（criteria）と基準（standards）の違いを前提に考えるべきであろう。規準とは、効率が典型的だが、どんなに客観的な装いをしていても、社会勢力の価値観、主流になっている物の考え方を強く反映した価値規範である。そして基準は客観的な数字で表すことができるモノサシである。人数、回数、積雪量、日照時間、通行量などである。

しかし、基準が規準になる場面がある。極端なたとえを使おう。客観的と思われる人間の体重でも、美容を気にする若い人たちと相撲の力士とでは全く反対のモノサシになる。地域ごとの最低賃金も、その地域社会のさまざまな実態を考慮に入れて、あえて全国一律でなくしていると主張する人もいる。地域ごとに違う最低賃金がどんな影響があるのかを考えれば、たしかにこれは基準でなく規準だと言えるだろう。

エッセンシャル・ワーカーをめぐる労働環境は、どう考えても特定の価値観を評価規準にしていた。図２に示した規準、節約、効率、パフォーマンスを考えると、これらは一見客観的であるが実はそうでない。アウトカム・成果の検証が難しい中、また予算のインプットが削減される中で、行うべき業務量のアウトプットが固定されている現場を考えると、あるいは今回の新型コロナ禍でさらに多くの業務量が求められる現場を考えると、かなりシビアなことをエッセンシャル・ワーカーが求められているのは、容易に想像がつくだろう。

4　おわりに

社会が多様性を増し、暮らしやすくなるためには一面的な評価規準では無理で、多様な判断規準、価値観が必要だろう。そして新型コロナ禍の非常事態は私たちにエッセンシャル・ワーカーに対するさまざまな価値観や判断規準の転換を求めている。

人びとがその社会で暮らす上で不可欠な仕事であれば、規準は「必要性」である。命、健康、生活、食事、入浴、睡眠、配達、生活に必要な交通などは「充足」と「満足」がモノサシになるだろう。看護師や保健師のような資格に関しては、プロフェッショナリズムの「適切性」「有能さ」、逆に資格が不要なエッセンシャル・ワークの場合には仕事に対する「習熟度」「自信」のモノサシが必要になる。その仕事で家族を養っている仕事もエッセンシャル・ワークであるが、その場合の評価規準は家族の生活の「持続可能性」「自立可能性」が評価規準になるだろう。もちろんすべてのエッセンシャル・ワークに共通する評価規準がある。その労働に携わっている人の仕事に対する「満足」と「矜持」である。

私たちに重要なこと、そして当のエッセンシャル・ワーカー自身にも重要なことがある。いま現在のおかしな状態、困難な事態を「当たり前」だと思っている節があるということである。後の章で示すように、それは違う。特定の政治的意図に基づいて築かれてきた体制、ある種のイデオロギー（それを「新自由主義」と呼ぶこともある）を反映した政策の結果なのである。

新型コロナは災害だが、こちらは諦めたり、我慢したりする類いの物ではない。こうした議論を全くせずに、平時の経常的な評価（効率と節約一辺倒）を行ってきたこれまでの間違いを、反省する時期に来たことに気づいてもらう材料を本書は提供する。

参考文献

上林陽治「自治体相談支援業務と非正規公務員　その実態」『自治総研』2020年4月号

新藤宗幸（2019）『行政責任を考える』東京大学出版会

新藤宗幸（2020）『新自由主義にゆがむ公共政策』朝日出版社

内藤和美・山谷清志・編著（2015）『男女共同参画政策　行政評価と施設評価』晃洋書房

西尾勝（2007）『地方分権改革』東京大学出版会

布施哲也（2008）『官製ワーキングプア―自治体の非正規雇用と民間委託』七つ森書館

山谷清志（2016）「地方分権改革と財政危機の自治体評価－20年のレビューから－」『日本評価研究』第16巻第1号

第2章
これまでの地方行革

1　エッセンシャル・ワークに多大な影響を及ぼした地方行革

新型コロナウイルス感染症への対応のため、病院の医師や看護師、自治体の保健師といった担当者が、人員不足のなか奮闘している状況が毎日のようにマスコミで報じられている。第1章でも指摘されていたように、非常時を想定せずに限界まで行われてきた人員削減に原因があり、その背景には効率と節約を価値規範とする「新自由主義」というイデオロギーを反映した政策が存在する。

ところで、今回の新型コロナウイルス感染症の蔓延を契機として「エッセンシャル・ワーカー」という言葉が世間に広まった。自治体の職場では、医師や看護師以外にも、ごみ収集、学校給食、保育士、学校用務員といった現業職員たちをエッセンシャル・ワーカーと呼ぶことができるだろう。このような職を自治体の管理者が「誰にでもできる仕事」と安易に考えたせいか、これまで正規職員が退職しても欠員補充がなされず、非正規化や民間への委託化が推進されてきた。

この背景には、自治体の財政難とその改善のために半世紀にもわたって続けられてきた自治体の行政改革が存在する。自治体の財政は国の財政と総合的な連関で運営されるため、国の行政改革に連動して自治体の行政改革も推進され、その流れの中で人員削減をはじめとする業務の見直しが行われてきた。第8章でも触れるが、東京23区の清掃職員を例に挙げると、清掃業務が都から区へと移管された2000年以降、各区の「削減努力」を反映して職員は3,800人程度にまで半減した。

本章では、このような人員削減の背景にある地方行政改革（以下、「地方行革」）の経緯と、エッセンシャル・ワーカーの職場に大きな影響を及ぼした「集中改革プラン」について整理し、今後の地方行革のあり方を提示する。以降の各章をより深く理解するために本章を役立てていただきたい。

2　地方行革のはじまり

地方行革の軌跡をひもとけば、戦後間もなくの頃に起源を見出すことができる。1952年の「地方行政簡素化本部」が決定した「地方行政の簡素化に関する件」や、同年の「地方行政調査委員会議」（いわゆる「神戸委員会」）による「行政事務再配分に関する第二次勧告」である。地方行革の出発点は、これらを踏まえた1952年の地方自治法改正にある。

その後、当時のアメリカの行政改革に大きく寄与した「フーバー委員会」に倣い、戦後の行政需要の拡大とともに膨れ上がった行政機構や公務員数を改善して新たな行政制度や行政運営を目指すことを目的に、1961年に「臨時行政調査会」（第一次臨調）が設置された。第一次臨調では２年半に及ぶ調査審議が行われ、1964年に「行政改革に関する意見書」が答申された。本意見書では行政改革の理念を述べた「総論」や具体的な「改革意見」[1]が述べられたが、そのうち「行政事務の配分に関する改革意見」や「事務運営の改革に関する意見」については、自治体の行財政運営にも深く関係していた（松本1997：197-200参照）。

一方、当時は病院、水道、交通といった、1952年に制度化された公営企業の経営悪化が進み、1961年を境に赤字が累積されていく状況に陥ったため、1964年には自治大臣の諮問機関として「地方公営企業制度調査会」が設置された。同調査会が1965年に提出した「地方公営企業の改善に関する答申」では、水道事業の料金徴収事務、病院の清掃、洗濯、給食、交通事業の直営食堂は民間委託や共同処理を積極的に活用し、費用の節減に努めるよう述べられた。また、翌1966年に「第11次地方制度調査会」から提出された「地方税財政に関する当面の措置についての答申」では、「地方経費の効率化」として、必ずしも自治体が直接実施する必要がない事務事業は、十分な管理監督を前提に民間委託等の積極的な推進が述べられた。

このような流れの中、国の厳しい財政状況に対する行政改革の議論が進められ、1967年には「今後における定員管理について」が閣議決定された。同決定では、一省庁一局削減や国家公務員の定数減の他、「地方公共団体においても国の措置に準じて措置する」旨が述べられた。これを受け、自治省は都道府県知事宛の事務次官通知「地方公共団体における機構の改善と定員の管理について」を発した。同通知には「特定事務の民間委託」と題し、単純な労務により遂行可能な事務や時期的変動が多く常時定員の設置が不合理な事務は民間委託を考慮する指示が記されていた。

このように、自治体の行政改革の初期では、国（自治省）が通達などの「指導文書」を通じて自治体に指示していく方法で進められていった。とりわけ民間委託については、国がそれぞれの指導文書において具体的な事務事業を挙げて委託を促し、自治体がそれを請ける方法で進められていった（宮崎1997：49-51参照）。

3　近年の地方行革の標準型の確立

1973年の石油ショックにより高度経済成長が終焉し、1975年以降は国も自治体も税収をはじめとした財源が大幅に不足するようになった。また、1979年には第二次石油ショックが起こり、国・自治体ともにさらに厳しい財政状況となったため、国会の両院で「財政再建に関する決議」がなされた。

このような背景の下、1981年に行政制度や行政運営に関する基本的事項についての調査審議を目的に「第二次臨時行政調査会」が発足し、「増税なき財政再建」や「肥大化した行政の減量化」をスローガンとして審議が進められていった。1983年の「最終答申」には地方自治体の行財政の合理化や効率化への指摘も含まれていた。同答申を受け、行政改革の実行を監視し具体的な課題を審議・提言する「臨時行政改革推進審議会」（第１次）が首相の諮問機関として発足し、国のみならず自治体行政の改革についても政府へ勧告した。

「臨時行政調査会」や「臨時行政改革推進審議会」の答申を受けた政府は、1984年に「行政改革の推進に関する当面の実施方針」を閣議決定した。同方針を受けて、自治省は1985年に「地方公共団体における行政改革推進の方針」（「地方行革大綱」）を各自治体に通知した。同方針では、事務事業の見直し、組織・機構の簡素合理化、給与の適正化、定員管理の適正化、民間委託・OA化等事務改革の推進、会館等公共施設の設置及び管理運営の合理化、地方議会の合理化の７つが重点項目として掲げられ、これらの推進を図るため自治体に対して「行政改革推進本部」の設置と「行革大綱」の策定を求めた（自治省1985：147-151参照）。指示を受けた全国の自治体は行革大綱の策定に取り組み、行財政全般についての改革を推進していった。

なお、1985年の「地方行革大綱」以降の自治体における行政改革の標準型は、国からの指示による各自治体での「行革大綱」の策定と、それに基づいた行政改革の推進という方法に変わっていった。

4 近年の地方行革の推進

1980年代後半に到来したバブル景気は1990年代初めに崩壊し、日本は深刻な経済不況に陥っていった。政府は公共投資の追加・拡大で対応したが、財源は国債や地方債で調達されたため借金を膨らませる結果となった。しかし状況は改善されず、バブル崩壊後の経済低迷が長期間にわたって続いていった。こうした状況から、これまで運営してきた経済、社会、政治、行政システムからの転換が必要だとの認識が醸成され、変革の方策のひとつとして「地方分権の推進」と「地方自治の充実強化」が要請されるようになった。当時の政府は、これらの実現のためには自立的な行政体制の整備確立に向けた自己改革が自治体には必要だとの認識に至った。

そこで、自治省は1994年に「地方公共団体における行政改革推進のための指針」を策定し、自治体の自主的・主体的な行政改革を促しはじめた。同指針では、各自治体に新たな「行政改革大綱」の策定とその進捗管理を求め、重点項目として「事務事業の組織・機構の見直し」、「定員管理と給与の適正化の推進」、「効果的な行政運営と職員の能力開発の推進」、「行政の情報化の推進による行政サービスの向上」を掲げた。この結果、ほとんどの自治体が何らかの行政改革大綱を策定するに至り、「事務事業の見直し」、「補助金等の整理合理化」、「積極的な民間委託の推進」、「組織機構の見直し」、「給与等の適正化」、「政策形成機能の充実強化」、「職員の能力開発と意識改革」等が改革項目として掲げられた（松本 前掲書：204-210参照）。

その後、1995年に成立した地方分権推進法に基づき内閣総理大臣の諮問機関として地方分権推進委員会が発足し、地方分権が推進されていった。自治体が分権の受け皿になっていくにはよりいっそう行政改革に努める必要があるため、自治省は1997年に「地方自治・新時代に対応した地方公共団体の行政改革推進のための指針の策定について」を自治体に通知した。同通知でもこれまでと同様に民間委託の推進を含む「事務事業の見直し」、「組織・機構」、「外郭団体」、「定員・給与」、「人材の育成・確保」、「財政の健全化」等、11項目にわたる改革方針が提示されるなど、自治省は自治体に対して具体的な改革を迫ったのである（自治省事務次官通知1997：108-117参照）。

一方、政府は1994年、第１次～３次にわたる「臨時行政改革推進審議会」（行革審）のそれぞれの答申の趣旨を踏まえ、行政改革の実施状況の監視等を目的として「行政改革委員会」を設置した。同委員会は第二臨調の「官から民へ」、「国から地方へ」という考え方を踏襲して議論を進め、1997年に「行政関与の在り方に関する基準」を策定した。同基準には「民間にできるものは民間に委ねる」を含む３つの原則が示され、「行政の活動を必要最小限にするための民間活動の優先」や「行政の効率化」等の基準が示された。以上のような行政の守備範囲を見直す流れは、のちに国政における行政の減量化・効率化、民間委託の推進、特殊法人の民営化等につながり、NPM型の改革手法が採用されていくきっかけとなった（大藪2014：127参照）。

2001年に発足した小泉純一郎内閣は「聖域なき構造改革」を掲げ、「官から民へ」、「中央から地方へ」をスローガンとする改革を強力に推進した。2004年には行政改革を構造改革の重要な柱の１つと位置づける「今後の行政改革の方針」を閣議決定し、総務省は2005年に各自治体に対して積極的な行政改革に努めるよう促す「地方公共団体における行政改革の推進のための新たな指針」を策定した。同指針は、これまでの行政改革大綱を見直し、2005年から５年間にわたる計画となる「集中改革プラン」を策定するよう自治体に求めた。集中改革プランの目的は、事務・事業の再編・整理、廃止・統合、民間委託等の推進、定員管理の適正化をはじめとする９項目にわたる行政改革の集中的な実施と、これらの具体的な改革内容を住民にわかりやすく公表することにあった。

さらに翌年の2006年には「行政改革推進法」や「公共サービス改革法」が成立・施行された。また、「経済財政運営と構造改革に関する基本方針2006」の閣議決定を受け、総務省は2005年の改革指針に加えて「地方公共団体における行政改革の更なる推進のための指針」を示し、一層の行政改革の推進に努めるよう自治体に要請した。同指針では、①総人件費改革、②公共サービス改革、③地方公会計改革、④情報開示の徹底・住民監視（ガバナンス）の強化が挙げられた。とりわけ①については、行政改革推進法に規定される公共サービスの実施主体の検討を踏まえ、さらなる民間委託等の措置を講ずることが要請された。

このように、自治体の行政改革は自治体が主体的に取り組んでいたわけではなく、国の指示・指導のもとで進められてきた[2]。先述のとおり、これまで国が自治体に示したおもな行政改革への指針は、1985年、1994年、1997年、2005年、2006年と５回にもわたっており、そこでは絶えず「定員管理の適正化」、「組織・機構改革」、「給与・手当の適正化」、「事務事業の見直し」、「外部委託」、「地方公営企業・第三セクター改革」が要請されていた。とりわけ2000年代からはNPMの影響を受け、指定管理者制度、PFI、地方独立行政法人といった新しい方法での行政改革が要請されてきている（図表１）。

図表１：行政改革を推進するための指針と要請内容

発信元・通知先	通知名等	定員管理に関する主な要請内容
1985年１月22日 自治行第２号 自治事務次官発各都道府県知事、各指定都市市長宛て通知	地方公共団体における行政改革推進の方針（地方行革大綱）の策定について	・行政改革大綱の自主的な策定、公表 ・削減率又は削減数及び計画期間を定めた定員適正化計画の策定・実施 ・定年制度の施行（1985年３月31日）後は、中・長期的な観点から採用計画を策定し、計画的な定員縮減に努める
1994年10月７日 自治行第99号 自治事務次官発各都道府県知事、各指定都市市長宛て通知	地方公共団体における行政改革推進のための指針の策定について	・新たな行政改革大綱の自主的な策定、公表 ・自主的・主体的な定員適正化計画の策定・推進 ・定員状況の公表の推進
1997年11月14日 自治整第23号 自治事務次官発各都道府県知事、各指定都市市長宛て通知	地方自治・新時代に対応した地方公共団体の行政改革推進のための指針の策定について	・行政改革大綱の見直し、各年度の取組み内容を具体的に示した行政改革の実施計画の策定、公表 ・地方分権の推進に伴う必置規制の改廃に際し、適切な職員配置に努めること ・定員管理の状況及び定員適正化計画の数値目標の公表
2005年３月29日 総行整第11号 総務事務次官発各都道府県知事、各指定都市市長宛て通知	地方公共団体における行政改革の推進のための新たな指針	・新たな行政改革大綱等の策定又は従来の行政改革大綱の見直し ・2005年度を起点とし、おおむね2009年度までの具体的な取組みを明示した「集中改革プラン」の公表 ・定員管理の適正化計画について、2010年４月１日における明確な数値目標を掲げ、公表する ・市町村合併に伴う一層の定員管理の適正化 ・「団塊の世代」の大量退職に合わせた計画的な職員数の抑制
2006年８月31日 総行整第24号 総務事務次官発各都道府県知事、各指定都市市長宛て通知	地方公共団体における行政改革の更なる推進のための指針	・「行政改革推進法」・「公共サービス改革法」の成立・施行、「経済財政運営と構造改革に関する基本方針2006」を踏まえた一層の行政改革の推進 ・定員純減を2011年度まで継続 ・「集中改革プラン」の数値目標の検証・分析により一層の純減を図る

出典：早川（2006：2）を基にして筆者が追記した。

5　直近の地方行革の推進

直近の地方行革は、国から自治体への助言という方法で進められている。2015年になされた総務省からの助言「地方行政サービス改革の推進に関する留意事項」では、厳しい財政状況において、人口減少や高齢化の進展、行政需要の多様化といった社会経済情勢への変化に対応するため、質の高い公共サービスを効率的・効果的に提供していくための改革を進める必要があると指摘している。そして、その際には①行政サービスのオープン化・アウトソーシング化、②自治体情報システムのクラウド化の拡大、③公営企業・第三セクター等の経営健全化、④地方自治体の財政マネジメントの強化、PPP/PFI の拡大、に留意した業務改善が要請されている。とりわけ①では、具体的な手法として民間委託の推進、指定管理者制度の活用、地方独立行政法人制度の活用、窓口業務や庶務業務の集約化などが掲げられている。とくに民間委託の推進については、提供されるサービスが日々進化を遂げているとの認識のもと、職務内容が民間と同種又は類似したもので民間委託の進んでいない事務事業に対する委託可能性の重点的な検証や、臨機応変な指示が必要な業務であっても仕様書の詳細化や定型的な業務との切り分け等による委託化の検討を求めている。

この 2015 年の留意事項には、「定員管理の適正化」というお馴染みの言葉は見当たらず、当時推進されていたアベノミクスの効果を高めていくために、これまで自治体が抱えていた仕事の民間への移管、すなわち公共の仕事を民間化によって GDP を上昇させる趣旨が見てとれる。民間への業務委託が善であることを前提として、サービスの質については一定の留意事項[3]があるもののとくに問題にはせず、全体を通して委託を受ける民間企業の提供する公共サービスは当然質が担保されているとして改革指針が定められているといえる。

これまで述べてきたように、自治体は常に何らかの形で国から行政改革の推進を求められてきている。今後もエッセンシャル・ワーカーが多く働く現業部門は、人員管理の適正化のために削減対象となって委託化が進められていく流れの中にあり、「外堀」がしっかりと埋め立てられ身動きが取れない状態に追い込まれているともいえる。自治体は多様化する行政ニーズへの対応で福祉関係費が増加しており、限られた行政資産を有効活用していく必要に迫られているため自らも改革を断行していかざるを得ない状況にある。

6　地方行革における定員管理の適正化と地方公務員数

定員管理とは、「組織体を構成するすべての人員の適正な配分を維持するために必要とされる条件を整備し、運用するための管理過程」で、「国民負担の増加抑制に留意しつつ、貴重な人材を活かすために、『最小の職員数で最大の効果を挙げるようにすること』」（地方公務員定員問題研究会編 2003：13）が目的と言われる。一例として、「行政の需要に応じて、職員の増減を行い、又は定員の変更などについて適正に統制することである。管理のための手法としては、民間委託、事務の統廃合・縮小、退職者不補充、新規採用抑制、職員の職種転換など」（早川 2006：1）が示されている。つまり、定員管理とは行政の需要に応じた必要な人員の確保、少数精鋭かつ能率的な対応を指すのである。当然、削減のみならず必要に応じた増員も視野に入れるべきである。しかし、これまでの日本の行政改革での「定員管理の適正化」とは定員削減と捉えられ、自治体は公務員減らしの代名詞として受け止めてきた。

この定員管理は、地方公務員制度と関係するものの、行政の効率的な運営という点から行政管理の問題となる。2020 年３月に発表された「地方公共団体定員管理調査結果」によれば、2019 年４月１日現在の全国の自治体の総職員数は 2,740,653 人である。前年度の 2,736,860 人から 3,793 人増加し、1994 年をピークに減少し続けてきた状況から一転して増加した[4]が、総職員数の調査が始まった1975年の294万人からは20万人近く少なく、ピーク時の1994年の328万人からは約50万人も少ない水準にある（図表２）。また、増加といっても全部門が増加しているわけでない。警察、消防、防災、福祉関係（福祉事務所・児童相談所・特別支援学校等）、観光、地方創生に関する部門では増加傾向にあるが、教育（義務教育等）、公営企業等会計部門では減少傾向となっている。部門ごとに凹凸が存在し、それらを相殺した結果、約4,000人の増加となったのである。

社会の進展により行政需要は多様化・深化している。増加傾向にある事務量に対応するためにはおのずと職員数も多くなる。しかし、退職者不補充を基本として少ない正規職員で運用していくためには、民間委託を実施して業務を組織外に出す、あるいは臨時・非常勤職員[5]の採用によって対応していかざるをえない[6]。近年は残業時間の縮減にも取り組まなければならないため、あふれた仕事を正規職員ですら汲むこともで

図表２：地方公共団体の総職員数の推移

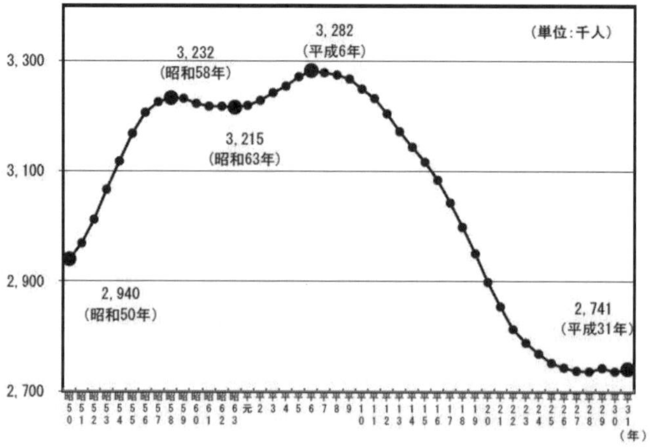

出典：総務省自治行政局公務員部給与能率推進室（2020：10）

きない。こうした状況から、正規職員は住民の見えないところで事務量やサービス水準を切り下げながら業務をこなしているのではないかとも推測されている（金井 2010：147, 161-162 参照）。

7　集中改革プラン期における定員管理の適正化

先述のとおり、これまで国は自治体に対して行政改革を推進するための指針を通知し、継続して定員管理の適正化を要請してきた（図表１参照）。とりわけ、本書の多くの章で触れられる「集中改革プラン」の概要について要点をまとめておきたい。

総務省は、2005 年に策定した「地方公共団体における行政改革の推進のための新たな指針」に基づき、自治体ごとに新たな行政改革大綱等を策定し、2005 年度から 2009 年度までの５年間の具体的な取組みを明示した「集中改革プラン」を公表するよう求めた。また、定員管理の適正化計画については、2010 年４月１日における明確な数値目標を掲げ、公表するよう要請した。数値目標の設定にあたっては、過去５年（1999 年～2004 年）の地方公務員数が 4.6% 純減していることや、今後の市町村合併や民間委託の推進が見込めることから、過去の実績を上回る総定員の純減を求めた。

そして、2006 年に施行された「行政改革推進法」において、2005 年４月から 2010 年４月までの５年間で地方公務員数の 4.6% 以上純減を達成するよう、自治体に厳格な管理を要請した。さらに、2006 年７月の閣議決定を踏まえて８月に策定した「地方公共団体における行政改革の更なる推進のための指針」において、総務省は地方公務員数を 2011 年度までの５年間で国家公務員の定数純減（5.7%）と同程度削減するよう自治体に要請した。

これにより、自治体は当初の目標である6.4%を上回る7.5%の職員削減を実現させた。削減にあたっては、①団塊世代の退職にあたって新規採用を見送るという退職者不補充、②民間委託、指定管理者の活用、地方独立行政法人等によるアウトソーシングによる事務事業と組織の見直し、③定員としてカウントされない臨時・非常勤職員の活用、といった手法が採用された。とりわけ②については、清掃・警備、公用車運転、給食、ごみ収集などの多くの分野で採用され、定員削減に大きく寄与した（西村 2018：9-13参照）。

このように、集中改革プランによって各自治体は厳しい定員削減を進めていく必要があった。もっとも、地方公務員総数の約2/3は国が定員に関する基準を定めている警察・消防・教育・福祉関係部門の職員であるため、自治体は残り1/3の一般行政部門において上記の厳しい目標を達成しなければならなかった。そればかりか、当時は教育を除く警察・消防・福祉関係は増員が求められていたため、一般行政部門のさらなる削減が必要であった（西村 前掲書：8参照）。とりわけ現業部門は委託化が容易であったため、集中的に削減対象となった。全体として自治体の職員数はかなり絞られたが、以上の理由から部門によって削減の程度は大きく異なるのである。

8　今後の地方行革への視点

「集中改革プラン」の実施時期は2005年度から2009年度であったため、国から自治体への行政改革への要請はいったん止まった。現在では自治体独自の判断で行政改革が実施され、定員管理の適正化が進められている。自治体の中には、長期的な財政の好転が見込めず、人件費削減を目的にこれまで要請されてきた「定員管理の適正化」という御旗を掲げ続け、人員削減を継続しているところもある。人員を通常業務を遂行できる最小限まで絞ったため、非常時に必要な人員体制の構築が難しい状況に陥っている自治体もある。昨今多発する自然災害や今般の新型コロナウイルス感染症の対応に鑑みれば、住民の生命・財産・生活を守ることに寄与するエッセンシャル・ワーカーのさらなる削減は難しいばかりでなく、むしろ増員が必要である。住民福祉の向上を前提とすれば、これまでの「定員管理の適正化」により至った現状を再考し、こうした視点からの新たな定員管理の適正化が求められているのである。

他方で、行き過ぎた定員削減に政治の側からも声が上がり始めている。自民党の萩生田光一氏はテレビ番組で次のような発言をした。「今回のいろんなさまざまな災害で、地方自治体との連携をとるうえで、非常に我々が問題意識を持っていますのは、非常電源のお話がありましたが、ハードのことも大事なのですが、ソフト面で技術的なことがわからない職員の方が増えてきてしまっています。行政改革を進めた結果、現業職や技術職というのが地方自治体に非常に減っていて、たとえば簡易型のエアコンを 400 台送りましたが、箱から出すことができない状況が続いていました。市役所や町役場の強靭化という点では、職員の方のレベルアップもこの際、国と地方で考えていきたく思っています」[7]。この発言をそのまま受け止めるなら、政府も行き過ぎた定員削減を反省し、定員管理を真に適正化する検討を始めようとしていると解釈できる。

長期的な視野から地方公務員の定員を再検討し、減員ありきではない真の適正化を実施していくことが住民の安心・安全へとつながっていく。地方公務員の増員は短期的な視点からは費用がかかるように見えるかもしれない。しかし、そうした未来への「投資」は緊急時を想定すれば結果的にコスト安となる。まさに「損をして得をとる」という考え方が定員管理の適正化にも必要な視点になるだろう。

参考文献

大藪俊志（2014）「地方行政改革の諸相―自治体行政改革の課題と方向性―」『佛教大学総合研究所紀要』21号（佛教大学総合研究所）、121-140

片木淳・藤井浩司（2012）『自治体経営学入門』一藝社

金井利之（2010）『実践自治体行政学　自治基本条例・総合計画・行政改革・行政評価』第一法規

上林陽治（2015）『非正規公務員の現在―深化する格差―』日本評論社

自治省（1985）「地方公共団体における行政改革推進の方針（地方行革大綱）について」『自治研究　第61巻第3号』良書普及会、147-151

自治省（1996）「地方公共団体における行政改革推進のための指針について」東京市政調査会編『都市問題』第87巻第3号、49-55

自治省事務次官通知（1997）「地方自治・新時代に対応した地方公共団体の行政改革推進のための指針の策定について」地方自治制度研究会編『地方自治』第601号、ぎょうせい、108-117

総務省（2005）「地方公共団体における行政改革の推進のための新たな指針」

総務省（2006）「地方公共団体における行政改革の更なる推進のための指針」

総務省（2015）「地方行政サービス改革の推進に関する留意事項」

総務省自治行政局公務員部給与能率推進室（2005-2020）「地方公共団体定員管理調査結果」

田中一昭（1996）『行政改革』ぎょうせい

田中一昭（2006）『行政改革〈新版〉』ぎょうせい

田中啓（2010）「日本の自治体の行政改革」比較地方自治研究センター・分野別自治制度及びその運用に関する資料No.18

地方公務員定員問題研究会編（2003）『分権時代の地方公務員定員管理マニュ

アル』ぎょうせい
中村祐司（2014）「民間委託の歴史・現状・課題」外山公美・平石正美・中村祐司・西村弥・五味太始・古坂正人・石見豊『日本の公共経営』北樹出版
西村美香（2012）「地方公務員の定数管理についての一考察」総務省自治行政局公務員課編『地方公務員月報』（平成24年３月号）２-17
西村美香（2018）「転換期を迎えた地方公務員の定員管理」総務省自治行政局公務員課編『地方公務員月報』（平成30年３月号）２-25
早川進（2006）「地方行政改革における定員管理」国立国会図書館調査及び立法考査局『調査と情報』（532）１-10
藤井誠一郎（2018）『ごみ収集という仕事―清掃車に乗って考えた地方自治―』コモンズ
藤井誠一郎（2018）「『技能労務職員の定員管理の適正化』の適正化―東京23区の清掃職員を事例として―」行政管理研究センター編『季刊行政管理研究』No.164、３-19
前田健太郎（2014）『市民を雇わない国家―日本が公務員の少ない国へと至った道―』東京大学出版会
松本英昭（1997）「地方の行財政改革」堀江教授記念論文集編集委員会『行政改革・地方分権・規制緩和の座標―堀江湛教授記念論文集―』ぎょうせい、194-215
三橋良士明（2006）「分権改革の中の行政民間化」三橋良士明・榊原秀訓編著『行政民間化の公共性分析』日本評論社、２-22
宮﨑伸光（1997）「公共サービスの民間委託」今村都南雄編著『公共サービスと民間委託』敬文堂
湯浅孝康（2019）「地方自治体における臨時・非常勤職員の制度改正―事前評価を通じたデザインと理論の重要性―」日本評価学会『日本評価研究』第19巻第１号、19-34

---

[1] 意見の項目には、内閣の機能、中央省庁、共管競合事務の改革、行政事務の配分、許認可等の改革、行政機能の統廃合、公社・公団等の改革、首都

行政の改革、広域行政の改革、青少年行政、消費者行政、科学技術行政、事務運営の改革、予算・会計、行政の公正確保のための手続き、公務員に関する改革意見、がある。なお、これらの意見は理想に走り過ぎていた面があり、これらを受けた政府は実施困難として棚上げとした（田中一昭編 2006：9参照）。

[2] 1990年代半ばからは自治体財政の深刻化により、自治体自らが率先して経費の大幅カットや事務事業の見直しによる歳出削減等、国からの指示に先立ってNPM型の改革手法を取り入れたところもある。主なもとして、三重県の事務・事業評価システム、静岡県の行政評価システム等が挙げられる（三橋 2006：14参照）。

[3]「委託先の事業者が労働法令を遵守することは当然であり、委託先の選定に当たっても、その事業者において労働法令の遵守や雇用・労働条件への適切な配慮がなされるよう、留意すること」、「委託した事務・事業についての行政としての責任を果たし得るよう、適切に評価・管理を行うことができるような措置を講じること」と書かれている。

[4] 地方公共団体の職員数は、1983年までは教職員増や民生部門の充実により増加した後、1984年から1985年までは減少していった。しかし、再度1989年からは公共投資や地域福祉・医療の充実により1994年までは増加していった。それ以降は減少傾向を辿っていた中で、23年ぶりに増加するようになった（総務省自治行政局公務員部給与能率推進室：2017、2018参照）。

[5] 現行制度では、会計年度任用職員と臨時的任用職員がこれに該当する。なお、会計年度任用職員は、2020年4月施行の改正地方公務員法および地方自治法により、これまでの一般職非常勤職員の代わりに導入された経緯がある。これは自治体の非正規職員の待遇改善を目的としているが、実際にはあまり効果が発揮されていない状況にある。詳しくは湯浅（2019）を参照されたい。なお、一般職非常勤職員、臨時的任用職員といった非正規職員についての詳細については、上林（2015）が詳しい。

[6] 臨時・非常勤職員の採用は、総務省のHP「地方公務員の臨時・非常勤職員に関する実態調査」（https://www.soumu.go.jp/menu_news/

s-news/01gyosei11_02000078.html）によると、2005年の45.6万人から2016年の64.3万人へと約19万人も増加している。

7 2018年10月28日、NHK 日曜討論、「臨時国会スタート どうなる与野党論戦」

第3章

地方公務員削減を強いた財政の理由

1　地方財政から見る公務員削減

新型コロナウイルス感染症対策をめぐる対応について、政府の専門家会議の副座長や分科会の会長を務める尾身茂は、４月の時点で「保健所の職員が疲弊している。保健所のクラスター態勢を強化していれば、もう少し早く発見できたはずだ」と指摘していた。感染者の拡大が集中した都市部では、１か月の残業時間が198時間に達する職員を抱える保健所もあり、仮に通常業務を後回しにしたとしても各地の保健所で「オーバーフロー」[1]したことは間違いない。さらに、いわゆる「第３波」を迎えたとされる12月には、各地で新規感染者数が連日過去最高を更新し、保健所の職員から「限界を超えてやっているんですけど、また来年もと思うと絶望しかない」[2]という発言もあった。これまで長期間現場で奮闘してきた職員は相当に追い詰められている状況にある。

こうした中、政府は2021年度予算案において、保健所の恒常的な人員体制を強化するために地方財政措置を講じるとしている（総務省2020a)。しかし、保健所の機能強化の実現までには、人材確保の観点から保健師の採用が急速に進むとは考えにくく、数年は要すると考える。強化が図られた後も、今回のコロナ禍の記憶が薄れ、再び過度な職員削減が実施されないよう、職員の応援体制を講じてもなお月100時間を超える超過勤務が発生した「貧弱な公衆衛生」の背景と原因がどこにあったのか、明らかにしておくことは重要である。

保健所の体制[3]の基礎ともいえる自治体の人員配置には、地方財政計画（以下、「地財計画」）と地方交付税の仕組みによって財政的な裏付けがなされている。本章では、この２つによって、これまで保健所の人員配置がどのように算定されてきたのかについて、単位費用という観点から把握する。また、近年の保健所体制及び衛生関連予算の推移から、2つの関連性についても考察する。さらに、「三位一体の改革」や「集中改革プラン」、指定管理者制度、トップランナー方式など、直接的ないし間接的に影響した「行政改革」の具体的施策がどのような内容で、これらが保健所の体制にどう影響したのかを明らかにしつつ、「夕張ショック」「リーマンショック」や「小さな政府」「公務員バッシング」など、国の計画以上に地方が職員を削減していった時代背景として、「小さな政府」を推進してきた政党の公約と進出についてもあわせて確認していく。最後に、今回のコロナ禍の教訓を生かし、保健所など公衆衛生や公的部門の体制強化に向けて自治体の人事・財務担当者などが今後とるべき方策を提案する。

2　地財計画

①　地財計画と地方交付税

自治体財政を理解するためには、その基礎となっている地財計画だけでなく、職員数に影響を及ぼす計画人員と給与関係経費について確認する必要がある。これらについて、それぞれの全体像を確認したうえで、保健所の個別事情について見てゆく。

まず、地財計画とは、一言でいえば毎年度のすべての自治体の歳入と歳出の総額（見込み）である。総務省は「多種多様な地方公共団体の財政の複合体である地方財政の規模や収支見通しを全体として捉えたもの」と説明している。

地方交付税法第７条において、内閣に対して歳入歳出総額の見込額の提出及び公表の義務が課せられていることから、地財計画は国の予算編成と並行して策定され、国会に提出される。地財計画には、国の法令で定められている自治体の事務やさまざまな政策に基づく歳出見込額と、それを賄うために収支を調整して帳尻を合わせた歳入見込額が示されている。

そもそも、地財計画は、47都道府県、1,741ある市区町村すべてが、自前の税収等で自治体財政を賄えるのであれば不要である。しかし、後述のとおり多くの自治体が自前の税収等で自治体財政を賄うことができない。地財計画は、地方交付税制度を柱として、こうした自治体間の財政力格差の是正や、税収の少ない自治体に対する財源保障による住民への標準的なサービスの提供のために大きな役割を果たしているのである。

したがって、地財計画に対する自治体の関心は、国からいくら地方交付税が配分されるのかにある。地方交付税の「入口」における算定方法は、地方交付税法第6条において決められている。同法により、地方交付税の額は、所得税・法人税の33.1%、酒税の50%、消費税の19.5%、と定められているのである。しかし、このような機械的算定だけでは自治体の財政需要を満たすことはできない。このため、一般会計からの繰り出しなどによって、地方交付税法第6条に基づく算定額に上乗せし、「出口」での総額確保が必要となる。こうした一連の作業を経て出口での地方交付税総額が決定され、各自治体に地方交付税が配分される。

地方交付税の配分にあたっては、普通交付税（総額の94%）と特別交付税（同6%）の2種類に分けられる。普通交付税は、地方交付税法に基づいて算定された自治体ごとの基準財政需要額と基準財政収入額の不足分を補填する役割を担っている。基準財政需要額とは、理論上の自治体の標準的な財政需要を賄うために必要とされる支出額であり、行政項目ごとの単位費用[4]、測定単位、補正係数をかけ合わせて算出している。

各自治体における行政項目ごとの基準財政需要額の算出は、以下の作業手順で進められる。まず、行政項目ごとの全国共通の単価を定める作業がある。これは標準団体における測定単位当たりの単位費用として算出される。標準団体とは、市町村であれば人口10万人、面積210㎢、都道府県であれば人口170万人、面積6,500㎢の自治体が基準となる。その単位費用に対して、人口や面積といった測定単位や、各自治体の環境条件や人口密度などの違いに応じた８種類の補正係数をかけて、基準財政需要額が個々に算出されるのである。もっとも、これらは「衡平」な配分が目的であって、実態である各自治体の決算は考慮しない。したがって、測定単位、補正係数のいずれからも対象とされなかった行政需要、たとえば外国籍住民に対応した必要な行政サービスは、基準財政需要額の算定にあたっては考慮されていないのである。

一方で、普通交付税は一般財源であり使い道に縛りはなく、単位費用を算出する根拠に職員数があったとしても、その根拠どおりの職員数を満たす必要はない。ペナルティも設けられていないが、地方交付税法第３条第３項で、「地方団体は、その行政について、合理的、且つ、妥当な水準を維持するように努め、少くとも法律又はこれに基く政令により義務づけられた規模と内容とを備えるようにしなければならない」と定められており、フリーハンドではない。

ここまでの内容を家計に例えてみよう。４人家族で年収500万円、支出も同じく500万円が標準家計とされているとする。この年収・支出どおりである４人家族の自治体Ａは、プラスマイナスゼロのため仕送りは必要とされない（留保財源[5]については、ここでは考慮しない)。年収が350万円である4人家族の自治体Bには、150万円を仕送りして家計を保障するのが現在の地方財政の仕組みで、150万円の仕送りが地方交付税にあたる。5人家族である自治体Cについては、家族数が多いため仮定される支出が600万円と増えるとともに、支出と同額の年収が必要とされるのである。このように、自治体の人口は、支出にあたる基準財政需要額の算定根拠(算定項目)の重要な要因の1つである。人口増に伴って基準財政需要額が増加すれば、実際の税収が増加しなくても地方交付税によって賄われるのである。しかし、仕送りにあたる地方交付税を必要としない自治体は2020年ではわずか76団体[6]で、95%の自治体は地方交付税という仕送りがなければ標準的な財政支出が賄えない税収しかない。

標準となる収入と支出の割合は「財政力指数」と呼ばれる。財政力指数が1.0であれば収支が釣り合った状態で、上記の標準家計で言えば自治体Aと同様となる。財政力指数0.5未満の自治体は税収等として入ってくる収入が支出の半分以下という意味になるが、実は0.5未満の自治体が自治体全体のおおよそ半数を占めている。また、保健所設置主体の多くを占める都道府県では、東京都以外はすべて1.0未満で、25道県が0.5未満である[7]。

先ほどの家計の例にならうと、家族が多い世帯(測定単位)にはその分増額し、子どもの教育費(補正係数)や遠くの駅に向かうための車両の維持費がかかる(測定単位、補正係数)場合はその分増額するという仕組みによって、地方の財政が調整・保障されているのである。表1の地方交付税の個別算定経費を見ると、測定単位には土木費では道路などのハードの数量に着目した設定がされており、教育費では教職員数や生徒数となっている。保健所費が含まれる衛生費は、対人サービスが基本のため人口が採用されている。

表１：地方交付税の算定項目と測定単位（都道府県）

算定項目	測定単位
一　警察費	警察職員数
二　土木費	
1　道路橋りょう費	道路の面積 道路の延長
2　河川費	河川の延長
3　港湾費	港湾における係留施設の延長
	港湾における外郭施設の延長
	漁港における係留施設の延長
	漁港における外郭施設の延長
4　その他の土木費	人口
三　教育費	
1　小学校費	教職員数
2　中学校費	教職員数
3　高等学校費	教職員数
	生徒数
4　特別支援学校費	教職員数
	学級数
5　その他の教育費	人口
	高等専門学校及び大学の学生の数
	私立の学校の幼児、児童及び生徒の数
四　厚生労働費	
1　生活保護費	町村部人口
2　社会福祉費	人口
3　衛生費	人口
4　高齢者保健福祉費	六十五歳以上人口
	七十五歳以上人口
5　労働費	人口
五　産業経済費	
1　農業行政費	農家数
2　林野行政費	公有以外の林野の面積
	公有林野の面積
3　水産行政費	水産業者数
4　商工行政費	人口
六　総務費	
1　徴税費	世帯数
2　恩給費	恩給受給権者数
3　地域振興費	人口

注：地域の元気創造事業費、人口減少等特別対策事業費、公債費、包括算定経費は省略
（出所）地方交付税制度研究会編（2020：3）

表２：坂戸市と河内長野市の基準財政需要額と地方交付税の比較

	人口	面積（km^2）	基準財政需要額	基準財政収入額	地方交付税額
埼玉県坂戸市	100,778	41.02	14,104,722 千円	11,620,834 千円	2,980,652 千円
大阪府河内長野市	104,562	109.63	16,878,951 千円	10,483,028 千円	6,609,084 千円

（出所）２市が HP で公表している 2019 年度決算カードから作成

人口 10 万人に近い自治体を比較してみよう。表２では埼玉県坂戸市と大阪府河内長野市を比較しているが、面積等の違いから基準財政需要額は埼玉県坂戸市約 141 億円、大阪府河内長野市約 168 億円と 27 億円の差が生じている。さらに、基準財政収入額の差も 12 億円あ

図１：普通交付税の仕組み

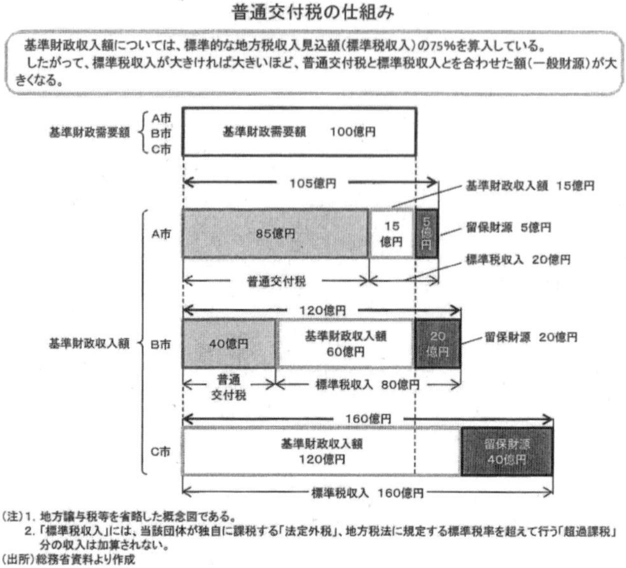

（出所）参議院総務委員会調査室編（2020：93）

ることから、地方交付税では36億円に差が開いていることが確認できる。

個々の自治体における地方交付税の額とは、基準財政需要額と基準財政収入額の差によって決定する。基準財政収入額は、前年度実績などに基づき推計した各自治体の税収見込みの75％相当をいう。残る25％が「留保財源」と呼ばれ、自治体が増収を図ればより留保財源が増える仕組みとして機能している（図１参照）。つまり、基準財政需要額よりも基準財政収入額が小さく、地方交付税が交付される自治体においても、少額ではあるが国の地方交付税に頼らない財源が生まれる仕組みとなっているのである。

②　給与関係経費と計画人員の関係

地財計画では、義務教育教職員、警察官、消防職員、一般職員など財政保障上の「計画人員」を定めている。たとえば、一般職員は個別の地方交付税算定における給与関係費の職員数の総和であり、政府が地方に財源保障している職員数とも言い換えることができる。保健師も一般職員に含まれる。ただし、実際には各自治体は自治体個別の行政ニーズ、たとえば外国籍住民が多い、老齢化が進んでいる、過疎化が激しいなどの事情を考慮し、標準的水準である「計画人員」よりも多く公務員を配置している。

このように計画人員と実際の公務員数に差があるとはいえ、財源の裏付けもなく自由に職員を配置することはできないため、計画人員と実際の公務員数には強い相関性がある。一般職員については、実態調査（統計）をもとにしているため、乖離はほぼ見られない。しかし、義務教育教職員は国の予算定員、警察官は政令定数、消防職員は消防力の整備指針に基づいて算定されるため、自治体のニーズに応じて加配がされた結果は、計画人員に反映されず乖離が生じるのである。表３は実数が計画人員をどのぐらい上回っているのかについてまとめたものである。一般行政部門の乖離は0.82％、教育部門は6.79％、警察部門は3.97％、消防部門は1.40％となり、子どもたちの学びの保障や

表３：地方公務員の地財計画上の計画人員と実数の比較（2019年度）

	一般行政部門	教育部門	警察部門	消防部門	公営企業等会計部門
計画人員（a）	915,201	950,384	278,780	159,827	－
職員数実数（b）	922,764	1,014,962	289,849	162,076	315,002
乖離数（c）	7,563	64,578	11,069	2,249	
乖離率（c/a）	0.82%	6.79%	3.97%	1.40%	

（出所）地方財政計画及び定員管理調査から作成

治安、災害対応力の向上などといった昨今の自治体のニーズが反映され、計画人員を上回る公務員が配置されていることが確認できる。

では、給与関係経費全体はどのような推移であり、またどのように決まっているのだろうか。給与関係経費の推移を見ると、1994年の22.3兆円から2018年の20.3兆円へと1割減となっている。給与関係経費の算定については、毎年の各県の人事委員会勧告をもとに給与改定を反映するとともに、定数管理調査結果を踏まえた増減についても勘案されている。つまり、自治体が人員削減を行えば、翌年度の地方交付税算定に反映され、基準財政需要額と地方交付税の双方の縮小へとつながるのである。自治体は縮小した地方交付税を見て、さらに職員を削減するという「自治体自ら首を絞める結果」（角本 2013：52）が繰り返される。

計画人員とともに、単位費用の内訳にある給与単価も減少傾向が続いている。給与単価については、部長、課長、職員A、職員Bの4段階が設定されているが、例えば職員Aの単価（月）は、1994年は338,100円、2003年は374,600円、2018年に334,300円へと変動している。これらを組み合わせた、保健所の単位費用算定における積算人員数と給与費の関係を見てみたい。

表4は、地方交付税算定における保健所給与費の推移を比較したものである。1994年から2003年までは、保健所数の減少による積算人

表4：地方交付税算定における保健所給与費の推移

	職員数	保健所数	給与費	1人あたり
1994年	350人	14	25.8億円	708万円
2003年	325人	11	25.9億円	798万円
2018年	246人	9	16.0億円	650万円

（出所）地方交付税制度研究会編（1994、2003、2018：参照）。

員数の減少を伴いつつも、給与単価が人事院勧告により（人事委員会の勧告を採用するのは 2011 年度から）上昇したため、給与費全体としては影響を受けていなかった。しかし、2003 年から 2018 年では、保健所数、積算人員数ともに減少し、加えて職員 A の給与単価が 1994 年とほぼ同水準となるなかで、１人あたりの平均単価が落ちている。これは、職員 A から給与単価が低い職員 B（2018 年 216,900 円）への置き換えが行われたためである（表５参照）。つまり、保健所においては、給与費の積算根拠となる職員数がこの 25 年で３割減となり、給与単価もマイナスが続いた人事院勧告や人事委員会勧告の影響によって、1994 年の水準に戻ったうえに、かつては多くが職員 A を使っていたものをより低い単価の職員 B の区分にシフトさせることで、地財計画上は４割近い給与費が削減されているのである。

もう１つ、給与費以外の要素についても確認しておく。通常、職員を削減すると、アウトソーシングや非正規職員への置き換えを行うため、物件費などその他の支出が増加する。保健所の単位費用の算定には給与費のほかに事業費にかかる需用費等という項目があり、職員数の減少と同傾向での減少が確認できる。このことは、アウトソーシングや非正規職員への置き換えが交付税算定上は行われず、職員数、事業費ともに削減傾向にあったといえる。また、とりわけ、2002 年から 2009 年までの削減が急激なものであり、その後は大きな変化がな

表５：地方交付税算定における保健所係員数の推移

	職員 A	職員 B
1994 年	196 人	140 人
2003 年	183 人	131 人
2018 年	74 人	163 人

（出所）地方交付税制度研究会編（1994、2003、2018：参照）。

かったことも見て取れる（図２参照）。

一方、保健師については「地方交付税による措置人数が実人員数を大きく上回っている」（日本看護協会 2014：24）との指摘がある。これによると、2013 年度の交付税で措置した保健師の計画人員（都道府県）6,889 人に対して、実人数 4,882 人となり、2,007 人の差が生じているとされている。そうすると次のような関係が成立することになる。

【一般職員】 計画人員≒実人員　　【保健師】 計画人員＞実人員

これはどう理解すればいいのだろうか。１つは、保健所にかかる交付税だけでみると職員Ｂへのシフトと積算職員数の減によって給与

図２：保健所の単位費用算定における職員数と単位費用の推移

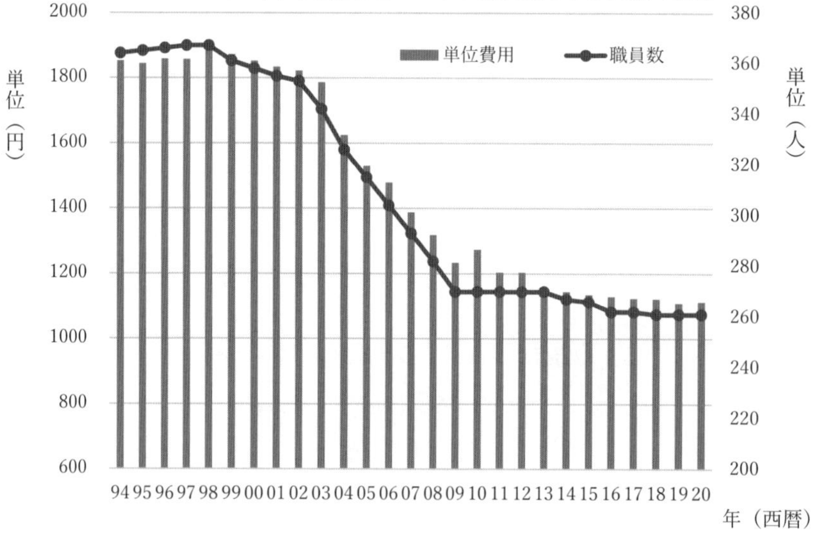

（出所）地方交付税制度研究会編（1994 ～ 2020 参照）。

費が減少したために、保健師の採用及び配置を抑制したのではないかということが考えられる。もう１つは、表３で確認したように一般職員の実人員と計画人員の乖離がほぼなかったことからすると、「保健師の給与費として地方交付税で保障されている経費をほかの施策で使っている」という現実が見えてくる。ここから、少なくとも都道府県行政において、保健所や公衆衛生が軽視されていたのではないかという疑いが生じる。

③　政府予算と地方予算の推移（地方交付税、社会保障関係費と衛生費）

まず、政府予算の推移については、一般会計歳出予算では 2000 年までは基本的には増加傾向にあったが、2000 年のピークから 2006 年の 79 兆円を底にするまで減少が続き、以降、2012 年を除いて一貫して増加している（図３参照）。一方、地方交付税（出口ベース）では、2000 年に 21.4 兆円のピーク以降、2007 年には 15.2 兆円まで落ち込み、民主党政権下の 2012 年に 17.4 兆円に戻すものの以降は減少し、2018 年に 16 兆円となっている（図４参照）。

都道府県・市町村を合わせた地方の目的別歳出を見ると、民生費の伸長と反比例して投資的経費である普通建設事業費（災害復旧事業費は含まない）が減っているのがわかる（図５参照）。一方、衛生費については、減少のトレンドのなかで 2007 年、2008 年に 5.5 兆円を割り込むものの、新型インフルエンザが流行した 2009 年に増加しており、以降は６兆円を上回る水準を維持している（図６参照）。全体で見ると、高齢化による社会保障費の増加をベースに、災害などの一時的な要因も加わって、会計そのものは基本的に増加の一途にあるが、いわゆる公共事業については圧縮されている。衛生費については、病院や清掃事業も含まれるため、保健所にかかる経費としての評価とはならないものの、事業費ベースでは６兆円規模で推移しており、大きく削減されたとはいえない状況である。

図３：一般会計歳出予算額の推移

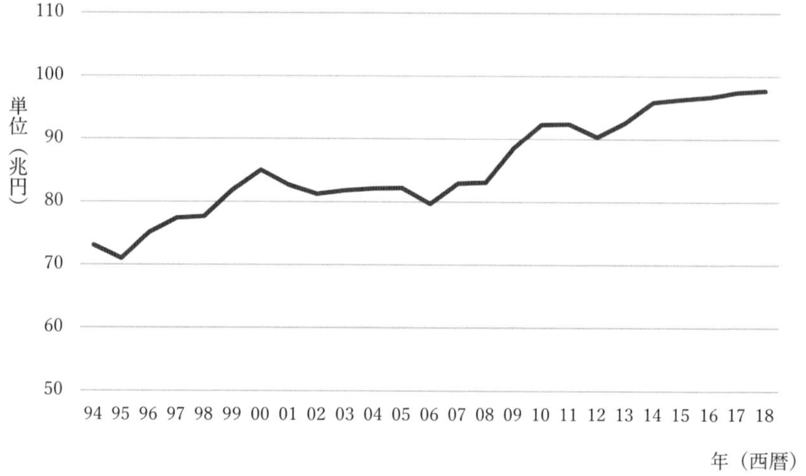

（出所）総務省及び財務省公表データから作成

図４：地方税収入及び地方交付税の推移

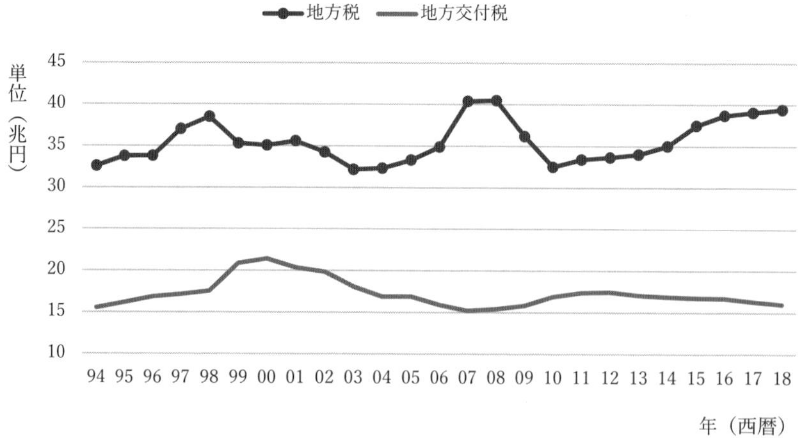

（出所）総務省及び財務省公表データから作成

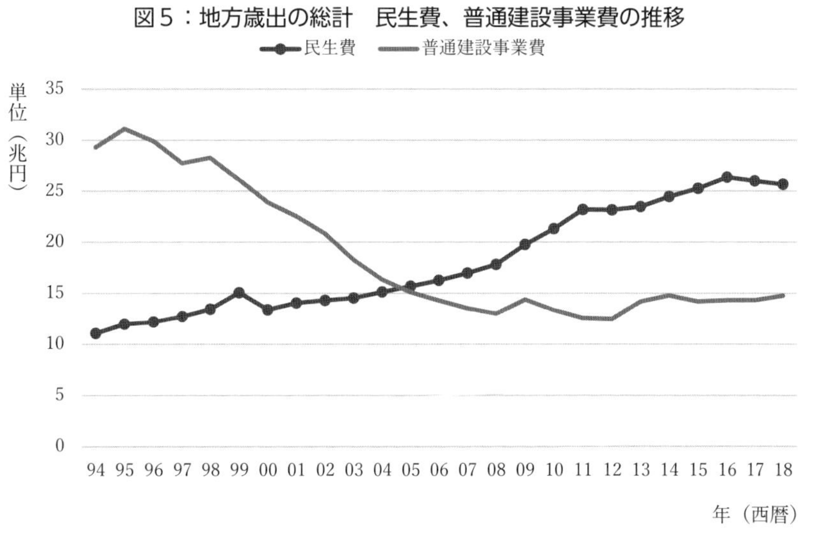

（出所）岸まきこ参議院議員事務所提供「地方財政データブック」から作成

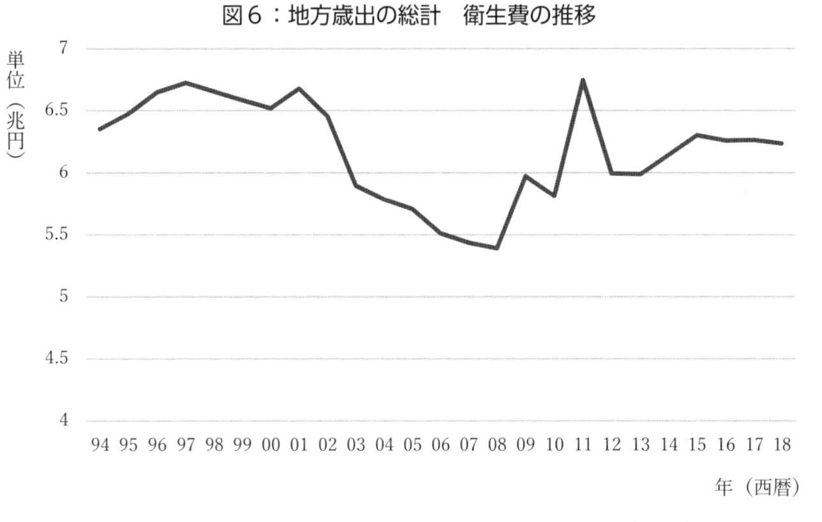

（出所）岸まきこ参議院議員事務所提供「地方財政データブック」から作成

3　現場を疲弊させた近年の「行革」施策

(1) 指定管理者制度の制度内容と現状

「官から民へ」「民にできることは民で」をスローガンした小泉内閣の骨太改革路線の一環として、2003年に地方自治法が改正され、それまで公の施設の管理については自治体からの出資法人（第三セクター）に限られていたものが民間事業者に開放されることとなった。単に民間参入を可能にすることにとどまらず、それまで管理委託していた公の施設は、公募による指定管理者制度を導入するか、直営に戻すかを３年以内に決めることとされた。これにより、第三セクターといわれた財団法人や公社などが民間事業者と金額や企画提案型入札で比較されることとなり、市場競争を求められることとなった。

さらに、これまで第三セクターが担ってきた公立の福祉施設や病院、図書館、市民会館、保育所、児童館、体育館などの公的施設の管理運営に、指定管理者制度の下で民間事業者の参入拡大が進んだことで、担い手となる民間事業者の数的規模も大きくなり、これまで地方公務員が直接担ってきたこれらの施設も同制度が導入され、職場を失うこととなった。総務省による「公の施設の指定管理者制度の導入状況に関する調査結果」では、2018年時点で、76,268施設に指定管理者制度が導入されており、うち４割が民間企業等となっている。2006年時点で指定管理者制度を導入していたのは61,565施設であったことから、新設施設を対象から除外したとしても、当初導入時点で直営であった施設の相当数が新たに同制度を導入したと考えられる（なお、2006年時点で直営から指定管理者制度を導入した施設は6,753である）。

表６：単位費用における公園費の内訳推移

	給与費	需用費等	委託料（等）	計
2003年	101,760千円	73,810千円	281,920千円	457,490千円
2012年	64,720千円	42,607千円	198,361千円	305,688千円
2018年	38,080千円	-	161,345千円	199,425千円

（出所）地方交付税制度研究会編（2003、2012、2018：参照）

(2) 指定管理者制度の実例

筆者も、都市公園を管理するという自分の職場に指定管理者制度が導入されるという実体験をした１人であるので、その経緯を述べてみたい。

筆者は大阪市役所に1994年に入職し、教育委員会に配属された後、2004年に大阪城にある公園事務所に異動となった。その後、公園管理に関する本局での勤務を経て、2016年から鶴見緑地にある公園事務所に勤務している。大阪城公園も鶴見緑地公園も2016年から指定管理者制度が適用され、民間事業者（共同企業体）によって管理運営されている。都市公園法に基づく占用許可などの行政処分は指定管理者が代行できないため、事務職員、技術職員は他の小公園とともに引き続き一定程度業務として関わることとなったが、現業職員は別の公園事務所などに移ることとなった[8]。分限免職という最悪の施策は取られなかったものの、大阪市では2004年から現業職員の採用を凍結したため、定年退職などの自然減が相当数ある現業職員は、長年手塩にかけて維持管理してきた公園から離れざるを得なかった。

ここでもなぜそうなったのかを知るために、地方交付税における基準財政需要額（単位費用・都道府県）の視点から、公園費がどう推移したのかを確認する。表６からは、2003年から2018年の間に、給与費は63％減、委託料等は55％減と維持に関する経費を半減させていることがわかる。この間、職員数は３分の１となっている。公園に関する地方交付税も、単位費用で４億５千万円から２億円弱へとこの15年で半分以下になっている。

公園には樹木が植えられる。そして当たり前だが樹木は育つ。剪定、整枝の作業は幹周が太くなるごとに、決められた１つの区分を超えるだけで２倍の作業賃になることもある。近年、台風が来るたびに公園や街路樹の倒木が問題となるが、このように交付税が減額されては、必要な剪定や植替えをする予算をつけることは難しい。仮に業務委託や工事が発注することができたとしても、指定管理者制度の導入を前提に給与費が激減し、工事を監督する技術職員が減らされてきたために、現場では必要な業務を実施できていない現実がある。直接人件費をかけて職員が直営で作業することは一見高コストのように思えるが、実は災害対応や地域コミュニティの育成にとって有効である。それにもかかわらず自治体がこの選択肢を採用できないのは、財源が十分手当されず、削減が続けられているからである。

もう１点、指定管理者制度の問題点を指摘しておく。筆者の現場であった大阪城公園は、共同企業体が20年間という長期間での指定を受けている。20年後、自治体が再び直営で「同じ水準」の管理をすることは、財政状況がどうであれ「ノウハウ」と「人材」という観点から困難である。管理水準についてみれば、20年後に同じ共同企業体もしくは同じ労働者を雇用しない限り、蓄積された知識やノウハウは生きることなくゼロベースに戻る。一方、国家公務員のいわゆるキャリア官僚は、現場の事情を知ることに非常に貪欲であり、現場の状況を聞くことはもちろん、さまざまな実例も把握しており、学ばされることは多い。多忙な中、休日にボランティアなどで現場を知る機会を作る官僚にその理由を聞いてみると、「現場を知らずに法律や制度を作るほど怖いことはない」という。それだけ現場に精通しておくことが重要であることを実証するものでもある。７割以上の指定管理者制度導入施設は５年程度で再公募を行っており、そのたびにノウハウも労使関係も「リセット」されている。失う可能性のある仕事にどれだけの情熱を注ぐことができるのか、制度設計者は現実を見つめ直す必要がある。国、自治体を問わず、行政実務者には長期間現場に直接関わらないことによる、現場感や住民感覚（利用者感覚）といった「暗黙知」を喪失することの危険性や問題点を理解し、目の前のコストや財政状況のみに振り回されない長期的な視野での施策を立案することが必要である。

(3)「三位一体の改革」と「集中改革プラン」

「三位一体の改革」とは、国庫補助負担金改革、税源移譲、地方交付税の見直しの３つを一体として実施する改革である。このうち国から地方への税源移譲については、2006 年の税制改正において、国の所得税から地方の住民税へ３兆円規模の税源移譲が実施された。確かに、2007年、2008 年はその効果によって地方税は 40 兆円を超えることとなり、「自律的な」地方財政に寄与したといえるが、2009 年に発生したリーマンショックによって税収は税源移譲前の規模にまで落ち込んだ。地方交付税は、2003 年の 18.0 兆円から 2004 年の 16.8 兆円と見直しによって大きく削減されており、加えて臨時財政対策債の発行も前年度比マイナス 1.6 兆円となったため、３兆円近い歳入減により地方財政は致命的な打撃を受け、大きな混乱を招いた[9]。三位一体の改革の実施にあたり、国は「歳出の徹底した見直し、削減等に努めた上でなお必要な額については、極力、自主財源である地方税の充実強化により賄うこと」で、自治体における「受益と負担の対応関係が明確となり、住民の選択による財政の自己規律の向上や、運営面での効率化が図られやすくなる」という考えがあったと述べている。

三位一体の改革と同時並行で、2005年からは「集中改革プラン」が進められた。これは、「骨太方針2006」において5年間で国家公務員の定員純減（▲5.7％）と同程度の定員純減を自治体に求め、「大幅な人件費の削減を実現する」ことを目指すものであった。国は、2010年までの削減目標を自治体に立てさせるとともに、事務事業の再編・整理や民間委託の推進（指定管理制度の活用含む）を自ら実施することを求めた。当初、全自治体の目標値は6.4％の削減としていたが、最終的に実績値はこれを上回る7.5％となり、なかでも都道府県の一般行政部門は12.2％という高い目標をさらに上回る14.8％もの削減となった。

これらを地方交付税の増減という面からみると、実人数が減ることによって基準財政需要額における計画人員も減り、結果的に大幅な減額原因となったといえる。ほかにも公共事業費や地方単独事業費も削減されており基準財政需要額に影響していたことから、「三位一体改革」によって地方交付税が削減されたというには飛躍がある。しかし、2004年度にいわゆる「地方財政ショック」が起きたことから、国庫補助金の圧縮や税源移譲という地方分権改革の成果がまったく陰に隠れ地方交付税の縮減だけが印象付けられることとなったため（小西2017：201-205参照)、自治体にとって三位一体改革は暗い記憶として今なお残っている。

(4) 小泉改革以降も続く行革誘導（トップランナー方式と行革算定）

集中改革プランは2010年までで終了し、地方公務員の減はここを境にしてやや鈍化した。その後、なお減少し、近年では横ばいや持ち直しも見られる。集中改革プランほどには強力に職員減を求めるものではないものの、なお「官から民へ」の流れを進めようとする誘導策として、地方財政、とりわけ地方交付税が利用されている実例を紹介する。

①　トップランナー方式

さきに公園費における基準財政需要額の変更（削減）の推移を見てきたが、「民間委託等の業務改革を実施している地方団体の経費水準を地方交付税の基準財政需要額の算定に反映する」ことを推進する「トップランナー方式」が2016年から導入された。対象業務は、学校用務、公用車運転、プール管理など16業務、2017年には青少年教育施設、公立大学を加え計18業務となっている。

トップランナー方式とは、対象とされた行政項目を民間委託等、指定管理者制度導入、地方独立行政法人化といった手法で、算定上直営

図７：トップランナー方式について

トップランナー方式に係る取組の現状について

○　基本方針 2015 に基づき、歳出の効率化を推進する観点から、歳出効率化に向けた業務改革で他団体のモデルとなるようなものを地方交付税の基準財政需要額の算定に反映する取組を推進。
○　その際、財源保障機能を適切に働かせ、住民生活の安心・安全を確保することを前提として取り組む。

平成 28 年度の取組

○　地方行政サービス改革に係る調査によって把握することとしている地方団体の業務改革のうち、単位費用に計上されている全ての業務（23 業務）についてトップランナー方式の検討対象とする。
※法令等により国が基準を定めている業務や産業振興・地域振興等の業務はトップランナー方式になじまないことから対象としていない。
○　平成 28 年度においては、このうち多くの地方団体が業務改革に取り組んでいる 16 業務について、トップランナー方式を導入。地方団体への影響等を考慮し、複数年（概ね３～５年程度）かけて段階的に反映することとし、初年度の見直しを実施。

【都道府県分】

対象業務	基準財政需要額の算定項目	見直し内容				見直し年数	基準財政需要額の算定基礎とする業務改革の内容
		経費水準の見直し			経費区分の見直し（給与費→委託料等）		
		平成 27 年度	平成 28 年度	見直し最終年度			
◇学校用務員事務（高等学校、特別支援学校）	高等学校費	388,570（千円）	377,298（千円）	332,208（千円）	○	5	民間委託等
	特別支援学校費	57,312（千円）	55,952（千円）	50,510（千円）	○	5	
◇道路維持補修・清掃等	道路橋りょう費	4,062,692（千円）	3,892,010（千円）	3,550,647（千円）		3	
◇本庁舎清掃 ◇本庁舎夜間警備 ◇案内・受付 ◇電話交換 ◇公用車運転	包括算定経費	466,812（千円）	422,691（千円）	334,448（千円）	○	3	
◇体育館管理 ◇競技場管理 ◇プール管理	その他の教育費	25,629（千円）	据え置き	据え置き	○	-	指定管理者制度導入、民間委託等
◇公園管理	その他の土木費	161,345（千円）	据え置き	据え置き	○	-	
◇庶務業務（人事、給与、旅費、福利厚生等）	包括算定経費	庶務業務として特定せず包括的に算定	8,270（千円）の減	8,270（千円）の減	○	1	庶務業務の集約化

（出所）総務省ホームページ

からアウトソーシングしたことにして、基準財政需要額算定における経費区分を見直し、減額するものである。具体的には、直接職員に支払う給与費という区分から委託料等へと変更することで、本庁舎清掃、本庁舎夜間警備等では466,812千円から334,448千円へと28%の減額、道路維持補修・清掃等では4,062,692千円から3,550,647千円へと12%減額している。なお、庶務業務については、アウトソーシングではなく、集約化による効果額としている。また公園や体育館などについては、2016年のトップランナー方式導入前までに、基準財政需要額算定において委託料等への変更による減額が実施されていたため、対象業務として実施済みとされている（図7参照）。

② まち・ひと・しごと創生事業費

2015年以降の地方財政計画の歳出において、地方団体が自主性・主体性を最大限発揮して地方創生に取り組み、地域の実情に応じたきめ細やかな施策を可能にする観点から総額1兆円の「まち・ひと・しごと創生事業費」が計上されている。

まち・ひと・しごと創生事業費には、地域の元気創造事業費と人口減少等特別対策事業費がある。地域の元気創造事業費については、算定指標に「行革努力の取組」として、職員削減率、ラスパイレス指数[10]、人件費削減率、人件費を除く経常経費削減率、地方債残高削減率、などを使っている。

単位費用×人口×段階補正×（「行革努力」＋「地域経済活性化」）

このほかにも、まち・ひと・しごと創生事業費には、「地域経済活性化分」として第一次産業産出額や若年者就業率といった政策目的に合致しそうな指標も採用されているが、職員削減率、人件費削減率と

まち・ひと・しごと創生事業費が目的とする「地方団体が自主性・主体性を最大限発揮して地方創生に取り組み、地域の実情に応じたきめ細やかな施策」の関連性を見出すことは困難である。職員が削減されることで、どのようにして地域の実情に応じたきめ細やかな施策の実施につなげることができるのだろうか。むしろ、現場の実態からすると逆行していると言える。人件費削減率も同様である。

2020年から「行革努力」は、ラスパイレス指数のほか、経常的経費削減率、地方税徴収率、業務システムに対するクラウド導入率が指標となり、ようやく職員削減率だけは対象から外れることとなった。これらは、地方交付税のもつ財源保障機能を損なうものではないとされているとしても（小西 2017：103-104 参照）、自治体が人件費を削減するモチベーションを向上・維持させる仕組みであり、自治体の自主性や主体性を損なうものと言わざるを得ない。

4　行き過ぎた地方公務員削減の背景

(1) 夕張財政破綻とその影響

2007年３月、年間40億円程度の予算（標準財政規模）に対し350億円もの赤字を抱える状態となった北海道夕張市が財政破綻した。いわゆる「夕張ショック」である。夕張市は４月・５月の出納整理期間を利用し、会計間貸付金や償還金のやり取りを行い、資金手当てについては一時借入金によるという手法で表面上黒字決算を続けていた。しかし、財政状況が報道されたことをきっかけとして、地方財政再建促進特別措置法に基づく財政再建計画を国に申請せざるを得なくなったのである。

2006年６月の夕張市議会での市長発言にあるように、当時の夕張市は、「『産炭地域振興臨時措置法』の法失効に加え、国が推し進める『三位一体の改革』等による改革が断行される中で、普通交付税・特別交付税の大幅削減・縮減が続いており、これまでの『行財政正常化対策』による改革・削減等の財政効果が、地方交付税の大幅減額に追いつかないという状況」であり、小泉改革と「地方財政ショック」が自主再建を断念するきっかけであったことが推察される。

財政破綻した夕張市は、国策で進められてきた炭鉱の閉山後における基盤整備（北炭病院の市立病院への移管、1,100戸の市営住宅建設、学校統廃合による新校舎建設9校など）や産業構造を転換するための観光開発や農産物加工処理施設の建設によって約584億円の費用を要し、約322億円の地方債を背負った。巨額の地方債は、国策としてのエネルギー施策の転換や、急激な人口減少、「産炭地域振興臨時措置法」の失効に伴う「産炭地域臨時交付金」の廃止、炭鉱住宅の市営住宅化など閉山跡処理対策に多額の費用を要したことなど、さまざまな環境や状況の変化の結果としての借金である。このため、それまで地方債発行や事業を承認してきた国や北海道に責任がないとまでは言えないが、本稿の目的から外れるためこれ以上の言及はせず、「きっかけ」となった地方交付税などの財政状況を確認しておく。

表7において2001年と2007年を比較すると、人口は△17%、普通地方交付税は△31%となっており、地方税が同水準であるだけに夕張市が自主的財政再建を断念する理由が地方交付税の削減にあることが理解できる。財政再建計画が承認され財政再建団体となった結果、小学校は7校から、中学校は4校からそれぞれ1校ずつに統廃合されるなど、市民は最高の税等の負担と最低水準の住民サービスを18年という長期間強いられることとなった。これらは、歳出にあたってはすべて国の承認が必要という、国直轄といえる実態のなかで決まったものであり、現

在も継続している。

夕張市役所の職員についても、本給の平均30％削減や一時金が2.0月削減となることへの将来不安などから、2005年に270人いた職員が2006年には139人、2007年には127人へと減少した（うち消防職員は53人から37人に減少）。財政再建途上の2014年に25人いた市役所管理職のうち、12年後（2026年）には20人が定年退職で市役所を去るため、残される５人の管理職と若い職員で仮に財政再建を成し遂げたとしても、その後の行政運営が危ぶまれる状況が明らかとなった。このような状況の中、総務大臣は、「夕張が再生団体になったことによって、法律上認められたいわゆる再生振替債、これは実質的な赤字を長期の借金に振り替えて対応するというものだが、これは全国普遍的な標準的な行政経費というものではないので、この基準財政需要額の算定はしない」と国会（2014年５月19日参議院決算委員会）で答弁している。この答弁の意味を説明すると、「地方債にはさまざまな種類があって、後年度に自治体が元金と利息を返済する際に、返済額の一部を基準財政需要額に含むことによって交付税で措置しており、単純な自治体の借金とはならない仕組みを講じている。しかし、夕張市の借金は、もともとは交付税で措置する対象のものがあったとしても、再生団体となって再生振替

表7：夕張市における歳入（地方税、交付税）と人口の推移

	地方税	普通地方交付税	人口
2001年	100%	100%	100%
2002年	98%	87%	98%
2003年	89%	81%	95%
2004年	90%	74%	92%
2005年	87%	70%	90%
2006年	86%	71%	87%
2007年	98%	69%	83%

（出所）各年度　夕張市決算カードから筆者作成

債とした以上は元金、利息ともに措置なしで返してもらう」という意味である。夕張市はこうしたなかでの財政再建を強いられている。

一連の夕張市民や夕張市職員への政府の対応はあまりに冷たい[11]。これを見た北海道内の旧産炭地だけでなく、全国の市町村において「夕張のようになりたくなかったら」と住民サービスの削減や職員の給与削減が実施されたが、そもそものきっかけが小泉改革にあったことは記憶しておく必要がある。

(2)「小さい政府」礼賛と地方政治

これまで、小泉改革の時期を中心に地方財政の経過を追いかけてきた。ここからは、小泉改革、そして小泉改革以降も続く地方公務員削減の背景に政治がどのようにかかわっていたのか、政党の動きを見ることにする。

まず、自民党である。自民党は、1955年の結党時の綱領制定時に「党の性格」として以下のとおり定めており、党内における派閥間や路線の違いがあったとしても、大きな政府に近い方向性を持っていたといえる。

「六、わが党は、福祉国家の実現をはかる政党である　わが党は、土地及び生産手段の国有国営と官僚統制を主体とする社会主義経済を否定するとともに、独占資本主義をも排し、自由企業の基本として、個人の創意と責任を重んじ、これに総合計画性を付与して生産を増強するとともに、社会保障政策を強力に実施し、完全雇用と福祉国家の実現をはかる」(注：下線部筆者、以下同じ)

行政組織については「党の政綱」において、「ニ、政官界の刷新」「国会及び政党の運営を刷新し、選挙制度、公務員制度の改正を断行して、官紀綱紀の粛正をはかり、政官界の積弊を一掃する。中央、地方を通じ、責任行政体制を確立して過度の責任分散の弊を改めるとともに、行財政の簡素能率化をはかり、地方自治制度の改革を行う」としていることから、明治政府以来の「積弊」と「簡素能率化」という問題意識を持っている。

2005年、結党50年を機に新綱領を制定した自民党は、「新しい憲法の制定」や「高い志をもった日本人を」といった保守政党らしい項目に続いて、３番目に「小さな政府を」を掲げ、「私たちは、国、地方を通じて行財政改革を政治の責任で徹底的に進め、簡省を旨とし、行政の肥大化を防ぎ、効率的な、透明性の高い、信頼される行政をめざします。また、国、地方の適切な責任分担のもとで、地方の特色を活かす地方分権を推進します」と記し、地方分権には言及しつつも「簡省」な小さな政府を目指していることがわかる。

しかし、2009年に衆議院の解散・総選挙によって民主党政権が誕生し、自民党は野党となると、結党55年というやや中途半端な時期に、本稿執筆時点で最新の綱領となる「平成22年（2010年）綱領」を発表した。2010綱領においては、冒頭の「現状認識」で「総選挙の敗北の反省のうえに、立党以来護り続けてきた自由と民主の旗の下に、時代に適さぬもののみを改め」ると記すにとどまり、「小さな政府」の文字はない。これについて自民党内の政権構想会議座長である伊吹文明衆議院議員は「立党50年時の綱領にある『小さな政府を』という考え方・精神は変わっていませんが、『小さな』『大きな』の基準が何なのかは、人口構成、国内総生産（GDP）の大きさにより変わってくるので、むしろ不必要なことをしない政府という感覚でしょうか」と解説している。小さな政府の看板を捨てることはできないが、本音ではどこかに隠すか、上から「架け替え」をし、読み替えてほしいかのような表現となっている点で大変興味深い。政権を失った原因に、小さな政府を目指した行き過ぎの改革があったとの後悔を垣間見ることができる。

一方、地方政治と国政の一部では、小泉改革の流れである小さな政府を継続しようとする勢力が現れる。大阪では、大阪維新の会、国政では日本維新の会及びみんなの党である。2010年に地域政党（政治団体）として発足した大阪維新の会は、2012年に国政に対する提言「維新八策」を提示した。維新八策では「財政・行政・政治改革」の項目の最初に「小さな政府」が登場するが、この考え方は大阪維新の会の国政政党である日本維新の会の政策にも反映された。2013年に制定された当時の綱領には「小さな政府」の文字こそないものの、基本的な考え方として「2．自立する個人、自立する地域、自立する国家を実現する」「6．政府の過剰な関与を見直し、自助、共助、公助の範囲と役割を明確にする」「7．公助がもたらす既得権を排除し、政府は真の弱者支援に徹する」を提示し、「小さな政府」の具体化を前面に押し出している。現在の日本維新の会の綱領では、政治理念に前記「2.」を置き、基本方針「4．小さな行政機構」の中に、前記「6.」「7.」を盛り込んでいることから、路線は変わっていないと言える。

自民党は2012年の総選挙において政権に復帰するが、その際、日本維新の会は衆議院、参議院合わせて54議席を持つ衆議院第3党にまで勢力を拡大した。大阪においては、2011年以降、大阪府知事、大阪市長の首長を輩出し、議会においても府議会では2011年、2019年の選挙で過半数を占め、大阪市議会、堺市議会でも第1党を維持しており、政治的な勢いを保っている。

5　総括と自治体職員への提案

筆者の疑問でもある本章の目的は、「貧弱な公衆衛生」の背景と原因がどこにあったのかを明らかにすることである。最後にそれを述べ、結びに変える。

地財計画や地方交付税制度は、税収源に乏しく財政力の弱い自治体に対して財政調整機能を発揮し、基準財政需要額という仕組みで標準的な歳出を担保する、いいかえればナショナルミニマムを保証する機能である。基準財政需要額や単位費用は地方財政計画歳出と同じ積算基礎を用いていたり、同じような増減の要素を用いて算出したりしているため（岡本 2002：79-82 参照）、全自治体の基準財政需要額を積み上げ基準財政収入額を引けば、地方交付税総額と基本的には一致する[12]。

この際に、おさえておく必要があるのは、ミクロの積み上げでマクロが決定しているのか、マクロの結果をミクロに落とし込んでいるのかである。地方交付税の趣旨からもナショナルミニマムを保証するためには、本来は前者であるべきだが、政権の方針によって「意図的」、「一方的」に単位費用が下方に変更され、基準財政需要額が本来の行政ニーズとはかけ離れて抑え込まれてきたこと、特に保健所への財政措置については大きな減少があったことを確認してきた。一方、公衆衛生を軽視し、自治体（首長）の裁量で地財計画よりも保健師を少なく配置し、職員を削減することで保健所の対応力を落としてきた経過も見てきた。

保健所を苦境に追い込んだ原因は、基本的には財政上の措置を誤り職員数削減へと走らせた政府の失政にあるが、保健所の機能と役割を軽んじ、首長が進めたい施策に資源（財源と職員）を動員してきた自治体にも「共同責任」がある。とはいえ、コロナ禍によって、いまさら政府が保健所機能を強化するといっても、これまで時の政府が交付税を一方的に圧縮してきた経過や、「小さな政府」を主張する政治勢力がなお一定の存在感を持つ中で、自治体の側が長期的な視野に立ったとき不安に思うのはやむを得ない。

そこで、現場の実態を踏まえた「自治体担当者の対応策」を提示したい。まず、自治体の人事担当者や事業担当者は、財政担当者からの「財政難なので人員削減や給与削減」という短絡的な要求に対して、「住民の暮らしや命を守るために必要な人員配置（当然、職員の健康的な働き方も含まれる）」という大前提を対置したうえで、地財計画の仕組みによって計画されるべき人員、言い換えれば単位費用をもとに措置されるべき人員を最低限守る必要がある。そのためには、地方財政の仕組みを知らなければならない。

財政担当者に求められるのは、人事担当などから来る行政ニーズ＝人員配置について、地財計画上の措置がどうなっていて、政府が積算する根拠がどう変わり、どこに問題があるのかを共有することである。そして、首長や、場合によっては議会とも共闘して、単位費用など地方交付税に関することであれば、地方交付税法第17条の4[13]を根拠とした「意見書提出」ができる。意見書提出は、総務省に処理方針を定めることと公表が義務付けられている。議会による地方自治法第99条[14]に基づく「意見書提出」も可能である。こちらは地方交付税にとどまらずさまざまな課題を対象とできる反面、政府に対応の義務はないため実効性に欠けるが、住民の代表たる議会の意見という性格から本来であれば尊重されるべきであり、さらに問題意識を議会と共有できるという点で重要な意味を持つ。

最後に、計画人員についてである。基準財政需要額は、それを下回る経費で運営する自治体があっても、計算上翌年度以降そのことで削減される仕組みにはない。したがって、効率的な運営で生み出した原資を、ほかのサービスに使いたいと考えることは当然であり、問題はない。しかし、「人員削減を進めるほど、地財計画の給与関係経費の削減に反映され、結果として自治体自ら首を絞める結果となっている」（角本2013：52）ことと、国家公務員の定数削減に準じて地方公務員の数を減らすというルールによって単位費用などを変更し、地財計画、地方交付税の計算に反映しているという現行のやり方を改める必要もある。これは、このコロナ禍で明らかになった「貧弱な公衆衛生」によって住民も職員も大変な思いをした結果、得られた教訓ではないだろうか。

地方財政は研究対象でも政争の道具でもない。住民が地方で生まれ、地方で暮らし、地方で死んでいくことを可能にすることがその本来の目的である。住民の血が通う「生きた制度」であるべきなのである。難解ではあるが、１人でも多くの自治体職員とともに理解を深めていきたい。

参考文献

稲沢克祐（2016）『一番やさしい地方交付税の本』学陽書房
岡本全勝（2002）『地方財政改革論議』ぎょうせい
角本健吾（2013）「地方公務員給与に係る地方交付税算定について」地方自治総合研究所編『自治総研』39（11）、45-67
小西砂千夫（2017）『日本地方財政史』有斐閣
小西砂千夫（2020）『地方財政改革の現代史』有斐閣
参議院総務委員会調査室編（2020）『地方財政データブック』
総務省（2020a）『令和３年度総務省所管予算（案）の概要』
総務省（2020b）『地方財政白書　令和２年版（平成30年度決算）』
高木健二（2008）『地域間格差と地方交付税』公人社

地方交付税制度研究会編（1994〜2020）『地方交付税制度解説（単位費用篇）』地方財務協会
日本看護協会（2014）「保健師活動指針　活用ガイド」
沼尾波子・池上岳彦・木村佳弘・高端正幸（2017）『地方財政を学ぶ』有斐閣
星野菜穂子（2013）『地方交付税の財源保障』ミネルヴァ書房
光本伸江・金井利之（2010）「夕張市政の体制転換と公共サービス編制の変容（下）」地方自治総合研究所編『自治総研』36(7)、1-30

---

[1] 読売新聞 2020 年 7 月 29 日「保健所パンク残業 198 時間」。

[2] テレビ朝日 2020 年 12 月 23 日「東京急増で…保健所が崩壊危機『絶望しかない…』」。
https://news.yahoo.co.jp/articles/a03eb1d9a4aab6ae3d97055aeb336c04d293bacf

[3] 保健所を設置している主体は、都道府県と政令指定都市、中核市及び特別区と一部の一般市である。

[4] 単位費用については、都道府県の衛生費では 2020 年度 14,900 円 / 人となっている。その算出式は次のとおりである。まず、細目である 1. 保健所費から 10. 衛生諸費まで 10 細目にわたり、標準団体 170 万人規模の道府県で必要と想定される経費を積み上げ（約 310 億円、同年度）、次に、歳入としてあてこめる国庫支出金や使用料、手数料を差し引き、一般財源として 253 億円余りの計上が必要だとしている。そして、この 253 億円を人口である 170 万人で除すると、結果 14,900 円となる。この例における単位費用を、順番を入れ替えて言い換えると、人口 170 万人の架空の県における県民 1 人あたりに必要と考えられ、交付税で措置される衛生費の一般財源部分、であり、他の県においても「適用」される衛生費の単価、である。ただし、実際には単純な算定ではなく、衛生費では人口に応じて段階補正が行われており、人口が 170 万人より少ない県には経費が掛かり増しで算定される（60 万人以下は 21,025 円 / 人で最高額）。

[5] 基準財政収入額の算定においては、法定普通税等の税収見込額の全額を算入対象とせず、基準税率を乗じてその一部を算入している。この基準財政

収入額に算入されなかった税収入は、地方交付税の算定上捕捉されず各地方公共団体に留保されることから、留保財源と呼ばれている。なお、留保財源率は都道府県、市町村とも税収見込額の25％とされている（総務省：2020b）。

6 総務省のHP「令和２年度 不交付団体の状況」
https://www.soumu.go.jp/main_content/000700624.pdf

7 総務省のHP「平成30年度地方公共団体の主要財政指標一覧」
https://www.soumu.go.jp/iken/zaisei/H30_chiho.html

8 地方公務員には、地方公務員法が全面適用されるいわゆる「一般行政職員」と、民間の同種の事業との類似性を背景に、勤務条件の決定方式などできるかぎり民間に近い取扱いをする地方公務員法が一部適用されない「公営企業職員」、「技能労務職員」に大きく２つに分けられる（市長などの特別職は除く）。本章で登場する事務職員、技術職員、保健師は「一般行政職員」に分類され、保健所等での運転業務を行う運転手や、検査器具の準備、洗浄、管理する技師は「技能労務職員」＝現業職員に分類される。なお、技術職員には、土木、建築、電気、化学、農林など細分化された職種があり、医師、獣医師、助産師、看護師、研究員、司書、学芸員などの専門職も一般行政職員に含まれる。

9 第74回全国市長会議 決議「真の三位一体改革の推進に関する緊急決議」(2004年６月)。

10 地方公務員と国家公務員の給料水準を、国家公務員の職員構成を基準として、学歴別、経験年数別に平均給料月額を比較し、国家公務員の給与を100とした場合の地方公務員の給料水準を指数で示したもの。

11 国の冷たさについては、みせしめともいえる状況であったが、北海道庁や北海道内の市、道外からも職員が手弁当（派遣元負担）で派遣され、大きな支援となったことは記しておきたい（光本・金井：2010参照)。

12 地方交付税は、原資が国税４税と地方法人税のため機械的に決まる。しかし、財政需要に見合うだけの法定率（配分率）となっていないため、長年にわたって「財源不足」が生じている。この不足分を埋めるために、総務省や地方３団体は地方交付税法の規定に基づいて法定率の引き上げを求めている。
地方交付税法第6条の3
（1項略）
2　毎年度分として交付すべき普通交付税の総額が引き続き第10条第2項本文の規定によって各地方団体について算定した額の合算額と著しく異なることとなった場合においては、地方財政若しくは地方行政に係る制度の改正又は第6条第1項に定める率の変更を行うものとする。

法定率の引き上げや税源移譲については、財源充実の方向で戦後何度か実施されたものの、なお不足が続いている。そのため、一般会計からの繰り出しによって地方交付税を増額し、総額を確保することや、臨時財政対策債を地方で起債させることで、地財計画上の歳入総額を確保している。

[13] 地方交付税第17条の4　地方団体は、交付税の額の算定方法に関し、総務大臣に対し意見を申し出ることができる。この場合において、市町村にあっては、当該意見の申出は、都道府県知事を経由してしなければならない。
2　総務大臣は、前項の意見の申出を受けた場合においては、これを誠実に処理するとともに、その処理の結果を、地方財政審議会に、第23条の規定により意見を聴くに際し、報告しなければならない。
※2020年度は、627件の意見書が提出されており、増加傾向にある。

[14] 地方自治法第99条　普通地方公共団体の議会は、当該普通地方公共団体の公益に関する事件につき意見書を国会又は関係行政庁に提出することができる。
※参議院議会事務局の調査で、年度は古いが2004年11,544件の提出があったことが報告されている。

第4章

現業職場の窮状と公共サービスの危機

1　現業職員の置かれた状況

住民生活に身近な自治体現場で働く労働者を現業職員という。その労働者が働く現業職場には、ごみ収集・運搬・処理、学校給食、学校用務、保育所給食、介護、自動車運転、道路維持管理、動物愛護、渡船などがあり、住民の安心で安全な暮らしを守るため、日々、業務を行っている。

コロナ禍においても、清掃職場では、地域の公衆衛生を守るため、感染リスクと向き合いながら、懸命に収集・運搬・処理にあたってきた。また、自動車運転職場でも、感染者や感染を疑われる方を病院等へ搬送する業務はもとより、PCR 検査の検体を輸送する業務など、感染拡大の防止に最前線で取り組んできた。

しかし、こうした職場は「民間でできることは民間で」をスローガンに、行政改革が推進され、本来行政が最も重視すべき住民のための地域公共サービスについて議論されることなく、コスト論のみを優先した合理化が行われてきた。その結果、地方自治体に直接雇用される職員による運営（以下、「直営」）は、民間委託での運営へと切り替えられてきた。

本章では、これまでの行き過ぎた行政改革によって発生している様々な問題点を指摘し、誰もが安心して暮らせる社会を構築するため、今後のあるべき自治体政策について展望してみたい。

2　行き過ぎた人員削減とその弊害

(1) 現業組合員数の推移

第１章で述べられているように、国・地方自治体の財政悪化を背景に地方公務員は大幅に削減され、民間委託化・非正規職員化が推し進められてきた。現業職員は特にこの影響を強く受けている。本来であれば、総務省が公表している定員管理調査結果を用いて現業職員数の削減状況を示すべきだが、定員管理調査結果については現業職員数が公表されていないため、全日本自治団体労働組合（以下、「自治労」）の組織基本調査から、1997年以降の現業組合員の推移を確認していく（図１）。

自治労における現業組合員数は、1997年には約19万6,000人存在したが、集中改革プランなどによって民間委託化や非正規化が強硬に推し進められ、2019年には６万8,000人にまで減少している。また、自治労

図１：現業組合員数の推移

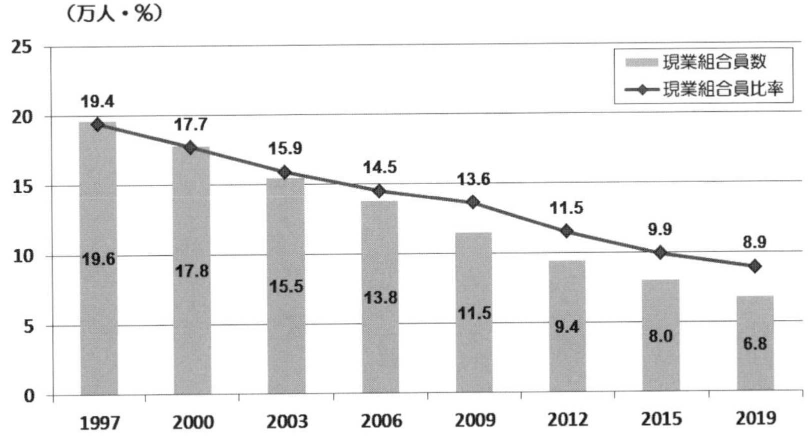

（出所）全日本自治団体労働組合　組織基本調査

全体の組合員数の中での現業組合員の割合も、1997年には自治労組合員総数約101万人の19.4％が現業組合員だったが、2019年には約77万人の8.9％にまで減少している。こうした状況からも明らかなように、地方公務員の中でも、とりわけ現業職員の削減が強硬に推し進められてきた。

(2) 現場と企画の分離

地方公務員が提供する公共サービスはすべて、地域実情に見合った住民福祉の向上、社会情勢に対応した質の高い地域公共サービスを目的に実施されるべきものである。その目的を実現するためには、あらゆる自治体現場で培った知識・経験を最大限に活用し、「この地域にはどのような公共サービスが必要か」、「この地域の住民にとって必要な公共サービスは何か」など地域実情に応じた地域公共サービスを考え、住民にとって必要な公共サービスを安定的に提供する体制を確立することが非常に重要である。

しかしながら、地域実情や社会情勢に対応した地域公共サービスを熟知した自治体職員の削減傾向に歯止めがかかっていない。とりわけ、現業職場においては、多くの職場で民間委託が推し進められた結果、現業職員が存在しない自治体が存在する。本来、現場に職員がいれば、住民の声を聞くことができるはずが、現場の職員を失ったことで、住民の要望などを直接聞いている現場の声が政策に活かされていない。このように、現場は民間、企画は直営といった「現場と企画の分離」が推し進められたことによって、現場で起きている課題や住民が求める公共サービスを理解せず、国から指示される制度・政策のみを実施することに終始する自治体が見受けられる。こうした状況は、住民不在の地方自治であり、自治体が住民のニーズに応える「真の公共サービス」とは程遠い状況であるといっても過言ではない。

例えばごみ収集現場を例に見てみよう。現在、地球温暖化や海洋プラスティックなど環境問題が国際問題となっている。菅総理大臣も 2020 年 10 月 26 日の所信表明において「2050 年までに温室効果ガスの排出をゼロにする」と表明した。では、どのようにしてこの取り組みを推進していくのだろうか。具体的には、地方自治体におけるごみの減量化を基本に３R（リデュース・リユース・リサイクル）の推進が必要不可欠である。

「第４次循環型社会形成推進基本計画」（2018 年６月 19 日閣議決定）によると、これまで、分別の徹底や資源回収などの取り組み、地域循環圏の構築や不法投棄・不適正処理の監視指導などの地方自治体による取り組みなどによって循環型社会の形成に向けた取り組みが進められてきたとしている。しかし、住民の中には、「分別品目が多く、どの分別で排出すればよいかわからない」「分別の必要性を理解していない」などの理由からごみの分別をしない人もいる。

他方、実際には多くの地方自治体でごみの分別指導や不適正処理に対する指導を行う現業職員が存在しない。収集現場を民間委託し職員配置を行っていない地方自治体は、住民の意見を直接反映する場がないのである。このような状態で政策を作り上げるために、課題が改善されないまま公共サービスを継続しているのが現状なのである。果たして、地域住民の思いや困っていることなど住民感情が反映された政策になっているのか、もっと言えば実効性のある政策になっているのか多くの疑問が残る。

3　軽視される住民（子ども）の安心・安全

(1) 個人情報の保護・管理

民間委託は個人情報保護の観点からも問題がある。現在、現業職場では多くの個人情報を業務上、知ることとなっている。例えば、清掃職場で行っている「ふれあい収集」や給食職場における「アレルギー対応」である。「ふれあい収集」とは、ごみを排出することが困難な高齢者、障がい者を対象に個別に収集を行うサービスで、「第４次循環型社会形成推進基本計画」においても、「地域住民の共同体としての機能の低下や高齢化により、ごみステーションの運営や集団回収等の実施が困難な地域の増加、ごみ出しが困難となる高齢者の増加、地域から孤立する中でごみを家にため込んでいくごみ屋敷の増加など生活ごみを巡る様々な問題が増えていくことが懸念される」とされるなど、今後の少子高齢化・人口減少社会に対応した新しい公共サービスとして注目されている。また、給食職場では、アレルギー対応食として、あらゆるアレルギー源に対し、除去食・代替食を実施している。こうした取り組みは、子どもたちの健やかな成長になくてはならない取り組みであることはもとより、一つ間違えば生命に関わる非常に重要な取り組みであることは言うまでもない。

いずれの取り組みにも共通しているのが、個人情報の保護・管理である。これらの情報は、決して漏洩することがあってはならない情報である。したがって、行政は徹底した情報管理に努めなくてはならない。総務省も2015年８月28日に発出した「地方行政サービス改革の推進に関する留意事項」において、「委託の実施にあたっては、対象事業、選定基準、契約条項などの透明性を確保するとともに、個人情報の保護や守秘義務の確保に十分留意し、必要な措置を講じること」としている。しかし、実際の対応は、委託業者に対し仕様書で情報管理を求めているに過ぎない。確かにこのことによって委託業者は情報管理を行う必要が発生し、何らかの対応を行わなければならないのは事実である。しかしながら、そこで働く労働者にどのような情報管理を求めていくのだろうか。例えば、直営の清掃職員や給食調理員は、正規・非正規を問わず、地方公務員法第 34 条が適用される。そこには、「職員は、職務上知り得た秘密を漏らしてはならない。その職を退いた後も、また、同様とする」とされている。これによって、在職時はもちろんのこと、退職してからも情報の管理は法律によって一定の縛りがかけられている。

一方、民間の委託職場で働く労働者にこの法律は適用されない。言うならば仕様書のみで情報管理を求めているに過ぎない。さらに言えば、民間学校給食職場においての労働者の離職率が非常に高いことが報告されている中、退職した労働者に対する情報管理などが全く議論されていないのである。

(2) 委託した業務の適切な評価・管理

先述の「地方行政サービス改革の推進に関する留意事項」では、「委託した事務・事業について、行政としての責任を果たし得るよう、適切に評価・管理を行うことができるような措置を講じること」としている。現在、多くの公共サービスの民間委託が推進されているが、果たして真に適切な評価・管理ができている委託が存在するのだろうか。これについて、埼玉県八潮市の事例が大きな示唆を与えている。

2020 年 6 月、八潮市立の小中学校で提供された学校給食（海藻サラダ）を起因とした集団食中毒が発生した。この食中毒では児童・生徒など 3,000 人を超える被害者が発生した。八潮市では、1979 年の給食開始以来、大量調理を短時間に提供できる業者は他にいないことを理由に民間の業者に調理を全面委託しており、契約更新を続けてきた。この事故を重く受け止めた八潮市教育委員会は、有識者や公募による市民で構成された「市学校給食審議会」を立ち上げ、安全な学校給食の在り方について検討を行った。この審議会では、「安全管理が委託業者に丸投げされていたのではないか」との意見が相次いで出され、「現在の民間への全面委託方式から公設公営若しくは公設民営（調理のみ委託）による方式へ移行すること」など、行政として適切な評価・管理を求める答申が出されている。

こうした事態は決して八潮市に限った話ではなく、毎年のように全国各地で発生しており、地方自治体は、委託業務に対するより一層の適切な評価・管理が行える体制の構築が求められている。そして何よりも、個人情報や衛生面の問題が起こった際に被害者となるのは住民、直接的には子どもたちである。だからこそ、民間への丸投げ委託は、住民や子どもたちの安心・安全を脅かしているのである。

4　迅速・的確な災害対応

近年、多発している大規模災害への対応でも、これまでの行き過ぎた人員削減によって、自治体の現場は地域住民の生命・財産を守る機能といった、国あるいは地方自治体にとって最も基本的かつ重要な役割すら十分に果たしえない状況に陥っている。具体的に検証してみよう。

まずは、住民の生命を守るために設置される避難所運営についてである。大規模災害が発生した際、まず優先されるべきは住民の生命を守る取り組みである。避難所は基本的に公共施設を中心に設置されるため、学校施設が多く存在することは言うまでもない。その学校の校舎や体育館、校庭に至るまで日頃から学校施設の環境整備に従事しているのは学校用務員である。学校用務員は、校舎や体育館といった実際に住民が避難する場所を日々の点検において熟知しており、例えば、校舎の亀裂等についても、今回の災害において発生したものか否かはすぐに判断ができる。したがって、避難場所の安全性についての判断は学校用務員にしかできないといっても過言ではない。また、校庭の水たまりを避けた避難通路の確保、学校施設の電気・水道・ガス等ライフラインの点検、避難所におけるトイレの確保、プライバシーの確保など、どれをとっても用務員が必要となる業務ばかりである。しかしながら、学校用務職場は、他の現業職場と同様に民間委託化、非正規化が推し進められており、実際はこうした業務に従事できる職員は少ない。

次に被災した住民にとって重要な復旧に向けた災害ごみの撤去である。これまで発生した災害では、被災した地方自治体はもとより、近隣地方自治体、あるいは政令都市を中心に全国他都市からの応援を得て、災害ごみの撤去にあたってきた。しかしながら、これまでの人員削減によって被災自治体はもとより、行政支援を行おうとする自治体においても職員数に余力がほとんどなく、現場を熟知した職員が不足している。こうした状況に対し環境省も「第４次循環型社会形成推進基本計画」において、「大規模災害のたびに大量の災害廃棄物が発生し、その適正かつ迅速な処理を進めることが早期の復旧・復興を進める上での大きな課題の一つとなっている。また、状況によっては、廃棄物処理施設やし尿処理施設の停止等による生活ごみやし尿の収集・運搬や処分の遅延、多くの避難者の長期避難によって避難所で発生するごみやし尿の収集・運搬や処分の遅延が課題となる場合がある」としており、課題解決に向け早急に対策を講じなければならない。

最後に、被災住民の生命を繋ぐ避難所における食事の提供である。これまでの被災地における支援物資の到着状況では、おにぎり、パン、カップめんなどの炭水化物が主となり、野菜、肉、魚、乳製品などの生鮮食品が届かないため、たんぱく質やビタミン、ミネラル、食物繊維の不足が報告されている。こうした状況を踏まえれば、可能な限り給食調理場を活用して炊き出しを行うなどの食事提供が求められている。さらに、災害発生時の食事で重要な課題は、子どもの離乳食やアレルギー対応食への対応である。2017年3月21日に厚生労働省が発出した「アレルギー疾患対策の推進に関する基本的な指針」では、「我が国では、依然としてアレルギー疾患を有する者の増加が見られ、現在は乳幼児から高齢者まで国民の約二人に一人が何らかのアレルギー疾患を有している」とされている。このような中、保育所・学校で給食業務に従事する調理員は日々アレルギー対応を行っている。しかしながら、災害発生時の避難所では対応が困難であることを理由に多くの自治体でアレルギー対応食は提供されていない。離乳食についてもまた同様である。こうした状況を踏まえれば、災害弱者と言われる高齢者・子どもの食事に対して、行政としてどのようなサービスが提供できるかを議論すべきである。

このように、本来、自治体が責任をもって行わなければならない個人情報の保護・管理、安心・安全な公共サービスの提供、迅速・的確な災害対応などに、この間の人員削減が大きく影響し、対応困難あるいは、対応不可能な状況まで陥っている。地方自治体はこうした状況に真摯に向き合い、地方自治体が現場職員ならびに知識・経験を失っていくということは、質の高い公共サービスの確立そのものを放棄していることを認識する必要がある。

5　コロナ禍におけるエッセンシャル・ワーカーとしての役割

新型コロナウイルス感染症の影響が深刻化する中、現業職場においても清掃職員や調理員、学校用務員など、多くのエッセンシャル・ワーカーが感染への危険にさらされながら、懸命に公共サービスを守り続けてきた。以下ではその取り組みの一部を紹介する。

(1) 清掃職場

①　濃厚接触者を抑制する取り組み

清掃職場では、感染者あるいは感染が疑われる職員が職場内で発生した場合においても、事業の停止などに陥らない対応が求められてきた。何故ならば、一度清掃職場において感染が確認されれば、事業所全体が事業閉鎖を余儀なくされ、ごみ収集が行えないなど地域の衛生環境が維持できなくなるからである。したがって、清掃業務に携わる労働者は常に緊張感を持ち、徹底した感染防止対策を講じた上での作業を心掛けた。こうした状況において、各職場において、時差出勤や交代勤務によって職場全体の接触機会を抑制する取り組みなどが行われた結果、現在まで感染者が発生したことを理由とした事業停止は報告されていない。

ａ．公共施設等を活用した事業所の分散などによる対応

職員や従業員を２～３つの班に分散して、事業所を分けることによって接触を避けるといった方法である。例えば、緊急事態宣言が発せられている期間については、原則、公共施設（公共の体育館や公民館等）は住民への貸し出しやイベント等は中止されていることを踏まえ、その施設を事業所として使用する、各班は休憩などもそ

の施設で行う、といったことがなされる。こうした施設で収集車等の管理が難しい場合には、運転手のみが車庫に収集車を取りに行き、作業員は各公共施設で乗車するといった工夫が行われた。

ｂ．時差出勤等を活用した方法

職員や従業員を２～３つの班に分散して、出勤時間や休憩時間をずらすことによって、濃厚接触を減らしていく取り組みを行った自治体も存在する。その際、休憩室や通路についても他の班の人と接触しないよう工夫して濃厚接触者を極力減らす取り組みを強化したことが報告されている。なお、時差出勤を行う際、住民等への説明が困難と判断される場合には、出庫前の始業点検を行った後、出庫するなどして収集時間の変更を行わない工夫で業務を遂行した。

ｃ．洗身施設の使用制限

コロナウイルス感染症の感染拡大を防ぐためには、三つの密を防ぐことが有効であるとされている。このことを踏まえれば、洗身施設（脱衣所を含む）も密集、密接に該当する場所であり、使用を制限する必要があった。そのため、業務を遂行する上で、著しく衛生管理に支障がある場合に限定するなどの対応を行った自治体がある。

ｄ．収集業務終了後の自宅待機

コロナウイルス感染症の感染拡大が深刻化する中、人との接触を極力避けるという観点から、公務職場のみならず、すべての事業所において在宅勤務（テレワーク）の推進が求められている。しかしながら、清掃職場のような社会インフラを守る職場では在宅勤務を行うことは不可能である。このため、できる限りの取り組みが求められていることを踏まえ、一部の自治体では、収集業務終了後、速やかに自宅待機を行うなどの対応により、感染防止対策を行った。

②　在宅勤務や自粛要請に伴うごみ排出量の増加

コロナ禍において外出自粛要請や在宅勤務（テレワーク）が進められる中、清掃現場ではごみの排出量が増加し、2020年３月の可燃ごみ排出量は、札幌市で前年度比13.4％増、千葉市でも前年度比4.6％増であったことが報告されている。また、排出量の増加は可燃ごみのみならず、不燃ごみ、粗大ごみ、さらには資源物までも増加した。これらに対し、下記の取り組みを行ってきた。

ａ．経験を生かした収集体制の構築

日頃のごみ収集で培った経験を活かし、収集ルートの見直しや使用する車両の変更などを行った結果、収集への影響を最小限に食い止めることができた。

ｂ．丁寧な住民啓発によるごみの減量化

増加したごみの多くは、家の片付けにより排出されたごみであることから、ビン・紙類は容器包装リサイクルへ排出するよう促すなど、現場での住民説明を行うことによってごみ量の削減につなげた。

③　ごみの飛散防止

環境省が推奨している通り、とりわけ、コロナ禍におけるごみの排出についてはごみ袋をしっかり縛り排出することが重要である。しかしながら、カラスや野良猫によってごみが散乱するケースも少なくない。

ａ．住民に対する感染防止対策

清掃職員は自らの感染リスクを感じながら、マスク・ゴーグル・手袋など徹底した感染防止対策を講じた上で、飛散したごみの清掃やポイ捨てマスクの除去、さらには飛散防止ネットの設置など、住民の感染防止に取り組んだ。

(2) 給食職場

① 生命をつなぐ食事の提供

新型コロナウイルス感染症の影響により実施された休校措置により、学校給食の提供も休止を余儀なくされた。わが国では、格差社会、子どもの貧困が社会問題となっており、こうした情勢を背景に、休校期間中に体重を減らす子供が多く存在するなど、給食が生命をつなぐ食事となっている子どもが非常に多い。こうした状況を踏まえ、一部の自治体で工夫した食事の提供が行われた。

ａ．児童養護施設・児童家庭支援センター・子育て支援センターなどへのお弁当の提供

新型コロナウイルス感染症の影響によって、子どもたちが学校に通えていない状況が続いたことを踏まえ、調理員として子どもたちを応援できることはないか議論を行った結果、お弁当の提供を行うこととなった。一つ一つのお弁当には、調理員が思いを込めて書いたメッセージなどを付け配付したところ、子どもたちから調理員に対するお礼の手紙が多く届けられるなど子どもたちの元気づくりにつながった。

ｂ．学童保育に対する食事の提供

新型コロナウイルス感染症の感染拡大に伴う休校措置が長期化する中、児童・生徒の食事に対する環境の悪化や保護者負担の増加が深刻な問題となった。また、文部科学省が2020年４月７日に発出した「新型コロナウイルス感染症に対応した臨時休業の実施に関するガイドライン（改訂版）」において「子どもの居場所確保にあたり、児童生徒等に対して学校給食の調理場や調理員を活用して昼食を提供することも工夫の一つと考えられ、地域の実情やニーズに応じて対応を判断いただきたい」としていた。こうした状況におい

て、いくつかの自治体で学童保育等への食事提供が行われた。

ｃ．管理栄養士と協力した調理動画の作成

学校の休校措置が継続される中、自宅において学校給食で出されるメニューを調理し、調理の楽しみを体感すること、さらに栄養バランスの取れた食事をすることで望ましい食生活を身につけることを目的に、学校給食調理員が調理方法を紹介する調理動画の作成を行った。

②　新型コロナウイルスから子どもを守る

2020年２月27日に政府が発表した全国の小・中・高等学校と特別支援学校に対する休業要請は、当初春休みまでとされていたが、新型コロナウイルス感染症の感染拡大の状況や同年４月８日に発出された緊急事態宣言を受けて、休校措置を継続する自治体が多く存在した。こうした状況において、給食職場で培った知識・経験を活用して、子どもたちを新型コロナウイルス感染症から守る取り組みができないか議論を行った結果、下記のような取り組みが行われた。

ａ．手作りマスクの作製

全国的にマスクの供給不足が深刻化するなか、報道等において、学校が再開した場合の子どもたちのマスク不足が危惧されていた。学校が再開した場合に活用できる子ども用マスクを給食調理員が作製し、安心して登校できる準備を行った。

ｂ．子どもたちに対し、正しい手の洗い方などの動画制作

学校給食調理員が中心となって「子どもたちのために何かできないか」を議論した結果、自主的に短編動画を作製した。

(3) 学校用務職場

学校は、子どもたちにとってかけがえのない大切な場所である。新型

コロナウイルス感染症の感染拡大が深刻化する中、その大切な場所を守り続けてきたのは教職員であり、中でも学校用務員は子供たちが遊ぶ校庭や教室、体育館などの消毒や環境整備を行い、守り続けてきた。こうした取り組みによって、すべての自治体での学校の再開がスムーズに行われた。

ａ．学校用務員による手作りマスクの作製

学校用務員による「シーツを使った手作りマスク」を市内小中学校に配布したことが話題となり、新聞でも取り上げられた。この取り組みは、自分や家族を守るマスク作りの輪を広げることを目的に行われ、学校用務員の有志がマスク作りの説明書や型紙を付けたキットを同封したものを各校に配布した。このキットを使って、それぞれの学校に配置されている学校用務員から教職員が作り方を伝えてもらい、家庭での普及を模索するなどの工夫がなされていた。

ｂ．児童・生徒向け足踏み消毒液スタンドの作製

小・中学校に勤務する学校用務員の有志が「新型コロナウイルスから子どもたちを守ろう」を合言葉に、廃材等を利用した足踏み消毒液スタンドの作製に取り組んだ。この取り組みは地元放送局のニュースにも取り上げられたことに加え、教員や子どもたちからも喜ばれた。

以上のように、多くの現業職場において、住民生活を守るため工夫を凝らした様々な取り組みが展開された。一方で清掃職場、給食職場、用務職場における共通の課題が、民間委託の弊害である。コロナ禍の自治体において、新しい行政サービスを構築しようとしたとき、直営の職場ではすぐに実施できることが、民間委託で行っている業務は委託業者との調整に時間がかかり、なかなか実施できないのである。例えば、ある

自治体の学校給食を４割委託していたとする。コロナ禍において子どもたちの生命を守るため、労働組合が学童保育や一時預かりを行っている学校への食事提供、持ち帰り給食を提案したとする。しかし自治体当局は「民間委託業者との調整は容易ではなく、直営校だけ実施するわけにはいかないため実施は難しい」と回答する場合が多い。また、自治体現業職場の非正規化も大きく影響している。自治体現業職場で働く非正規労働者は、賃金をはじめとした処遇について正規職員と格差が生じている。こうした状況において、果たして非正規職員が地域住民のため、子どもたちのために先頭に立って取り組むことができるだろうか。これらの課題を克服しなければ、住民の求める真の公共サービスなどできるはずもない。

6　現業職員が実現すべき政策

(1) 住民が求める災害対応

①　住民の生命を守る

2019年よりごみを排出することが困難な高齢者や障がい者の自宅に訪問し、ごみを回収するサービス「ふれあい収集」に対し、国から一部、補助金が出る制度がスタートした。このことを受け、今後各自治体において「ふれあい収集」の実現に向けて様々な取り組みが行われることが想定される。このような状況において、災害発生時はもとより、災害の恐れがある避難指示・避難勧告が発令された時点で、清掃労働者が持っている情報を基に、逃げ遅れている高齢者・障がい者はいないか確認する取り組みを議論すべきである。

また、コロナ禍において、避難所におけるソーシャルディスタンスを確保する観点から避難所の定員を超えた場合、受け入れないケースが見受けられた。このような場合、受け入れられなかった住民はどのように安全な避難所に移動するのだろうか。ごみ収集作業員は、普段から街全体の収集作業にあたっているため、街の道路事情に詳しい職員が多く存在する。こうした知識・経験を最大限に活用し、避難者を安全に収容可能な避難所へ輸送する役割を自治体清掃職員が担うことによって、住民、とりわけ災害弱者といわれる高齢者・障がい者の生命を守ることができるはずである。

さらには、コロナ禍における避難所運営である。先程も記載した通り、コロナ禍における避難所についてはソーシャルディスタンスを確保した上での運営が求められる。そうした中、学校を熟知した用務員を活用して、体育館のほか、どの教室が使えるかなど的確な判断が非常に重要である。また、これまでの災害において、避難所のトイレ設置に大きな課題が残ったことが報告されている。こうした場合にも、用務員による仮設トイレの設置など迅速な対応によって住民に安心を届けることも地方自治体職員の重要な役割であると考える。これらを踏まえ、学校用務員が日頃から地域住民と関わり、災害対応をはじめとした地域防災計画の策定に積極的に関わるなどの取り組み強化が求められている。

しかし、多くの地方自治体では、現業職員は初動の災害対応職員に位置付けられていないのが現状であり、まずは、地域防災計画において、日ごろ培った知識・経験を最大限活用した現業職員の配置を行っていく必要がある。

② 住民の暮らしを守る

ごみ収集・処理に携わる職員に期待されることは、早期の災害廃棄物撤去であることは言うまでもない。しかしながら、清掃現場においても民間委託化が推し進められて来た結果、被災自治体はもとより、行政支援を行おうとする自治体においても職員数に余力がほとんどない状況である。このような状況を踏まえ、環境省は、市区町村の平時の廃棄物処理体制では対処できない規模の災害が発生したときに、災害廃棄物処理を経験し知見を有する地方自治体の人的資源を活用し、被災地方自治体の災害廃棄物処理に関するマネジメントの支援等を行うための災害廃棄物処理支援員制度を確立した。

この制度によって、これまで災害廃棄物の処理に携わってきた職員の経験を活用した災害対応が行えるよう期待するところである。しかしながら、各地方自治体において現業職員が大幅に削減されている現在において、どこまでこの制度が実効性のあるものになるか疑問が残る。改めて、現場を熟知した職員、災害発生時においても的確な行動・指示ができる職員の採用・育成に全力で取り組まなければならない。

また、給食職場においては、被災者に対する食事の提供について議論を行わなければならない。これまで自治労においても避難者に対する炊き出しやおにぎりの提供などを行ってきたが、実際に食事の提供を行った自治体はごくわずかである。では、なぜ取り組みが進まないのか。最も大きな課題は、直営で給食調理を行っている調理場が少数であるため、民間委託業者との調整がつかず、公平性を理由に街全体の炊き出しを行わないとする自治体が少なくない点である。

その次に挙げられる課題として、給食調理場の目的外使用との関係がある。学校給食法第13条において国からの交付金を受けて建設した給食調理場を給食以外の目的で使用した場合は、補助金の交付をやめ、既に交付した補助金を返還させるという条文がある。この法律によって災害時の炊き出しを行わせないとする自治体も少なくない。その他にも、食材費や衛生管理などさまざまな課題が挙げられている。これらの課題に対し、自治労では文部科学省要請を行い、大規模災害での炊き出しや感染症の感染拡大の防止を目的とした休校措置期間に児童・生徒への食事の提供を行う際、緊急事態に必要な食事の提供の妨げになっていることを踏まえ、自治体の判断で学校給食施設を活用できるよう改善することを求めてきた。

その結果、文部科学省からは「自治労から指摘のあった国庫補助を受けて整備された学校給食施設を一時的に学校給食以外の用途に活用する場合は、財産処分の手続きが必要とされていることに関しては、財産処分に該当しないと整理しており、特段手続きは必要ない。自治体によっては誤解しているところがあるかもしれないが、2020年5月13日に健康教育食育課から事務連絡を発出している。一時的にというのは1週間、1ヶ月など期間が決まっているのではなく、学校給食施設の目的を侵害しない範囲内であればよいと解釈している。学校給食をつくる傍らでそれ以外の食事をつくる用途も各地方公共団体の柔軟な判断で可能」との回答がされている。また、その他の課題についても、事前に協議しておけば何ら問題のないものばかりである。

さらには、災害時のアレルギー食の対応である。ここで東日本大震災において実際にあった事例を紹介する。ある避難所において弁当の配布が行われた。アレルギーを持つ子どもが弁当を受け取った際、「僕、この弁当食べられない」と言った。もちろんこの子どもは我がままで食べられないと言ったわけではない。これを食べてしまうと自分自身が大変な状況になることを理解していたからである。ここで弁当を配布していた職員は「こんな状況で我がままを言ったらだめだよ。食べられない子どももいるんだから」と答えたという。

弁当を配布していた職員も悪気があって言ったわけではない。アレルギーに対する知識・経験がなかっただけである。この対応を日頃からアレルギー対応に従事している調理員が行っていたら、あるいは、この自治体でアレルギー対応食や離乳食の提供ができていたらと考えると残念でならない。改めて、私たちは日頃の知識・経験を活用した災害対応について議論していかなければならない。

(2) 住民が求める公共サービス

①　生命をつなぐ食事の提供

総務省統計局が公表した2020年10月分の労働力調査によると、完全失業率は3.1%、完全失業者は215万人で前年同月比51万人増えるなど、新型コロナウイルス感染症の感染拡大による景気低迷によって悪化に転じた。これらを背景に、子どもが食事の回数を減らすケースが増えていることや学校の休校措置によって給食すら食べられない子どもが体重を減らし、健康的な生活が送れなかったことが報告されており、看過できない社会問題となっている。しかし、この問題はコロナ禍だけの問題ではない。何故ならば、学校の三期期間（春休み・夏休み・冬休み）においても同様の事態が発生しているからである。こうした状況を踏まえ、少なくとも学童保育に通う子どもたちに対し食事を提供することで、子どもの健康管理はもちろんのこと保護者の負担軽減を図る取り組みを行わなければならない。

②　少子高齢化・人口減少社会への対応

環境省は「第４次循環型社会形成推進基本計画」において、「地域住民の共同体としての機能の低下や高齢化により、ごみステーションの運営や集団回収等の実施が困難な地域の増加、ごみ出しが困難となる高齢者の増加、地域から孤立する中でごみを家にため込んでいくごみ屋敷の増加など生活ごみを巡る様々な問題が増えていくことが懸念される」としている。こうしたことを踏まえれば、これまでのような、ごみステーションでの回収や3Rを基本とした分別回収などが少子高齢化・人口減少社会に対応した公共サービスとは言えない。だからこそ、これまで以上に丁寧なごみ収集や分別啓発が必要になってくる。改めて、現場の知識や経験をもとに政策提言を行い、時代の変化にあった公共サービスの確立に向けて、これまで取り組んできた「ふれあい収集」のさらなる拡充を求めていかなくてはならない。

7　真の公共サービスの確立に向けて

本来、地方分権改革は地域住民に一番近い地方自治体が、住民が必要とする公共サービスを提供することを基本として、そのために必要な政策を地方自治体現場の実情に見合った形で立案し、実施すべきものである。しかしながら、現在は地域住民の感情や地域実情に見合った公共サービスといった概念を無視し、コスト論のみで改革を行おうとしている。本当にこれまで通りのやり方で「真の行政サービス」が確立できるのだろうか。

自治体にとって、あるいは地域住民にとって現業職員の行うべきことは明らかになっている。しかしながら、こうした取り組みが全国的に見ると進んでいないのが現実である。その大きな理由として「住民ニーズを把握すること」「把握した住民ニーズを行政に伝えること」「把握した住民ニーズをもとに政策立案すること」などが現業職員の本来業務として位置付けられていないことが挙げられる。より良い公共サービスを確立していくためには現業職員の採用を行った上で、本来業務である政策立案を積極的に取り組める体制の構築が必要不可欠である。そのためにも、地方自治体は「直接、住民からニーズを把握しなければ、よりよい公共サービスの提供はできない」といった意識改革が必要であり、現業職員は今一度自らの業務を見つめ直し、地域のコーディネーターを実践できる能力向上と意識改革が必要となる。

現在、全国的に現業職員の新規採用者数が増加傾向にある。これまでの行き過ぎた行政改革によって現場力を失った自治体が、大規模災害など緊急時に対応できなくなったこと、あるいは、これまでの取り組みが地域住民に評価されたことが大きく影響している。また、埼玉県八潮市や徳島県美馬市などでも、子どもたちに安全で安心な学校給食を提供するため、民間委託から直営への運営に切り替える自治体も出てきている。

改めて、現業職員は住民の生命と暮らしを守るため、欠かすことのできない職員としての自信と誇りを胸にこれからも地域公共サービスを守り続けていかなければならない。

【参考文献】

環境省（2018）「第４次循環型社会形成推進基本計画」
厚生労働省（2017）「アレルギー疾患対策の推進に関する基本的な指針」
総務省（2015）「地方行政サービス改革の推進に関する留意事項」
総務省統計局（2020）「労働力調査（基本集計）2020 年（令和２年）10 月分」
文部科学省（2020）「新型コロナウイルス感染症に対応した臨時休業の実施に関するガイドライン（改訂版）」
八潮市学校給食審議会（2020）「答申」
全日本自治団体労働組合（1997～2019）「組織基本調査」

第2部

困難な
エッセンシャル・ワークの今

第5章

看護師を追い詰める新型コロナ

1　はじめに

エッセンシャル・ワーカーとしての看護師の事情を考える前に、私たちが暮らしている地域社会での医療がどのような状況にあるのか、とくに地方自治体が運営に関わる自治体病院について、おおよその概略をまず理解しておくべきだろう。

自治体病院、そして本書で取り上げた和歌山県の紀南病院のような「一部事務組合」方式の病院は、国からの「政策医療」の要請、高度医療への期待、住民の安心が絡み合って難しい局面にある。そして、単独で病院を経営できない地方自治体は一部事務組合方式を採用する。これは複数の自治体の間で必要な仕事を共同で対応・処理するために設置する組織のことである。ごみ処理や学校、消防、そして病院などでしばしば用いられる制度である。

自治体病院は第1章で示した地方行政改革の枠組みから、市町村合併、それに伴う病院統合、そして病院経営改善などのアプローチが求められており、厚生労働省と総務省から難しい注文を付けられてきた。自治体病院の独立行政法人化はこの文脈にあり、またいくつかの自治体病院は独立行政法人化した後わずか数年で累積赤字を黒字転換して驚かれたが、その方法は複数年度にわたる病院内物流管理システム（SPD）の活用、病床の回転数、高額医療の拡大、紹介拡大（「一見さんお断り」）などの医業収入の拡大路線に加え、事務部門のアウトソーシング化と派遣労働の活用、医療従事者の経費削減、人件費抑制などが大きく貢献した。

もちろんうまく対応できない病院については厚生労働省が名前を公表し（2019年9月）、国費が投入されているということでその経営主体

（地方自治体や地方独立行政法人）に厚生労働省や総務省のチェックと会計検査が入る。この中で地方独立行政法人という仕組みは、病院に対する地方自治体からのコントロールとして使われており、ここから発生する改革関連業務も多く、現場の医療従事者を圧迫する。

その中で人口減少から患者が少なく、高齢化社会で収益が上がらない赤字病院は、不採算診療科の閉鎖や巡回診療で対応、しかしそれでも無理なところでは病院自体の閉鎖、他病院との統合を迫られた。

ところでこの章でインタビューした看護師職は、多様な業種に及ぶエッセンシャル・ワーカーたちの中でひとつ大きな特徴があることを認識しておくべきであろう。国家資格を持つ看護師は、職場の待遇次第では辞職、転職が普通に見られるという特徴である。スタッフの不足による多忙、それに見合わない給与や手当、あるいは昇級や待遇に難があればいなくなる、それを思いとどまらせているのは待遇改善（とくに子育て支援や家庭事情への配慮）か、本人のプロフェッショナリズムとモラール（志気）である。ここが資格を必要としないエッセンシャル・ワーカーとの大きな違いである。そこで表１で言えばＡとＢとの間を往復する人が多いだけでなく、同じＡであってもより待遇が良い病院に移る看護師も少なくない。

看護師は病院の医療体制維持にとって不可欠であり、看護師不足は医療崩壊に直結する。しかし、2005年の「集中改革プラン」（2005年３月29日付け総務事務次官通知「地方公共団体における行政改革の推進の

表１：資格と正規就労

	正規就労	非正規就労
資格あり	Ａ看護師	Ｂ看護師
資格不要	Ｃ一般事務	Ｄ一般事務

山谷清志作成

ための新たな指針」）の対象になった病院は、この国全体の改革に巻き込まれ、離職・退職した看護師は少なくない。20世紀末から日本国内で看護系大学・看護系専門学校が増加し、毎年多くの卒業生・看護師資格保有者を送り出してきたが、恒常的に看護師不足が続くのは、そうした看護師の特徴であり、この特徴から現れた特別な事情を考える必要がある。

ただし、私たちは大きな誤解をしていた。待遇改善、給与や報酬でなんとかなるかも知れないと漠然と考えてきた。その一方で繰り返された病院改革は、「昨日と同じ明日が続く」前提で、通常の対応（実は現場の看護師に無理を押しつける対応）で大丈夫、コストをカットするのは難しくないだろうと考える気持ちがどこかにあった。そして、この通常の前提が通用しない危機に直面し、日本全体だけでなく世界中で緊急事態になったとき、人はどのように考え、行動するのだろうか。

とくに2020年12月のように、新型コロナウイルスの感染拡大「第3波」が止まらず、感染者数が過去最多を更新する都道府県が続出し、医療崩壊に陥る地域も出たなかで、政府や関係地方自治体は金銭の支援を増やしていたが、この短期的な対症療法、弥縫策の成果は見えにくい。新型コロナ禍で浮上した医療崩壊は、実はここに至るまでの慢性病の結果であり、金銭的支援で解決できるものではない。新型コロナ禍は、私たちにこの根源的な問いに気づかせるきっかけになったのである。

新型コロナ禍によって、病院改革の限界が露呈した。ただし、極めて特殊な環境である病院では、本章で扱ってきた他のエッセンシャル・ワーカーとは異なる事情が見えてきた。本章では2人の看護師にインタビューして、その実態に迫っていく。1人目は、和歌山紀南病院の精神科に勤務する看護師、小森晃氏である。このインタビューは、2020年10月18日にオンラインで実施した。小森氏は、高校卒業後に看護専門学校で学び看護の現場に就職して以来、20年以上現場で勤務している。2008年には精神科認定看護士を取得し、現在は病院内のOJT（職場内訓練）や研修など教育活動を行っているベテラン看護師である。

２人目は、大阪市立病院の集中治療室（Intensive Care Unit、ICU）に勤務する看護師、石崎繁氏である。このインタビューは、2020年10月19日にオンラインで実施した。石崎氏は、看護学校を卒業して以来、看護職を23年間続けている。現在の病院に再就職をして13年目、以前は血液内科にいたのだが、新型コロナ重症患者に対応するため選ばれて「応援」をしている。

2　看護の現場

(1) 平時の看護業務

新型コロナ禍という「危機」の問題を明らかにする前に、「平時」の看護師はどのような労働環境にあるのか、その実態を知る必要があるだろう。具体的には、どのようなことに日頃から苦労してきたのだろうか。

看護師というと女性の職場というイメージが強い。たしかに2018年度で92.2%が女性である（厚生労働省 2019）。また、医療に関する専門的な業務に追われているイメージを多くの人はもっているかもしれない。あるいは肉体的にハードな職業だと思っているかもしれない。もちろん、それらは間違った認識ではない。ところが、実際に聞いてみたところ、実際の苦労話は予想外のものだった。

「クレーマーが多い」とベテラン看護師の石崎氏は語る。患者にとって、医師にクレームを言うのはハードルが高い。その分、看護師が「はけ口」になってしまうのだと言う。そのため、看護業務にだけではなく、病院経営自体に対するクレームも多く、そうした場違いな苦情が看護師の時間を侵食して現場を逼迫している。マスメディアで医療崩壊の危機が報道されていた裏でも、この圧迫は継続していたのである。こうした本来業務から外れた対応が、実際の医療サービス提供を能率的に行う阻害要因になっている。こうした知られざる苦労に私たちはまず驚いた。

さて、本書の他の章では、正規雇用と非正規雇用の問題が論じられている。看護師も同様の問題があるのだろうか。厚生労働省のデータを見るとわかるように、看護師は正規雇用の比率が極めて高い。看護師の場合、正規雇用は、82.2％、非正規雇用は17.5％、派遣が0.3％となっており、大半は正規雇用である（厚生労働省 2019）。なお、看護職員には保健師、助産師、看護師、准看護師の区別があるが、准看護に限ると29.1％、およそ3割が非正規雇用である（厚生労働省 2019）。診療科によってその比率も異なるものの、看護の大部分は正規職員であり、精神科では非正規職員が全体の1割程度であると言う。また、外来であれば資格を有しない非常勤職員、いわゆるナースエイド（看護助手）も存在している。正規・非正規の区別が問題視され、これさえ解決すればよいように思われがちだが、看護師に限ると、エッセンシャル・ワーカーの正規・非正規問題はそう簡単な話ではない。正規雇用にあるからといって労働環境がよいとは言えない場合もあり、それが看護師に非正規を選ばせるからである。

そこで正規・非正規の問題を、他業種と少し異なる視点と文脈で考えてみる必要がある。正規職員と非正規職員のどちらが増えたほうがよいのか、単刀直入に尋ねた。石崎氏は、正規職員の立場からは非正規職員よりも正規職員の増加が必要だと述べた。ここまでは他業種でも同様の見解で、予想通りであった。しかし、その理由は少々異なっている。すなわち、さまざまな役割や夜勤を負担できる正規が増えない限り、他の正規職員に負担がしわ寄せされるので、正規職員の時間外労働がむしろ増えてしまうというのである。

そして、もう一つ意外な実態がある。病院の現場では、非正規を増やそうと考えているわけではなく、正規職員を募集しても人が集まらないので、仕方なく非正規を増やしているのが実態だという。小森氏によれば、看護師の「業界」では望んで正規から非正規に移る看護師も少なくないのだという。普通の業界とは反対の動きをしていると言えるだろう。その理由は、やはり夜勤の負担が大きい。自治体病院を地方独立行政法人化する機運が高まったころ、その理由として非正規にすれば人件費が削減できると言われていたが、実態は全く違ったのである。その結果として、担当者交代時の日常的な業務の申し送りや伝達に手間がかかり、現場ノウハウの継承が困難になる一方で、賃金が削減される見通しがモチベーションを下げていると小森氏は述べる。

さて、もう一つ看護師の給与面についても確認しておく必要がある。看護師は事務職に比べて初任給は高いのだが、その後事務職ほど給与が上昇しない。そして、後々には事務職との賃金が逆転してしまう。これはなぜなのだろうか。小森氏も石崎氏も、そろって管理ポストが少ない点を指摘した。すなわち、管理ポストに上がれないので、給料表の水準が上がらないという構造的な問題である。小森氏の病院では、550人ほどの看護師に対して、看護部長は１人、課長級のポストは50人ほど。他方で、事務では給料表で課長級に相当する５級に到達するのは35人中８人であるという。なお、管理職に上がるためには、上司の推薦が必要であり、また日本看護協会が開催する看護管理者研修が必須になっており、これが昇進のハードルになっていると石崎氏は語る。「看護師は有資格者であるにもかかわらず、給与面のインセンティブが低い」、理由はこれだと言えるだろう。他方で、夜勤など身体的精神的な負担も大きいので、定年まで勤めあげない選択をする者も多い。石崎氏の病院でも、係員のまま定年を迎える者も多く、職種間の差もあるが定年まで勤めあげることを望まない者も多いという。

労働環境についても問題があり、有給消化率こそ高いものの、組織のなかで有給消化のスケジュール管理をされてしまうので、自分の意思に沿った休息ができないのが難点である。また、高いプロフェッショナル意識を持つ看護師自身が労働環境悪化の原因になるとも指摘される。すなわち、看護の本来業務（給与や手当の対象）とは別に自主的にスキルアップのための研修や自己学習をするのが推奨される風潮が看護師業界にあり、定時出勤前の早朝に出勤して勉強したり、休暇を返上して研修を受けたりする。当然それは手当の対象にならない。プロフェッショナル意識は満足するが、休みは減り、給与も増えない。

(2) これまでの改革

公共サービスの提供を担う専門職を地方自治体や中央官庁は昇進や給与待遇、労働条件の配慮面で軽視してきたのではないか。病院改革といえば、人件費削減がおもに行われてきた。しかし、他に考慮すべきポイントもある。たとえば地域の病院には自治体病院だけでなく民間病院も数多くある。とくに精神科は民間によって運営される割合が多く、自治体病院との棲み分けが問題になる。このとき、収益性の高い患者については民間病院にとられてしまうことが多い。その結果として、収益性が低く困難の多い患者ばかりを公立病院が担当することになるのだが、評価基準は変わらないので、民間病院と同じ土俵で収益性を求められてしまう。ここに自治体病院ならではの難しさがある。

こうした中で自治体病院はこれまで、地方独立行政法人化の改革が進んできたことは既に説明した。地方独立行政法人とは、地方独立行政法人法（平成15年法律第118号）によって定められた法人格である。国の中央政府でも、企画立案と実施部門の切り分けを図る独立行政法人制度が運用されているが、これを地方自治体でも可能にした制度である。小森氏の和歌山紀南病院の場合は再編や統合、地方独立行政法人化の予定は現状ないそうだが、県からの繰入金を含めて黒字なのでいずれにせよ十分な状態であるとは言えない。他方で、石崎氏の大阪市立病院は、地方独立行政法人に2014年から移行した。石崎氏によると、看護現場には大きな変化はないものの、給与から雇用保険料を差し引かれるようになった。また、独自の給料表を作成したので、年功序列型から実力主義的になったという。

地方独立行政法人化を進める理由のひとつとして、自治体公務員に適用される人事規則や条例に縛られない「柔軟な人事」が可能になるメリットがあると言われてきたのだが、看護師を含め、医療現場で実際にそうだったのだろうか。石崎氏によれば、（公務員人事から外れる）「柔軟な人事」は医療職には関係がない話だったという。それは、医療職の人事は病院独自の採用で動いているからである。実際のところ、柔軟な人事が可能になったのは役所と病院とを行き来できる行政職の人だけであった。

病院改革は、地方独立行政法人化だけではない。総務省の「公立病院改革ガイドライン」や厚労省のガイドライン、各自治体独自の病院改革プランなど、さまざまな提言が行われてきた。そこでこれまで担当されていた業務はどのように変化し、脆弱化したのだろうか。その悪影響はあったのだろうか。小森氏、石崎氏ともその影響を現場で感じることはないと言う。ただ、精神科ではあまり影響がないが、経営形態が変化することで給与に手をつけやすくなったのではないかと小森氏は感じている。石崎氏は、「病院としての対応方針は現場にまで伝わってこないので意識していない、たとえば、近くの病院間で患者をやりとりする連携構想が出ているが、現実に実施できるようになる見込みはまだ立っていない」と言う。要するに、病院改革は国や自治体が旗振りをしてきたのだが、その理念は現場にまで届いていない。

逆に、理念が届いていないことが役立ったケースもあった。病院改革で、これまで無駄であると指摘されてきた未使用の病床が、新型コロナのパンデミック下においては役立っていたと小森氏は述べた。この事実は裏返せば、病床数を「適正化」する病院改革が危機に弱い方向で進んできたが、それが徹底されなかったことが逆に幸いしたとも言えるだろう。

第1章で述べたように、これまで20年間ほど全国各地の自治体は職員数削減、人員削減、非正規の拡大、賃金削減を行ってきた。その悪影響を仕事の現場で感じたのだろうか。あらためて質問すると、全体としてたしかに正規職は減ってきたと小森氏は述べる。その結果、ベテラン同士のコミュニケーション、新人の指導など年代を越えた業務の継承に問題が生じていたり、賃金削減によってモチベーションが保ちにくかったりする問題があるだろう。他方で、石崎氏はあまり悪影響を感じないと述べた。デメリットばかりでもなく、たとえば、女性職場である看護職でも結婚・出産による退職が減ったと言う。院内保育所などが整備されていたり、民間保育に預けたり、実家や両親に育児を託すことで仕事を継続できるケースも増えたことも貢献したらしい。ただし、これはその病院が置かれた地域の特性で、一般化はできない。

3　コロナの影響

(1) 業務の増減

看護現場は、もともと厳しい労働環境にありながらも、国や地方の病院改革を通じて状況が悪化してきたが、そうした限界状況に社会は頼り切ってきた。言い換えれば甘えてきた。ここに新型コロナ禍が直撃したのであるが、それでは実際にはどのような業務が増加したのだろうか。小森氏は、検温、クリアボードやビニールシートの設置、手指消毒、電話診察の手間をあげた。これらの多くは病院だけに限らず、本書の他分野でも見られるような業務の増加であるだろう。また現場の業務だけでなく、管理に関する仕事も増加した。石崎氏の病院では、３月から４月ごろに感染対策の業務方針を決める仕事が増えたという。

逆に、新型コロナが理由でできなくなった業務は何か。それは現場教育だと小森氏も石崎氏も指摘した。感染拡大を避けるために、集会を行うことができない。そのため、新人の育成に遅れが生じているのだという。石崎氏の病院では医師の研修もストップした。また、来年度の採用説明会が中止になっており、ポストコロナの医療体制を整える上で困難が生じている。要するに、感染症で医療職の需要が急に増えたとしても、人的リソースを急ピッチで増やすことはできないと言うのである。このことも、平時の感覚や基準で「適正化」を繰り返してきた病院改革の限界を明らかにしているだろう。

それでは、メディアで危惧されていたような医療崩壊は、実際に起きていたのか。石崎氏によれば、数年間勤務経験のある看護師では影響が少なかったようであるが、採用直後の新人看護師では、コロナ感染をおそれて退職してしまうケースが見られたと言う。さらに、「救急外来では部分的に医療崩壊していた」と石崎氏は言う。大阪府では新型コロナ禍第一波のときは三次救急について一部の病院が受け入れを停止したからである。重要な指摘である。

救急指定病院の救急業務は、その緊急性から三段階に区別されている。入院や手術を必要としない「一次救急（初期救急とも言う）」、入院を要する救急医療の「二次救急」、心肺停止や脳卒中、大やけどなど生命の危険に瀕している状態の患者を扱う「三次救急」である。三次救急には救命救急センターや高度救命救急センターが該当する。これが停止していたということは、新型コロナ禍において大阪府内で重篤な生命の危機に瀕していた場合、生存率が減じる恐れが高かったことを意味する。2020年6月に救急を停止させない方針が出るまで、この事態は続いた。さらに、第二波でも数箇所の病院がストップしたので、その負担が他の病院に転嫁されていた。

(2) 精神病院の負担

新型コロナ対応で、一般では見過ごされてきたのが精神科への負担である。他の診療科と対照的に、新型コロナ禍によるうつ病や家庭内暴力（Domestic Violence、以下「DV」という）が増加して精神科では初診が増えたのである。感染症それ自体による医療への直接的な負担増加だけではなく、社会不安による間接的な医療への影響も考慮する必要があった。

私たちはまず、精神科に特有の特徴とその難しさを知る必要がある。精神科は人権に関わる特殊な領域であると小森氏は述べる。他の診療科とは異なり自発的に来院する患者が少ない精神科では、医療安全管理と人権のトレードオフ問題に努力を払い続けてきたという。すなわち、患者の安全を確保するために、やむをえず患者の人権と医療行為を天秤にかける場合が多い現場なのである。第一線でこれに取り組む看護師は、専門性と倫理のはざまで慎重な判断を迫られ続けている。

そして、コロナ禍はこの人権にかかわる難しい状況をより深刻にした。というのも、マスクの装着や手洗いなど、基本的な感染対策への協力を患者に求めるだけでも問題が生じてしまう。たとえば、発達障害などを抱える一部の患者は、求める協力の通りに行動するのが難しい場合がある。こうなると、患者側で感染防止が徹底できないので、医師や看護師など医療従事者側で感染防止策を取らざるを得ない。具体的には、診察時にフェイスシールドを装着するという対応を取ることになる。しかし、今度はその非日常な光景が別の問題を引き起こす。医師や看護師の容貌が普段と異なるので、患者の不安を煽ってしまい、適切な医療サービスの提供に障害が起きてしまうのである。このように枚挙にいとまがないのが、精神科の困難である。

当然、人権との関係以外でも問題は生じており、たとえば外来診療では薬の処方が困難になっている。小森氏が例にあげたのは、持効性注射剤（通称、デポ剤）に関する問題である。デポ剤は経口剤と異なり一度打てば１ヶ月ほど効果が持続するものであり、精神科ではしばしば用いられている方法である。しかし、新型コロナへの感染を不安に感じるため、定期来院しない患者が増加している。そのため、薬の投与が遅れて適切な治療ができなくなっているという。

(3) 感染リスクと公共サービス

新型コロナ禍で感染リスクを負いながら公共サービスを提供していく、ここにエッセンシャル・ワーカーたちはどのような不安を抱いたのか。「もし１人でも出たら、地域医療が崩壊してしまう」と小森氏は危惧していた。また、感染それ自体への不安よりも自分が感染の一番手になったらと不安であるようであった。大学や企業でも経験したように、病院でもクラスターが起きれば周囲から誹謗中傷が襲いかかる。家族、とくに学校に通う子供にまで迷惑がかかってしまう点を看護師たちは恐れていた。

そして石崎氏は、なにより自身の仕事に弊害が出る点を危惧していた。医療業務中に関わった人が陽性に判定されてしまうと、濃厚接触者としての扱いを受けてしまい、仕事を休まなくてはならない。石崎氏の病院では、同一部署で４名が濃厚接触者になってしまい、２週間も人手不足の危機状況が発生してしまった。その期間は、周囲の看護師が補填することになったので、休暇を一切取れなくなってしまった。ただ、これまでも看護師という職業は何かしらの感染症に対する感染リスクはもともとあるので、新型コロナを特別視して特に不安になったことはない。インタビューをする私たちはこの言葉に、「腹が据わっている」と強く印象づけられた。

クラスター化のリスクに現場ではどのように向かい合ってきたのか。小森氏は、精神病院の場合では、基本的に１人でも感染すれば病棟全体に感染拡大するという前提があると述べた。したがって、初めの感染者を出さないように最善を尽くすしかない。そもそも、感染者を出さないためには病院を閉じてしまえばよいのだが、病院の役割や公共性を考えるとそれは現実的ではない。公共サービスの提供者である使命感やプロ意識を発揮せざるを得ない状況にあるのである。

さて、病院組織は医療従事者だけで動いているのではない。一般事務職員も多い。医療従事者から見た一般事務員の苦労はどこにあるだろうか。コロナ感染の可能性がある来院者に総合窓口で接する事務員の心中は不安で一杯だろうと小森氏は指摘した。また、応対する事務員の身分にも注目する必要がある。彼ら彼女らは非正規雇用的な立場である場合が多く、その多くは委託や会計年度任用職員である。会計年度任用職員とは2020年度から導入された新制度で、これまでの臨時・非常勤職員に相当するポストであるが、その任期は１会計年度、すなわち１年以内の範囲内で設けられ、地方公務員法の服務規程が適用されるが、非常に不安定な立場にある。雇用する側は首を切りやすい、便利なポストだが、この人たちが新型コロナ対応を求められればいささか酷だろう。また委託の場合も同じで、給与も病院ではなく委託業者の水準で定められているので、ここも感染リスクに見合わないだろうと小森氏は心配する。しかも、病院に勤務していることは家族や近所など周囲に知られているので、新型コロナによってクラスター化すれば迫害が生じる恐れは医療従事者と同じだろう。

しかし、石崎氏によると看護師と一般事務員との間に亀裂が生じているという。部署が違うと直接関わらないので、一般事務員の苦労はなかなか見えてこないからである。また、職種間、診療科間にも温度差があると言う。たとえば、直接コロナ患者を受け入れている現場とそうでない現場で反応が異なるのが実態であると語った。新型コロナは、職場の分断という副作用を持っているのかもしれない。

(4) 病院の感染症対応

国や自治体は、さまざまな方針を打ち出してきた。このトップダウンで行う決定や方針提示と病院の現場認識との間に齟齬がなかったのだろうか。小森氏の病院の現場レベルでは、特段の齟齬を感じなかったという。紀南病院は田辺市、白浜町、上富田町、みなべ町で構成する一部事務組合によって運営されているが、首長が医療サービスを大事にしているからではないかと小森氏は評価する。

これに対して石崎氏の場合、行政の方針が現場にまで伝わってこないので、意識することがないと述べる。たとえば、松井大阪市長による十三市民病院のコロナ専門病院としての指定表明（2020年4月14日）は、病院の理事長を含め現場の人はメディア報道で初めて知ったと言う。つまり現場の認識と行政の認識が乖離するかどうかは、首長の態度と配慮が影響していると言えそうである。

新型コロナに対する対応は、病院だけでは実施できない。病院は、消防や警察、保健所といった行政機関や民間病院、独立行政法人を含む他の病院と連携を取っている。この横のつながりはどのようになっていたのだろうか。病院間連携としては、他診療科から精神科までのルートを確保するべく、受け入れ先を事前確保するなど連携協力をしていた。病院外部との連携については、スムーズに診療にたどり着ける動線設計をしていたと小森氏は述べる。たとえば、コロナによるうつ病が理由で暴力行為を伴う近所トラブルに発展したとする。このときまず、暴力事件として警察が出動する。その際、加害者の様子がおかしいと判断すると、警察は保健所に相談する。相談を受けた保健所は精神科病院を紹介して、警察とともに精神科の病院まで来るという対応手順になっていた。こうした一連の対応をスムーズにするよう事前に連絡をとっていたのだと言う。

横のつながりで連携を行う上で、自治体が設けた独自の制度が役立っていたケースもあった。石崎氏は、大阪市が設けた独自の制度「入退院フォローアップセンター」の有効性を指摘した。このセンターは、保健所に代わって感染の疑いがある患者の割り振りを一括コントロールしていた。他の病院で重症患者が出た際に、フォローアップセンターが窓口になったので助かったと石崎氏は振り返る。そのため、消防や保健所と連携する際の病院側の負担が大きく軽減された。これは無駄な負担を減らし、円滑な医療を可能にするための交通整理のプログラム（政策学や評価学の重要概念）であると考えられるだろう。自治体ごとにプログラムを適切に整備できたかどうかが、現場の負担の違いにつながっていたと言えるかもしれない。

肝心の病院組織の対応はどうだったのか。かつて、重症急性呼吸器症候群（Severe Acute Respiratory Syndrome、SARS）や中東呼吸器症候群（Middle East Respiratory Syndrome、MERS）など新型感染症が流行したが、その際の経験やエビデンスを医療機関は活かしたのかについて私たちは注目した。石崎氏は活かされていないと明言した。それは、日本では感染者数は少なかったので、医療機関でさえも関心が薄かったからであるという。小森氏はそれまでの新型感染症に対するノウハウはもともと存在し、そこから病院グループとして一定程度の対応はしてきたものの、診療科によって対応度合いに差はあったと言う。つまり経験が活かされるかどうかは、関心の高さと診療科の特色を考慮した対応による。このことは、直近の新型コロナ対策でも見られた。病院感染症対応の方針やマニュアル、ガイドラインは、インタビューをした２人の病院組織内では比較的早く作成され、共有されたのだが、精神科では具体化のプロセスがなかなか進まなかったと言う。

最後に、今回のコロナに対する病院の感染症対応について、現場の視点から通信簿を付けるとすればどの程度となるかを尋ねてみた。小森氏は５段階で４の好成績を付けた。患者発症後や特別休暇に関して早い対応を見せ、感染症認定看護師の配置によって患者からの感染を結果的に防いだことを理由にあげた。石崎氏は５の評定を付け、院内感染が出ていないうえ、一般の治療もできているという事実を理由にあげた。そして感染症対策については、対策をしっかりやっていたとしても院内感染が起きてしまう場合もあるので、よほどの対策不足でないならば「運が悪い」としかいいようがないと石崎氏は同情する。

ただし、この高評定はコロナ発生後の緊急対応に向けたものである点に注意が必要である。すなわち、これまでに論じてきたような看護師の厳しい労働環境をみると、平時の段階から危機に備えた対応を取ってきたとは到底言えない状況だからである。そうした無理のある限界状況から目をそらして、コロナによる業務対応を過度なプロフェッショナリズムとそれに基づいた「志」に依存しているのである。インタビューを通して、医療職にはある種のプロ意識から出る自己犠牲心があるように感じられた。

4　必要な改革

それでは精神論の域にとどまらない改革、改善はあるのか。これまでのヒアリングで得られた知見をふまえて考えてみたい。

まず最初に言えるのはこれまで通りの体制・環境のままでは、仮に手当や協力金の一時的な金銭インセンティブがあったとしても、根本的な問題は解決しない。これまでの体制の問題とは、劣悪な労働環境のなかで社員を精神論で鼓舞する「失敗企業」と変わらないと言うことである。退職者が続く失敗企業の労働環境と同種の問題である。他方、今後もおそらく繰り返される同様の感染症流行時に、医療に代表される公共サービスを安定的・継続的に提供していくためには、物理的にも精神的にも余裕のある組織体制を整備する必要がある。

それでは具体的には、どのような体制が必要になるだろうか。小森氏はわかりやすい例で、人材確保・手当て、休暇が取れることが必要だと述べる。つまりエッセンシャル・ワーカーの業務遂行を持続可能で維持するためには人、そして休暇が必要である。ささやかなニーズだが、実は重要である。特別休暇などで休んだスタッフがいても業務遂行できる余裕が必要であり、全体的な人員増加は必要だと述べた。また、感染症流行時には仕事場と自宅の往復にすら限界があるとも述べる。すなわち、自分が感染しているかどうかわからない状況で果たして自宅に帰ってよいのか、家で拡大してしまうリスクを危惧していた。仕事場とは別の場所（ホテル）が提供される必要があり、これも組織体制の余裕になるとも語った。また、石崎氏のように他の診療科に応援で向かうスタッフのケアも必要である。いつまで応援先に留まればよいのかわからない不透明な状況は、精神的にも能率的にも悪影響をもたらすだろう。応援という仕組みは現状に余裕がないから出てきた苦肉の策で、恒常的に常態化して繰り返す手段ではない。引き上げのめどを付けるためには人事的配慮が必要で、ここにも余裕が欠かせない。

ところで石崎氏は、マンパワーの増加だけでは不十分だと教えてくれた。とりわけ感染症対策は人がいれば十分というわけではない。「個々人の能力にもばらつきがあるので、人が多ければそれだけ管理しなければならない」からである。そもそも人が多ければ感染リスクも増えてしまう中で一定の司令塔機能を果たす人材が現場に必要になるが、そうすると看護師の職場実態で触れたように、看護師には管理職が少ないことが問題になる。その点を考えると、危機的状況に対応できる能力をアップさせるためにも、管理職を増やす必要があるだろう。「医療現場のガバナンス」問題を解決するため、病院の副院長ポストの一つに看護師をあてるようになってきているので、管理職への道を志すスタッフも増えてきている。

もう一つ、ヒアリングの中で問題が指摘された。それは、本来業務とは別の仕事の存在であるという。第１章でも示したように、21 世紀の公的組織ではさまざまな評価が行われている。これが現場の状況を改善するどころか阻害する逆効果をもたらしていた。小森氏は病院機能評価と看護師の目標評価（人事評価）に関わっていた経験を振り返る。そこでは評価活動に時間外労働を強いられており、この評価に奪われるリソースは多かったと言う。ここでも「評価疲れ」である。病院だけでなく、多くの専門分野で見られる病かもしれない。ただ評価に外部の視点が入ったことは病院における評価のメリットだった、このように小森氏は指摘した。

最後に、小森氏も石崎氏もモチベーション問題に言及した。単に給料が高ければよいわけではなく、やはり働く人のモチベーションが重要であると言う。さまざまな自治体の行政改革、医療制度の改革はこの部分に取り組むべきかも知れない。それが一過性の改革で終わるかどうかが、モチベーション改革に重なるだろう。

5　おわりに　分析と総括

現場の看護師の２人にインタビューして、考えさせられたことは多い。

まず最初に意思決定のトップダウンとボトムアップの課題である。そもそも新型コロナの封じ込めと経済活動の支援、この２つの相反するミッションをトップ（政府のトップと知事たち）が抱え、現場に混乱を引き起こした。トップダウン方式のメリットは迅速な意思決定、速やかな対策、着実な現場での業務遂行である。そのメリットが大都市では機能せず、後手に回った。12月に休止に追い込まれた菅総理大臣の「GoTo トラベル」「GoTo イート」では知事たちの判断も揺れ、結果として首都圏や大都市から地方に感染を広げ、地方で医療崩壊のリスクを拡大した。経験がない非常時で、トップであっても参考にできるのは限られた情報であり（情報は既定のルートでしか上がってこない）、また特に配慮すべき医療以外の要因（商売や経営）に判断の優先順位づけが影響され、判断は違った方向に進む。パンデミック化と医療崩壊危機で方向を修正したが、今度はそれが「対策が後手にまわった」批判になった。トップへの信頼はなくなり、トップダウン型意思決定の長所である俯瞰的長期的な視点が、危機状況で全く役に立たないことは今回の新型コロナ禍で明らかになった。役に立たない現状を、このエッセンシャル・ワーカーへのインタビューが物語った。

また、こうしたトップの判断に役立つ現場情報、看護師の危機感がどれだけ上がっていたのかが不明である。逆に、このインタビューの石崎氏の証言、「松井大阪市長の十三市民病院のコロナ専門病院指定（2020年４月14日）は、理事長をはじめ現場に知らされていなかった」は、トップと現場の意思疎通の難しさの問題事例として記憶されるべきだろう。もちろん、組織が巨大化するとこうした課題は常にある。そうであるならば、大都市行政をいかに分権化し、地域ごとに最適判断ができる体制を作るべきで、それは市町村合併や大阪都構想と反対の方向である。その上での各地域で専門分野ごとの連携、協働が必要になる。

さらに、医療も含めた公共サービスでギリギリまで人員を絞り続けたことの悪影響がある。絞る手段としての非正規化もこの悪影響に関わってくる。看護師の場合は結果として非正規を選ぶ人もいるとの証言であったが、現場にゆとりがないから非正規化をわざわざ選ぶ。そしてあらゆる職種に共通して見られるように、非正規職は正規職ほど職場にコミットしない。非正規看護師は医療そのものにはプロの責任を持つが、それ以外の周辺業務は正規職員の仕事になる。それを小森氏は「業務の伝達問題」だと指摘した。重要だが断片的な現場情報、細かい患者情報の周辺業務を束ねて組織として共有するのは正規看護師になるが（おそらくは中間管理職的な看護師のポスト増設も必要）、その正規看護師も医療業務以外をしている。この事例は今回のインタビューでも語られていたが（病院に対する苦情の聞き役）、その他にも看護師が高齢者患者の介護に手を取られる、電話対応に回される事例は報道によっても繰り返されている。病院の事務スタッフの非正規化と人数削減がこれに追い打ちをかけた。大きな反省材料であろう。

最後に提言である。自治体の医療政策ではトップと現場の意思疎通に使う回路を再構築し、継続的な活用を考える必要があるだろう。その鍵は評価にある。長年行政改革（削減）をすすめた新自由主義型評価とは違う評価、独立行政法人評価ではない評価である。新自由主義型評価はその価値規準を効率にしてきたが、それは緊急時の課題解決型の評価に使えない。効率は平時の、総務部門だけの発想だからである。緊急時に備えた評価を想定するのであれば、第１章のおわりで述べたように、多様な判断規準、価値観を準備し、その評価情報を組織メモリーとして蓄積しておく必要がある。それを医療専門家と政治家の政治判断の相克という月並みな言葉にすると、デジャブ感があるテーマに矮小化され、問題の本質を見誤る恐れがある。評価はあらゆる組織にとって学習の手段なのである。

第6章

保健所行革の勘違い

1　行政改革と保健所

基本的な地域保健を担う組織として、市町村には保健センターが設置されている。これに対して保健所は、都道府県、政令指定都市、中核市、東京都特別区、そして地域保健法施行令で定める一部の市に設置され、保健センターを専門的・技術的・広域的に支援するよう位置づけられている[1]。こうした保健所と保健センターで働く保健師が、2020年1月以降、大変な苦境に立たされているのは周知のとおりである。

本章では、新型コロナウイルス感染症と闘う最前線の現場に立つ保健師を「エッセンシャル・ワーカー」としてとらえる。そしてコロナ禍において顕在化した問題について、保健所行政のこれまでの経緯に原因を求めてみたい。

さて、第2章で述べられたように、日本の公務員制度改革が数値目標化されたために、必要以上に人員削減に取り組んできた。そのため、同様にエッセンシャル・ワーカーも人員削減に悩まされてきた。こうした人員削減をめぐる状況は、エッセンシャル・ワーカーの事例を扱うほかの章で繰り返し強調されているだろう。しかしながら後述するように、数字だけを見れば、自治体で勤務する保健師数は一部を除いて増加傾向にある。ということは、ほかのエッセンシャル・ワーカーと同じように人員削減に悩まされてはいないのか。

もし仮にそうであるのだとしたら、いったい、保健師はどのような困難に直面していたのか。人員削減に悩まされていないというのであれば、むしろ保健師の仕事はより余裕をもって豊かになっていったのではないか。その答えは「ノー」である。もちろん保健師もまたこれまでに多くの悩みを抱え、そしてコロナ禍でそれが露呈した。

以下では、事例とともに、コロナ禍において直面した苦悩、そして保健師の役割に関する理想とギャップに言及する。本章でとくに着目していただきたいのは、国家資格を持つ保健師の「専門性」をどのように考えていくか、という点にある。

2　コロナ禍の保健師

コロナ禍の保健師の業務はパンクした。新型コロナウイルス感染症の対応に追われ、業務に追いつけない状況になったのである。主な業務内容は、①電話相談（帰国者・接触者相談センター）、②陽性患者への支援（入院・軽症者施設・在宅療養）、③医療機関との調整・患者移送、④積極的疫学調査、⑤濃厚接触者の健康観察、⑥行政検体の回収・採取、⑦帰国者の健康観察、⑧軽症者の宿泊施設の運営に関すること、⑨PCR 検査センターの設置、⑩感染拡大防止のための普及啓発などがあげられよう。この並びだけでも、いかにコロナ禍の保健所が困難な状況にあるかがわかる。ここでは、とくに保健所行政の体制の問題が顕在化した（1）電話相談の問題、（2）感染者・濃厚接触者・地域住民への対応の最前線、（3）職場の問題、の３つに分けて整理する。

(1) 電話相談の問題

2020 年１月 16 日に国内１例目の確認が厚生労働省より報告されて以降、２月には各自治体で続々と専用電話相談窓口や帰国者・接触者相談センターの設置が進められた。保健所には１月末から新型コロナウイルス感染症に関する電話相談が現れはじめた。自治体によっては、コールセンターや合同相談センター（夜間帯・休日）を設置し、そこへの応援もまた保健師の業務となった。また、電話対応する事務職員のためのマニュアル作成も保健師の業務であった。

電話のほとんどは、受診相談やPCR検査に関する相談、日々の報道への反応であった。「緊急事態宣言後の活動再開についての方針を示して欲しい」、「自粛による体力面が心配だ」、「陰性証明を発行して欲しい」、中小企業や大学から「どのように感染対策を行えば良いか」といった相談が主であった。いずれにしても、不安が完全に解消されはしない領域である。さらには、見えないウイルスへの恐怖が電話相談となって顕在化し、本来の保健所の業務とは関係のない、感染者数の公表方法や給付金についての苦情も数多く寄せられた。

もちろん、保健所に特設された相談センターだけでなく、各自治体の保健の相談窓口でも対応は続けられている。大都市部ほど感染が拡大していなかった徳島県三好市の保健センター（健康づくり課）で保健師を務める棗内宏美氏によれば、新型コロナウイルス感染症対応は、実際の感染者への対応というより、感染への不安に関する電話相談が圧倒的に多かったという。こうした新たな業務が大きな負担として発生したため、住民を対象とした健康診断ではこれまで以上に徹底する項目が多くなり、気を張っているため、ほかの業務で単純ミスが発生するようにもなった。こうした事態を回避するためにも、余裕のある計画的な人員採用が必要であると指摘する[2]。

また、電話対応によって感染症専門外来への受診調整や陽性確定者の入院調整・搬送などの業務が中断されたり、対外的な調整が滞るようになった。加えて目の前の業務にのみ目がいってしまい、「現場の窮状を訴え、周囲に助けを求める余裕はなかった」という話もある（木内2020：642)。

(2) 感染者・濃厚接触者・地域住民への対応の最前線

帰国者・接触者相談センター業務は、保健所において保健師が中心となって対応に当たっていた。内実は、PCR 検査、感染者の行動調査、接触者の確認、入院先の調整、健康観察、自粛要請など多岐にわたる。これらは、平常事業の縮小・延期・中止を行ってもなお、保健師への過剰な負担になっている（内田 2020：619)。

行政検体（病院での検査検体、濃厚接触者の PCR 検査）の回収・採取、積極的疫学調査（感染者本人からの聞き取りによって濃厚接触者の特定)、検疫法にもとづく帰国者の 14 日間の健康観察、陽性患者のサポート（入院・療養先の調整、家族への対応、入院費用、入院先までの交通手段、患者の移送)、自宅療養者へ電話で健康観察確認、HER-SYS や各種感染症対策のアプリについても、保健所の業務となった。いずれも感染者数の増加により対応件数も増加した。とくに 2020 年 10 月下旬からの第三波では、保健師だけでなく獣医師をはじめとする専門職、事務職員までも含めて、まさしく保健所の総力戦体制で以上の業務に対応している。

また、従来の地域保健の延長線上にある業務もある。第１に、一次予防施策の強化である。感染予防行動の住民や事業者への浸透・定着、健康二次被害（高齢者の孤立、身体的・精神的サポート、妊産婦、乳幼児へのケア）の防止・抑制である。第２に、災害への備え（避難所運営での衛生管理）も含まれる。この他にも、患者や家族の気持ちへの配慮、行動歴の聞き取り、濃厚接触者の特定、自宅待機の要請、勤務先企業や施設等への聞き取り、消毒等の対応や情報公表への協力などの説明、不安の解消、ストレスへの対応など、保健所が地域保健サービスの一環として住民に対して行う感染症対策は多岐にわたる。

(3) 職場の問題

このように激増した業務に対応するため、厚生労働省は2020年3月13日付の事務連絡「保健所の業務継続のための体制整備について」によって、外部委託、非常勤職員の活用、保健師や事務職員を含めた保健所職員の拡充、保健所業務の軽減・効率化の検討を要請した。さらに具体的に、事務職員との業務の分担や外部委託できる業務、縮小・延期が可能な業務等について現場で整理ができるよう、4月4日の事務連絡「保健所の体制強化のためのチェックリストについて」で要請した。また保健所職員の負担軽減のために「新型コロナウイルス感染者等情報把握・管理支援システム（HER-SYS)」を開発し、5月29日から利用開始された[3]。

人員の観点からは、4月13日には「保健所の業務継続のための体制整備について（保健師関係団体との連携強化)」、6月19日には「今後を見据えた保健所の即応体制の整備について」の事務連絡で、最大需要を想定し、人員確保や研修、委託、ICTツールの活用といった手段で保健所の即応体制構築を要請した。ただし、保健所内で感染症担当に人員を回す応援体制も構築するなかで、通常業務とどのように並行させていくかが課題として認識された。ただし、応援体制の構築のためには、専門知識を持たない職員に対する教育を考えなければならない。

こうした課題もあって、サポート体制の構築にもかかわらず保健所の現場は厳しかった。保健師は休みがとれず、家にいても常に呼び出しに対応できる状態でなければならないという場合が多く、管内で陽性患者が出れば土日も出勤となった。こうした状況下で、電話対応者や激増する業務に対応する者の身体的・精神的疲労へのメンタルヘルス支援や離職防止のための方策も必要であると認識されてきた。

さらに、情報伝達・整理・共有化にも問題があった。常に変化する状況を情報として獲得する必要があるが、多忙を極めた結果として、職員の間で情報共有する余裕が生まれないばかりか、情報共有ができていない現状を懸念する余裕すらなかった。行政の情報伝達よりもマスメディアや住民から情報を得る方が早く、むしろ住民の方が情報を持っている場合もあるという指摘もされていた。

東京都港区で保健師を勤めていた野村まゆみ氏によれば、積み上げられていく業務に対しては使命感で現場は闘っている状況である。現在は保健所や保健師が社会的にもクローズアップされているが、そもそも、問題の根幹は、国主導で進められた保健所数の極端な削減による第一線の公衆衛生行政拠点としての保健所機能の弱体化にある。これを正視せずに、一定の山を越えたら忘れ去られてしまわないか懸念している。また、事務方の異動を２～３年ごととはいわず、もう少し長期間にできれば、体制の整備もしやすいのではないかと思う、と述べていた[4]。

また、兵庫県の３名の保健師によれば、2020 年１月以降、保健所への電話相談が増えた一方で、本庁（県庁）からの指示がない状態であった。また、人員不足から同じ所内の感染症業務や別の保健所へ応援に派遣されたり、夏期休暇をとれなかったり、休日出勤の代休すらとったことにして実際はとっていなかったりしたという[5]。以上の状況から、とくに第三波以降、ベテラン・若手を問わず、退職を願い出る職員が増えている。とくに若手に対しては、「保健師魂を伝えたいのに人材育成に十分関われない。魅力のない職場になっている」というジレンマがあると尾西氏は語る。

さて、このようにコロナ禍における問題を取り上げると、人員、すなわち保健師数の増加による体制の増強が一義的な解決策のように考えられる。しかし、内実はもう少し複雑である。以下では、現場の保健師の声をふまえて、保健所の本来的な役割に立ち返るとともに、どのような改革の方向性が保健所行政のあり方を蝕んできたのか考えていこう。

3　保健師の仕事と変化：３つの事例

新型コロナウイルス感染症の拡大に至る以前の保健所の現状を保健師はどのように見ているのか。先にも出てきた３つの地域の保健師（東京都港区、兵庫県、徳島県三好市）の話をもとに、問題を抽出していこう。

(1) 東京都港区の保健師の事例

①　保健師としての仕事

最初の事例は、東京都港区で保健師として2020年３月まで勤めていた野村まゆみ氏である。野村氏はその後産休代替対応のため１ヶ月のみ会計年度任用職員として務めた。

当初野村氏が保健師を目指したのは、「疫学の視点を持った仕事」へのあこがれがあり、とくに「地区担当制」、すなわち自分の地区に責任をもって仕事をする姿を目指したかったためであった。1979年の入庁時はのどかな雰囲気であり、先輩職員とともに地域を回っていた。当時３ヶ所あった港区の保健所（赤坂・芝・麻布）、本庁の保健衛生部で高齢者の訪問保健指導業務等を歴任しながら、最後は高齢者部門で、認知症カフェの立ち上げや高齢者虐待への対応に携わった。そのなかで感じたのは、保健所には企画立案の仕事もある一方で、個別の事業と地区担当に追われ、また組織的にも、地域の特性を踏まえた健康づくりを企画する部門や保健師も含めた専門職の配置なども無く、十分に企画立案できない状況にあった。

野村氏の認識としては、保健所の仕事のターニングポイントは、大幅な業務の転換を求められた「高齢者の医療の確保に関する法律（老人保健法）」（1982 年）の制定、施行であったという[6]。とにかく目の前の業務をこなすことが一義的な仕事となり、地区の特性や住民ニーズの把握、それにもとづく企画といった本来の機能の強化を考える余裕がなくなっていったのである。

②　職場としての保健所

また、ほかの保健所と同様に港区でも、全ての特別区で保健所統合が進められた流れの中で、従来３ヶ所あった保健所が１ヶ所に統合された。

他区や東京都との関係については、23 区内の保健所への職員派遣交流（２年程度）や、従来からあった職員希望による「区間・都区間交流制度」はあるものの、近年は実績が少なくなってきている。港区内の他部門との連携についても、区全体の今後の方向性を企画する部門に、医師・統括保健師等も含めた保健衛生分野の専門職の配置もないため、たとえば「区民の健康づくり」という重要な課題についても、本来最も連携が必要な福祉や教育部門、まちづくり部門等、区全体を巻き込んだ横断的な議論形成の構築が十分にできていない。保健所は、同じ業務をし続ける中で、「本来保健所が担うべき役割に基づいた業務を、時間をかけても必要な部門と連携を図りながら有効的に行っていくこと」よりも、「目の前にある業務をいかにミスなくこなしていくかという効率性」が求められてしまっている。

人材についても次のような問題が認識されている。港区では、区長が推進した「支所制度」のもと、地区担当保健師が各支所に数人ずつ分散配置されて、保健所の保健師は地区分担制を持たなくなったため、とくに新人等若い保健師の中には、バランスの良いキャリア形成が十分にできず、また多忙な業務に追われて当初保健師の仕事として持っていた理念と現実の仕事内容のギャップから、短期間で退職する人も出ている。

(2) 兵庫県の保健師の事例

① 保健師としての仕事

兵庫県については、先述の３名に同時に聴き取り調査を行った。保健師を目指したきっかけとしては、「予防が大事」(尾西氏)、「健康相談をやりたい」(土取氏) と述べた。入庁当初の仕事については、尾西氏によれば、残業もなく、異動の周期も長く、市町職員と一緒に保健活動に取り組める環境があり、老人保健法の施行まではのんびりした状況であったという。

② 職場としての保健所

市町村合併にあわせて保健所が統合されたのと同時に、母子保健、老人保健・健康増進、自立支援・総合支援といった事業も次々と市へ移譲されていった。県の保健所に残ったのは、精神、保護観察、児童虐待といった、いわゆる「困難事例」といわれるものである。１つ１つの仕事が「重い」ため、市への事業の移譲があったとはいえ、仕事量が「減った」ようには思えないという。また、入庁したばかりの新人にとっては、かなり「やりづらい」仕事である。このように、入庁当時と比べて、仕事の幅はかなり狭まり、地域住民に出会う機会も減ったという。

また、保健所内にあと２～３人の事務職員がいれば、保健師は保健師本来の仕事に集中できるし、経験知の共有もできるようになると考えている。表１は兵庫県宝塚健康福祉事務所の経緯であり、見るべきポイントは３つある。１つめは、2004 年から 2005 年にかけて、県の

表1：宝塚健康福祉事務所の経緯

西暦	上段：保健師の所属課の技術吏員の数 下段：全職員数と事務吏員の数	宝塚保健所	三田保健所	県保健所数	できごと
1984	健康課	婦長以下10	婦長以下7	26	・保健所への財政支援が定率補助方式から交付金方式に変更。 ・保健所は保健環境部に所属。
	全職員数（うち事務吏員）	31（11）	24（8）		
1994	健康課	課長以下11	課長以下9	26	・保健所法が地域保健法に（10万人に1か所→二次医療圏に1か所へ） ・保健所は保健環境部に所属。
	全職員数（うち事務吏員）	28（8）	24（6）		
1995	健康課	課長以下11	課長以下8	26	・1月17日 阪神淡路大震災。 ・保健所は保健環境部に所属。
	全職員数（うち事務吏員）	28（8）	23（6）		
1996	健康課	課長以下11	課長以下9	26	・保健所は保健部に所属。
	全職員数（うち事務吏員）	28（8）	24（6）		
1999	健康課	課長以下11	課長以下9	26	・保健所は健康福祉部に所属。
	全職員数（うち事務吏員）	26（7）	23（5）		
2000	健康課 保健指導課（圏域のみ）	副所長以下12	課長以下9	25	・保健所は県民生活部に所属。 ・兵庫県西宮保健所が西宮市に移管。元西宮保健所の公害課と検査室職員が20人近く宝塚保健所に異動したため職員増加している。
	全職員数（うち事務吏員）	49（9）	22（5）		
2001	健康増進課、保健指導課、健康課（一般保健所）	主幹兼課長以下14	婦長以下8	25	・県民局体制に移行。宝塚と三田健康福祉事務所は阪神北県民局に所属。名称が「健康福祉事務所（保健所）」となる（2004まで） ・この年、保健所と福祉事務所の統合。阪神地域では、これまで県民局内にあった福祉事務所が健康福祉事務所に入り、生活保護業務や福祉監査指導業務、医療圏域等の企画調整業務が集約されている。
	全職員数（うち事務吏員）	45（10）	19（3）		
2004	健康増進課・保健指導課、健康課（一般保健所）	主幹兼課長以下14	保健師長以下8	25	・宝塚と三田は所長が兼務。
	全職員数（うち事務吏員）	50（14）	18（3）		
2005	調整担当（特定保健所）、健康増進課、保健指導課、健康課（保健事務所）	課長以下17	保健師長以下9	13	・この年から、三田（保健事務所）は宝塚（圏域保健所）に所属。
	全職員数（うち事務吏員）	54（18）	11（2）		
2009	健康管理課、地域保健課	課長以下25		13	・この年から、県内の保健事務所は廃止。三田は宝塚健康福祉事務所（宝塚保健所）に完全統合。
	全職員数（うち事務吏員）	64			
2018	企画課、健康管理課、地域保健課	所長補佐兼課長以下20（事務吏員も含む）		12	・H20年度：当県は全国初となる行財政構造改革推進条例を制定し、H30年度を目標年度として行財政全般にわたる新たな構造改革をスタートした。この10年間（～H30年4月1日）で県職員は全体で3割削減されている。 ・明石保健所→明石市に移管
	全職員数（うち事務吏員）	57			
2019	企画課、健康管理課、地域保健課	所長補佐兼課長以下19（事務吏員も含む）		12	
	全職員数（うち事務吏員）	57			

出典：尾西ゆみ子氏提供資料を筆者修正

保健所が25から13にほぼ半減した点である。2つめは、三田保健所と宝塚保健所の合併に際して、保健師の数が減少した点である。3つめは、保健師の所属する課が従来健康課のみであったのが、複数の課に分かれるようになった点である。とくに保健所数の減少は、職場の減少を意味する。職場が減れば、長距離通勤者が増え、とりわけ新型コロナウイルス感染症対応においては長時間労働を増大させる原因にもなった。

加えて、表1においては、組織の統廃合のためわかりにくいが、事務職員の継続的な削減があった。かつては事務職員も保健所や福祉事務所では長く働いており、統計や精神保健や環境衛生といった分野では保健師が頼りにする存在であった。また、女性ばかりの課で、男性の事務職員は場合によっては、患者の面接対応や緊急訪問等で頼りにすることもあったという。しかしながら現在では、総務部門は県民局に一本化され、各事務所では事務職員が減っている。かつて事務職員が行っていた仕事を、現在では当たり前のように保健師をはじめとする技術職員が行っているのである。

(3) 徳島県三好市の保健師の事例

①　保健師としての仕事

徳島県三好市については、保健所ではなく保健センターの保健師である粟内宏美氏に聞き取り調査を行った。入庁前の保健師のイメージについて粟内氏は「訪問が中心であり、穏やかな健康相談」であると語った。しかし事務仕事が予想以上に多く、また穏やかな仕事ではなかったという。粟内氏は母子保健、特定保健指導、健康増進事業を経験した。保健センターでの仕事は、乳幼児から高齢者までの健康を対象とする。ただし、地域包括支援センター[7]の設立によって、高齢者の課題に触れる機会は減っていった。

②　職場としての保健センターと保健所

保健センターと保健所との関係については、三好市と三好保健所（徳島県管轄）は、精神保健のケースや災害対応での連携業務が多い。他方で、「保健所は市町村に対して技術的支援・指導を行う」という関係の在り方については、あまり望ましくないという。なぜならば、採用１年目・２年目の保健所保健師に技術的支援を求めたとしても困難であるためであろう。また、地域保健法が施行されて以降、むしろ保健所は市町村の相談や業務の応援に応えてくれないのである。このように、地域保健法によって保健センターと保健所との間に距離・溝ができたイメージが共有されているという。

さらに、ここに市町村合併の要素が加わる。おおよそどこの自治体でも見られるように、市町村合併によって旧自治体単位に支所が設置された。当初保健師は各支所２人体制であったが、次第に１人体制へと削減されていった。１人体制の支所では、先輩保健師と後輩保健師との接点が生まれず、後輩育成が進まないと同時に、経験を重ねていない保健師が１人体制で業務に携わる事態になり、負担もかなり大きくなる。

加えて、2000年代中頃より事務職員の削減がある。従来保健センター施設管理担当者、健康増進事業担当者、予防接種担当者の３名の事務職員がいたが、現在は１名に削減されている。保健師や管理栄養士、助産師といった専門職は充実してきたが、実際に専門職としての職務や機能が充実したのではなく、予防接種の通知や健康増進事業の検診日程調整、補助金申請、事業報告作成というように、空いた事務職員の仕事の穴を埋めている状況にある。

4　保健所の役割

さて、保健所の基本的な役割に関しては、地域保健法（1994年）の第6条に規定されている。詳細は条文を見ていただくとして、ここでは以上の事例をもとに、次の5つの側面をつくってみよう。

第1に、地域に根ざした保健活動である。もっとも基本的な保健所保健師の活動は、住民の健康に関する相談の実施であるといえる。保健活動は、住民の生活に根ざしながら健康度を高めるよう支援し、対象者やその特徴に合わせて変わる（吉岡 2020：616)。地域差の存在を前提として、保健師はこうした地域住民の習慣を知らなければならないし、それに合わせた保健活動を行わなければならない。

地域に根差した保健サービスを実施するため、「地区担当制」といって、保健師が一定のエリアを担当し、個別ケースへの支援や、住民の力で健康づくりを推進する地域健康マネジメントを行ったりもする。こうした業務は、保健所保健師の仕事における中核ともいえる。

第2に、非常時の健康危機管理である。保健所が健康危機管理の機能を強く求められるのは、災害対策と感染症対策という2つの非常時においてである。災害対策の場合、災害発生後の時間的経過とともに生じる健康課題への対応をしなければならない。たとえば人員を要する被災地に外部から保健師を派遣する、といった支援がある。感染症対策の場合、新型コロナウイルス感染症をはじめとした感染症の予防や医療の確保、感染拡大防止といった複数のステージによって感染症対策は行われるが、現場においてこれを担うのが保健所である[8]。

第3の側面は、住民のエンパワーメントである。保健所の活動は、保健師が一方的に保健サービスを住民に提供するのではない。地域保健活動には、治療などのサービスではなく、地区組織活動や生活環境対策といった、共同体の組織的な努力によってより良い公衆衛生を実現させるという発想がある（田上 2018：200）。すなわち、「自助」や「共助」といった言葉で語られる領域である。したがって、保健師が自身の手によって公衆衛生を実現するのではなく、保健師によってエンパワーメントされた住民が、主体的に公衆衛生の実現に取り組むという構図が描かれるのである。

第４に、ソーシャル・キャピタル（社会関係資本）の醸成である。上記のような保健所の活動において強調されるのが、「ソーシャル・キャピタル（社会関係資本）」である。豊かな地域・社会の実現に資する人と人との多様なつながりを意味する、行政学や地方自治論ではおなじみの概念である。保健所においては、2012 年の「地域保健対策の推進に関する基本的な指針」改正時のキーワードの１つとなった。

当時は、社会保障制度の改革のなかで、公助だけではなく自助や共助の充実・強化が課題として認識されていた。そこで、ソーシャル・キャピタルの醸成を通じて、地域保健の活動を住民同士の共助をもって支えていくようにと方向づけたのである。それも顔の見える地域でのネットワーク形成が、地域の保健活動の基盤になると考えられているためである。

第５に、保健活動の企画・立案・連携機能である。以上の機能を十分に果たすためにも地域保健の専担機関としての保健所の企画・立案・連携機能は重要になってくる。保健所は、地域保健・医療・福祉・介護、さらには消防や水道、民生・児童委員といった他分野との結節点でもある。都道府県や市町村、各保健所、各種関係機関との連携・情報共有が不可欠になる。そのためにも、地域保健医療における総合的な企画機能を有する中核機関となる必要があるし、そうであると認識されなければならない。そこで求められるのは、企画立案機能・連携機能を十分に発揮できる組織体制・人材である。

5　保健所行政の経緯と実態

上述した５つの点が保健所（そして保健師）に期待される役割だとすれば、これらはどのように蝕まれてきたのか。経緯を以下で追ってみよう。

1994年に制定された地域保健法に保健所設置の根拠はある[9]。地域保健法は、少子化や高齢化による人口構造の変化、都市化や住民意識の高まりといった暮らしの変化、公衆衛生課題の慢性疾患対策へのシフトによって保健所の役割の変更が求められた結果として制定された。

さて、現場の保健師の仕事に焦点を当てる本章でとくに注目したいのは、保健所と市町村保健センターの役割の見直しである。簡潔にいってしまえば、実際に住民に対する保健サービスを提供するのは保健センターであり、保健所は広域的・専門的視点から支援する役割を担う、という構図が描かれる。この構図をもう少し詳細に見てみよう。

従来地域保健は、結核・伝染病対策に重点を置かれて保健所で実施されてきた。しかしながら、高齢化や出生率の低下、疾病構造の変化に即応し、多様化・高度化した住民ニーズといった課題に対応するためには、保健と福祉の連携が必要といわれ、そのために市町村を中心に総合的な保健サービスと福祉サービスの提供が求められるようになったのである。

これを受けて、保健所の役割の転換は次の４点で整理できる。第１に広域的に行うべきサービス、第２に専門的技術を要するサービス、第３

に多種の保健医療職種によるチームワークを要するサービス、第４に第一線の保健サービスを行う市町村に対する技術的援助である。

このように、地域保健法は、市町村レベルの保健サービスの機能の充実・強化が一定程度行われ、また都道府県レベルでは各地域での医療に関する総合調整機能を発揮できるようになった一方で、次の４つの課題を生じさせた（田上 2018：199-200）。すなわち、①保健所数の減少・保健所管轄エリアの広域化による第一線の公衆衛生行政の拠点としての保健所機能の弱体化、②統廃合の進行による都道府県保健所と市町村の関係の希薄化とそれによる役割分担ではない「分断」、③市町村が身近な保健サービスを行い、保健所が実施する保健サービスは専門技術的であるという専門性の誤解、④過度な業務分担による縦割りの発生である。

このように、保健所の役割は、地域密着の保健サービスから、企画・調整や専門的支援といった方向に移行していったといえる。しかしながら、この移行こそが、現在の保健所が抱える問題の出発点の１つである。

6　保健師と保健所の増減

(1) 保健師の増減

以上では保健所の役割の変化について質的に検討してきた。次は、保健師数や保健所数から保健所のあり方について考えてみよう。

図１では、政令市特別区（保健所設置市・区）、市町村、都道府県保健所における常勤保健師の数の変化を見ることができる。合計で見られるように、2003 年には 25,197 人であった常勤保健師数は、2018 年には 26,342 人になっており、全体的にはやや増加している。市町村と都道府

図１：常勤保健師の配置状況

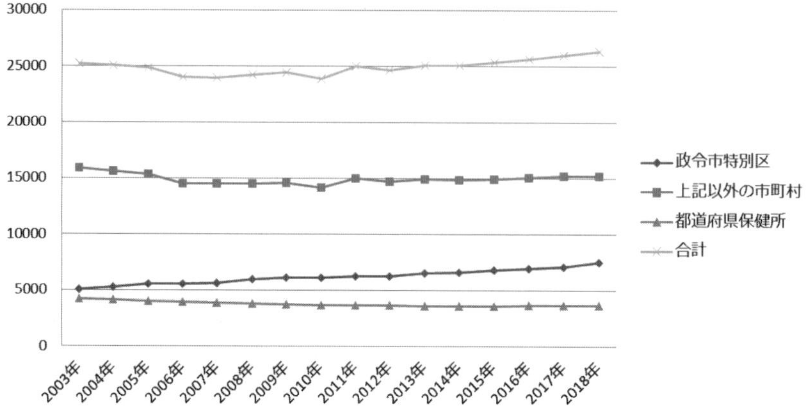

出典：厚生労働省「地域保健・健康増進事業（地域保健・老人保健事業）報告」より筆者作成

県保健所との対比に目を向けてみよう。政令市特別区では2003年の5,047人から2018年の7,512人とかなりの増加、それ以外の市町村では2003年の15,908人から2018年の15,193人と微減となっている。これに対して、都道府県保健所では2003年の4,242人から2018年の3,637人とかなり減少しており、都道府県から政令市特別区の方へ比重が移っているといえよう。まさに表１の兵庫県の事例で見られた減少は、全国レベルの話だったのである。

もう少し短い期間で、詳細な職場別に保健師の増減を見てみよう。表２では2009年から2019年までの10年間の保健師の増減とその幅を記した。都道府県保健所、特別区本庁、市町村の本庁および保健センターがやや減少しているのに対して、都道府県本庁、保健所設置市の本庁、保健所、保健センター、特別区の保健所、保健センターでは増加している。とくに保健所設置市（政令指定都市や中核市、保健所を設置すると政令で定める市）の本庁と保健センターでの増加は際立っている。

表２：10 年間の保健師の増減

		2009 年	2014 年	2019 年	増減幅 (2019/2009)
都道府県	本庁	691	747	819	118.5%
	保健所	3,730	3,605	3,715	99.6%
保健所設置市	本庁	1,084	1,151	1,523	140.5%
	保健所	2,589	2,681	3,004	116.0%
	保健センター	2,210	2,744	3,114	140.9%
特別区	本庁	229	167	185	80.8%
	保健所	398	394	462	116.1%
	保健センター	465	538	626	134.6%
市町村	本庁	9,117	7,827	8,454	92.7%
	保健センター	7,992	7,657	7,842	98.1%
地方自治体常勤保健師数		31,699	32,896	35,487	111.9%

出典：厚生労働省の各年度の保健師活動領域調査より筆者作成

いずれにしても、自治体における保健師数はこの 10 年間だけでも１割程度の増加をしているとわかる[10]。それでは、本章の冒頭に述べたように、自治体保健師数の充実によって職場環境は充実してきたのだろうか。いや、そうではないのである。この内実を、別の３つの側面から見てみよう。

(2) 保健所の削減

１つめの側面は、兵庫県の事例でも見られたとおり、保健所数の減少である。保健所数のピークは 1991 年であった。表３のとおり、全体的に見れば、1991 年に 852 あった保健所は、2020 年４月現在で 469 まで減少した。個別に見ていくと、都道府県や東京都特別区の保健所数が半減しているが、とくに際立つのが政令指定都市保健所および政令市保健所[11]の減少である。

後者の政令市保健所に関しては、中核市移行もあり単純な減少とはい

表3：1991年から2020年までの保健所数の推移

	1991年	1996年	2003年	2012年	2020年	増減幅 (2020/1991)
全体	852	845	576	495	469	55%
都道府県保健所	636	623	438	372	355	56%
指定都市保健所	121	122	71	51	26	21%
中核市保健所	0	26	35	41	60	
政令市保健所	42	21	9	8	5	12%
23区保健所	53	53	23	23	23	43%

出典：全国保健所長会「保健所数の推移」をもとに筆者作成

えないが、前者の政令指定都市に関しては、たとえば1991年の時点において、政令指定都市には各行政区に少なくとも１つずつ保健所があったが、現在は福岡市[12]を除いて、１つの保健所に集約された。

こうした保健所の広域化や組織改編によって、地域に根付いた業務に支障が出ていたり、また所管業務の複雑化や人材確保・育成に関する課題が認識されていたりするようである（財団法人日本公衆衛生協会2010)。また、市町村（保健センター）と都道府県（保健所）の業務分担の明確化が、相互の業務の「見えない化」や連携の混乱、すなわち組織間の分断をもたらしているようである[13]。

２つめは、保健所における人員に関する側面である。図２では厚生労働白書をもとに、全国の保健所における総職員数、保健師数、一般職員数の増減を描いた。保健師数は1997年の7,978人から2017年の8,326人まで、微減と微増を繰り返し、結果的に微増しているのが現状である。これに対して、2005年からのデータになるが、一般職員は11,464人から2017年の10,646人まで１割近く減少している。「保健師は減っ

図２：保健所における保健師数と一般職員数の増減

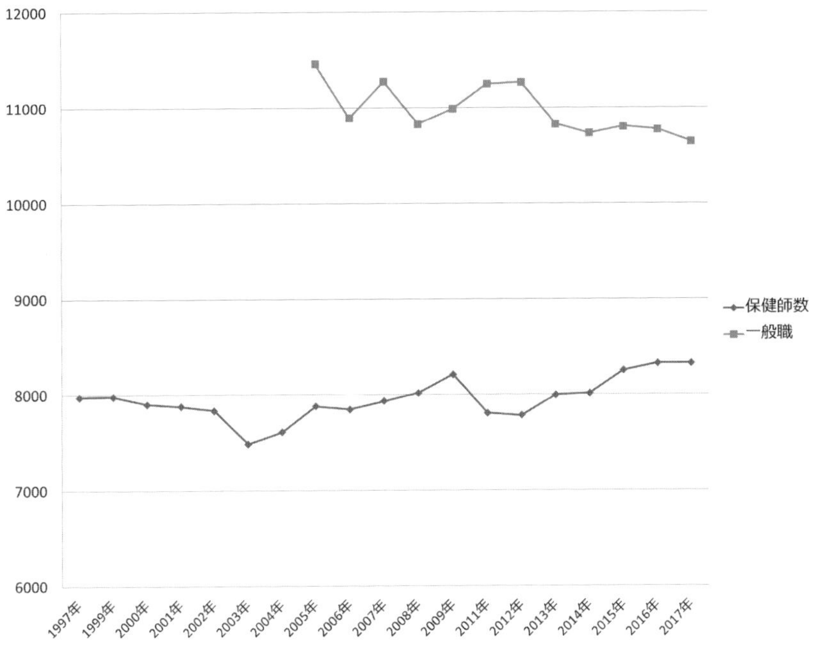

出典：厚生労働白書より筆者作成

ていない」の実相は、「保健師は減っていない（むしろ増えた）が、事務職員が減った」なのである。この結果、一般職員の担っていた事務仕事を保健師が代替するようになってきたのである。

また、データからだけでは把握できないが、人材の確保は喫緊の課題である。人数だけではなく、専門職としての専門性の育成、人事交流・協力といった問題も抱えている。

さて、こうした保健所の統廃合の背景には、地方分権一括法の制定や地方自治法の改正があった。地域保健法の施行や行政改革の潮流によって、①市町村・保健所設置市（政令指定都市、中核市、地域保健法政令市）・特別区への事務移譲、②都道府県における保健所機能の見直し、

③保健所と福祉事務所との統合組織化が進められた（宇田 2018：210)。この流れによって、住民に身近な行政としての市町村と、技術・専門性・広域性を有する保健所との連携による重層的な地域保健の展開が求められるようになった。

たとえば地域包括ケアシステムにしても、市町村は地域特性に応じて健康増進計画や介護保険事業計画、高齢者保健福祉計画といった各種計画を作成し体制の構築を進める一方で、保健所（とくに都道府県レベル）は、計画作成への支援に加えて、医療や介護との連携、協議の場の設置、医療需要に関する地域課題や将来推計等の情報分析も含めて公衆衛生活動の推進を図る。こうした広域性・専門性が求められる領域における機能強化が今後の保健所の役割を考えるうえでの重要な要素といわれる（宇田 2018：212)。

３つめの側面は、実質的な業務の増加である。老人保健法（2002 年からは健康増進法）において各種健康診断や保健指導の対象となる 65 歳以上の人口は、内閣府「平成 30 年版高齢社会白書」によると、1995 年の 1,826 万人から 2017 年の 3,515 万人まで、２倍近い増加となっている。また、厚生労働省「平成 30 年版障害者白書」によると、精神障害者（外来）の人数は 1999 年の 170 万人から 2014 年の 361.1 万人まで、２倍以上に増加している。こうした保健業務の対象者の増加によって、保健所や保健センターの実質的な業務増を招いてきたと考えられる。

7 問題の所在

以上をもとに、新型コロナウイルス感染症によって顕在化した保健所をめぐる問題を４つ提示しよう。

(1) 専門性の軽視とアイデンティティ・クライシス

新型コロナウイルス感染症の拡大で顕在化した保健所保健師をめぐる問題の背景に存在するのは、保健師の「専門性」の喪失である。地域における公衆衛生の専門機関としての保健所における専門性は大きく２つで考えられる。１つは、国家資格を有する保健師としての専門性である。もう１つは、現場を知る公務員としての専門性である。これは「現場知」や「実践知」ともいわれ、多くの公務員に共通するといえよう。後者に関しては、地域を巡り地域住民と同じ目線で仕事ができるからこそ意義があるし、そこに誇りがあった。

どちらも保健師としての「本来の仕事」に必要ではあるが、事務仕事による本来業務の圧迫や、人員削減のために十分に発揮できない状況にある。コロナ禍の保健師業務が多忙を極めたのも、専門性が必要とされる職務とそうでない職務の境界が曖昧となった結果であろう。

またこの観点からは、市町村と保健所の役割分担における問題もある。すなわち、入庁数年の経験の浅い保健師が、長年現場で働く保健師に保健所の立場で専門的な助言を行わなければならないのか（行うことができるのか）、という問題である。こうした点が、保健所と現場の保健サービスとの間の分断を生じさせる原因となっている。

こうした保健師の「専門性」の喪失から、「保健師としてのあるべき姿・ビジョン」が見えにくい状況が起こっている。また、「保健師の専門性が揺らぐ現実、守ろうとする使命感」、また日々の多忙な業務に負われた結果として、本来の活動実践や自己評価ができない状況になっている。こうしたアイデンティティ・クライシス（自分の存在意義の喪失）あるいはリアリティ・ショック（理想と現実のギャップから受けたショック）ともいえるような現状は、若手・ベテランを問わない離職につながっており、ますます保健師の土台は崩れていく。

(2) 分権の真贋

新型コロナウイルス感染症の対応も含めて保健所の現状に鑑みれば、地域保健法にともなっておこなわれた地域保健の「分権」を考えなおすべきである。

地域保健法を通じた改革で、都道府県レベルの保健所から市町村レベルの保健センターへの業務移管が進められた。保健所が減った一方で、保健センターは増えたのである。しかし、これは本当に分権といえるのかどうか。もっとも重要な点は、自己決定の範囲がどれほど確保できているかである。都道府県保健所も市町村の保健センターもむしろ定型的な業務をこなすだけで現場は精一杯であり、新たな保健サービスの企画・立案を行う余裕がないのであれば、自己決定の範囲は相当少ないと推察される。真に分権を図るのであれば、余裕ある現場の体制づくりから始めなければならない。

この30年弱の地域保健の方向性、すなわち市町村の保健センターを充実させ保健と福祉の連携を図るよりも、保健所の機能充実の方が望ましいといえるかもしれないのである。

(3) 安易な公務員数削減論

専門性の軽視、分権の真贋にくわえて、保健師も含めたエッセンシャル・ワーカーの窮状を招いたもう1つの根本的要因は、公務員数削減自体が絶対的正義化してしまった点にある。保健師は都道府県保健所を除いて直接的な人員削減の対象とはならなかったが、事務職員の削減という点で大いに影響を受けた。むしろ、専門性の軽視の原因もここにある。

公務員の定員数、予算といった数字上の「削減ありき」に焦点を当ててはいけない。住民がどのようなサービスを望むのかがまずあるべきである。内容に応じて、あるサービスを実現するためにはどのくらいの公務員がどのように配置され、予算がいくらかかるのかの議論が存在すべきである。これこそ住民自らが、公共サービスのあり方を決めるという自治の創造である。数字に固執した安易な公務員数削減論はむしろ「自治」を内側から破壊するようなものである。

(4) 人海戦術の限界

ヒアリングに応じていただいた保健師が述べていたように、保健業務を遂行するうえでの余裕が相対的になくなっている状態にある。その背景には、実質的な業務の増加があり、事務職員の減少があるといえる。保健サービスの維持のためには、保健師および事務職員の両側面からの人員の充実が求められよう。

こうした公務員削減論へのブレーキと同時に考えなければならないのは、人員の補強だけでない、平時と非常時（ピーク時）に対応できるバッファ(衝撃吸収装置）の用意であろう。必要な方法の１つは、人材育成である。これは、感染症に対応できる保健師を育てるという意味でもあり、また、保健師のサポートを日常から行いうる保健師以外の職員を育てるという意味でもある。

今回の新型コロナウイルス感染症が従来の非常時と異なったのは、感染症の発生が特定の地域に限定されておらず、全国的どの地域でも対応が必要になった点にある。したがって自治体間での応援のやりとりもできなくなった。こうしたいろいろなケースに応じて、自治体間、あるいは自治体内で応援を送りあえる仕組みを構築しなければならないであろう。

8　保健所行政をどう展望するか

保健師は直接的な削減を受けてきたわけではなく、むしろ常勤保健師は微増している。しかし、保健所の統廃合や事務職員の代替業務の増加によって、保健師が「保健師としての仕事」を満足に行えない現実：アイデンティティ・クライシスやリアリティ・ショックが発生しうる状況になっている。これは地域保健法を含む保健所行政の変化によって、保健所の役割の移行期間（地域密着型から専門的助言＋企画・調整型への変化）にあるためでもあろう。くわえて、新型コロナウイルス感染症の拡大によって、非常時の人員不足が顕在化し、本来業務はより高い緊張感を持って行われ、多くの自治体において、本来業務の一部を切り捨てなければならない状況となった。

いずれにしても、保健師も含めたエッセンシャル・ワーカーの問題の解決の糸口として、政治的・科学的なコミュニケーションの充実が求められる。なぜならば、上記の問題の根幹には、公務員の働きを理解しない市民やその代表である政治家が悪いという話で終わらせるべきではなく、市民に活動が見えていない状態を問題として掲げるべきであろう。すなわち、「何をしているかわからない」活動の可視化が求められる。

この観点からいえば、今回のコロナ禍において保健師の重要さは間違いなく認識されている。しかしながら、保健師が世の中にとって重要だとはわかっても、問題の本質、すなわち現状の保健所運営のどこに問題があると現場の人々が思っているのか、この点が住民に伝わっているかどうかは不確かであろう。このコミュニケーションを担うのは保健師自身なのか、住民の代表である政治家・議員がつなぐべきなのか、コミュニケーションの手段も含めて、公務員のあり方を丁寧に議論する土壌をつくることこそが、自治の創造である。

謝辞

本章執筆にあたっては、東京都港区の野村まゆみ様、兵庫県職員労働組合の尾西ゆみ子様、宝塚健康福祉事務所の土取伸子様、丹波健康福祉事務所の川﨑由岐子様、徳島県三好市の桒内宏美様から貴重なお話を何度も頂戴した。また、自治労にも福井淳様をはじめ、多くの方にご協力いただいた。この場を借りて改めて御礼申し上げたい。

参考文献

宇田英典（2018）「地域保健法と保健所」『公衆衛生』82(3)、210-215

内田勝彦（2020）「保健所における対応と公衆衛生の役割―全国保健所長会の立場から―」『保健師ジャーナル』76(8)、618-620

逢見憲一（2018）「保健所法から地域保健法へ」『公衆衛生』82(3)、188-194

木内恵美（2020）「健康危機対応における統括保健師としての役割を再認識」『保健師ジャーナル』76(8)、640-642

財団法人日本公衆衛生協会（2010）『保健所の有する機能、健康課題に対する役割に関する研究報告書』

田上豊資（2018）「地域保健法の制定」『公衆衛生』82(3)、196-201

知念希和（2018）「地域保健対策の推進に当たって」『公衆衛生』82(3)、244-247

西本美和（2020）「保健師等の人員調整と市民の不安への対応」『保健師ジャーナル』76(8)、638-639

山中朋子（2018）「地域保健法施行後の都道府県が設置する保健所の発展」『公衆衛生』82(3)、216-222

吉岡京子（2015）「保健師のための行政学入門　なぜ『保健師は何をやっているのかわからない』と言われてしまうのか？」『保健師ジャーナル』71(1)、66-70

吉岡京子（2020）「新型コロナウイルス感染症に関する保健活動を記録し、次に備えよう」『保健師ジャーナル』76(8)、612-617

全国保健所長会「保健所数の推移」
(http://www.phcd.jp/03/HCsuii/pdf/suii_temp02.pdf、2020年10月17日最終アクセス)

---

[1] こうした市町村が前面にあり、背後に保健所を位置づけるような役割分担は、後述するとおり、1994年の地域保健法の制定以降形成されてきた。

[2] 桒内宏美氏には、一度文書で聴き取り調査を行ったのち、2020年11月6日にオンラインでの聴き取り調査を行った。

[3] しかし本システムに関しては、本来医療機関が入力すべきなのにもかかわらず、6割の自治体において保健所が代行し入力しており、保健所の負担軽減につながっていないと報道された（朝日新聞2020年9月29日朝刊3面）。

[4] 東京都港区の赤坂保健所に2020年3月まで勤務していた野村まゆみ氏には、2020年10月27日にオンラインで聴き取り調査を行った。

[5] 兵庫県で保健師を務める3名（尾西ゆみ子氏、宝塚健康福祉事務所の土取伸子氏、丹波健康福祉事務所の川﨑由岐子氏）には、2020年10月28日にオンラインで聴き取り調査を行った。

[6] 生活習慣病の予防、早期発見、早期治療を図るとともに、廃用症候群を避けるための自立の促進・援助が市町村の任務であり、保健所は支援や連絡調整を行う。1982年11月17日の厚生省公衆衛生局長の通知でも、保健師（当時は保健婦）のすみやかな増員を図るよう求めている。

[7] 地域包括支援センターは2005年の介護保険法改正によって設置された。とくに高齢者と家族に対して、介護・福祉・医療など多様な側面から支援する相談窓口である。

[8] 病原体の検索や感染症蔓延状況・感染経路といった疫学調査を行い、防止対策を図るが、ここで重要なのが地方衛生研究所との連携である。

[9] それ以前では、1937年に保健所法が制定され、第2次世界大戦をはさんで1947年に大きく改正された後、母子保健法（1965年）や老人保健法（1982年）によって役割の変化を求められ、そうして1994年の地域保健法へと至る。

[10] 地区担当の基礎的業務増加や、多様化する住民ニーズへの対応、保健所以外の他部門（企画部門、児童・高齢・障害・介護等の福祉部門、学校部門等）への配置もあり、保健師数の増加があったとみられる。

[11] 政令指定都市の保健所と政令市の保健所の表記は、地方自治を学ぶ者にとって混乱の原因であるが、本章では保健師の世界で一般的に使われる名称で表記している。本章の冒頭で記したとおり、政令指定都市の保健所はその名のとおり、地方自治法上の2020年4月現在全国に20ある政令指定都市に設置された保健所を意味する。これに対して政令市の保健所は、都道府県、政令指定都市、中核市、東京都特別区以外の、地域保健法施行令で定める「保健所を設置する市」（小樽、町田、藤沢、茅ヶ崎、四日市の5市）に設置された保健所を意味する。

[12] 福岡市には2020年4月現在7つの保健所がある。

[13] 実際、保健所の減少と対照的に市町村の保健センターは1990年代後半から2000年代前半にかけて急激に増加した（1996年：1,333センター→2006年：2,710センター、2020年は2,468センター）。それでも保健所保健師が上記の認識を持っているのは、組織間の分断があるためであろう。

第7章

男女共同参画センター相談室のコロナ禍

1 男女共同参画センターにおける相談事業

(1) 男女共同参画センターとは

男女共同参画センター[1]（以下センター）は、地域における男女共同参画の推進を目的とした拠点施設であり、全国に設置されている。国立女性教育会館の女性関連施設データベースによると、2020年11月現在、地方自治体（都道府県／市町村）が設置者である「女性／男女共同参画センター」は全国で337施設ある。運営形態は公設公営・公設民営の大きく2つに分かれており、全体の32％(108施設）が民間事業者によって運営されている。さらに政令市が設置しているセンターの運営形態は、公設民営が7割強となっていることから、大都市ほど民間の力が入っていることがわかる[2]。2003年に指定管理者制度が導入されてからは、地域の女性団体がセンターの運営に手を上げるようになり、多くの女性たちが男女共同参画推進の公的事業を担ってきた。

筆者（近藤佳美）が活動の拠点としている「浜松市男女共同参画・文化芸術活動推進センター(以下、あいホール)」も公設民営で、男女共同参画推進事業（講座や相談など）は、NPO法人浜松男女共同参画推進協会が受託している[3]。筆者はその協会員であり、あいホールの男女共同参画推進事業の統括責任者兼相談員として事業に関わっている。ここからは、コロナ禍におけるあいホール相談室の状況を取り上げ、行政の受託を受けるNPOの協会員として考えたことを私見として述べていきたい。

(2) あいホール相談室について

あいホールの相談室では、女性相談員による「悩みごと相談」、男性相談員による「男性相談」、女性弁護士による「女性のための法律相談」の３種の相談を実施している。「悩みごと相談」は、市民向けの総合相談窓口として開館以来約 45 年続いており、電話相談と面接相談を実施している。DV、夫婦・家族関係を中心に、相続、借金、精神的問題、介護、労働・ハラスメントなど、多種多様な相談が寄せられる。困難を丸ごと受け止め、ジェンダーの視点で問題を捉え直し、自分らしい生き方を支援していくことを目指している。必要に応じて行政窓口や関係機関に相談をつなぐこともある。「男性相談」は 2006 年から男性の生き辛さを受け止める総合相談として実施している。「悩みごと相談」と「男性相談」は、相談員の性別は契約で決まっているが、相談者の性別は問わず、市民からの相談を広く受け入れている。相談員は、相談技術だけでなく、法律や社会福祉、精神医学、地域の社会資源などの幅広い知識が必要になる。

2019 年度の相談件数は年間約 1,700 件であった。2020 年９月現在、相談員は 12 人（女性９人、男性３人）であり、１日あたり１～２人の体制で行っている。全員が１年契約の非常勤だが、10 年以上継続している人も複数いる。相談員は、別の行政窓口の相談員やスクールカウンセラーなどの現場を兼務する経験豊富な人が揃っている。待遇は決して良いとは言えないが、相談に対する熱意と使命感で引き受けてくれている。

(3) 休館でも継続する相談室

ここからは、コロナ禍のあいホール相談室について記していきたい。

緊急事態宣言が全国に広がったことで、あいホールも 2020 年４月 22 日から５月 17 日まで休館となった。DV や児童虐待増加の懸念から、相談事業は電話だけでなく面接でも実施して欲しいという行政の希望もあり、通常通り実施することになった。他の事業は全て休止となった。

当時は、他の公的な相談窓口や法テラスの相談も一時的に面接を休止していた。相談員は、非常時こそは相談の力が必要になると、相談継続は前向きに受け止めてくれた。ただ、面接は感染リスクが高まるため不安の声もあった。施設内で陽性者が出た場合、相談員は他の仕事に影響が出て収入減、最悪の場合は失職のリスクもあった。

万が一のことが発生したら、「相談窓口を開ける必要があったのか」と批判されることは容易に予測がついた。統括責任者として、市民に寄り添うのか、相談員の安全確保を第一とするのか判断するのは困難だった。

2020年4月から9月までの相談内容をみてみると、DVに関する相談件数が前年同時期の約2.3倍に増えた。1件当たりの相談時間も長くなり、外出自粛が明けた5月下旬からは面接相談が一気に増え、昼食が取れない日もしばらく続いた。日々の気持ちの吐き出しの電話から、問合せ、DV・離婚、健康、家族の問題など多種多様な相談が入ってきた。相談の背景には、精神的問題や成育歴による影響など複合的で複雑なものが存在することもあり、丁寧に問題を整理していくことが求められた。こうした対応に伴って、相談員の心的負担が増大していた。

加えて、コロナ禍関連の統計作業の追加や、特別定額給付金のDV被害者などの手続きに関する行政からの問合せ対応など、相談以外の業務も増加した。コロナ禍による自粛で他の事業がいつものような動きができない中、相談事業だけはいつもよりも忙しかった。

(4) コロナ禍の女性たち

4月に引き受けた相談のうち、約15%がコロナ禍の問題を含む相談だった。「離婚に向けてパートで働き始めたが、雇い止めになった」「夫が休業中のストレスで、些細なことでも暴力を振るうようになった」「定額給付金を渡してくれない」など、“コロナ禍だから”というよりは、コロナ禍をきっかけに、ジェンダーに関わる問題が表出した。メディアなどでDV被害や相談機関の情報が取り上げられることが増え、長年の夫の行為がDVであると気づいたというようなケースや、「これってDVですか？」という質問からはじまる相談も増えた。

また、あいホールでは、浜松市在住の女性を対象に新型コロナウイルス感染拡大による家庭生活や心身の影響ついての緊急アンケートを行ったところ、子育て中の女性に家事や子育ての負担が大きく集中していることがわかった。小学生以下の子どもと同居している女性の11.5%が「ささいなことでパートナーとケンカすることが増えた」と回答しており、夫婦関係の悪化がうかがえた。他にも、パート・アルバイトで働く女性の42.3%が収入が減ったと回答しており、非正規雇用が多いといわれる女性は、経済的な影響も大きく受けていることがわかった[4]。

女性へのケア労働の集中や非正規雇用の問題は、以前からジェンダーの問題として指摘されていたが、コロナ禍によってそれが注目された。またDVなどの家庭の問題は、「家の恥」として相談することを敬遠する文化があったが、メディアでの連日の報道の影響もあり、相談に繋がるケースが増えた。コロナ禍がなければ、DVと気づかぬまま、誰にも相談できず苦しんでいた人もいただろうと思う。

(5) コロナ禍を経て見えてきた問題点

①　ギリギリの体制と予算

コロナ禍において業務は膨れ上がった。感染防止のための消毒などの購入費や先述の緊急アンケート実施など、年初には予算計上していなかった事業支出も増えた。委託事業は契約時に金額が確定しており、よほどのことがない限り増額はない。また、“効率化”という観点から入札毎に委託金額が減額されている。緊急事態は起こらない前提で予算が組まれているため、ギリギリの予算しかない。今回のような終わりが見えない中での緊急対応は、予算をどう組みなおしたらよいのか、安全確保と事業遂行のバランスをどう取っていくのか、見極めが難しかった。災害が年々増えてきている中では、事業継続計画（BCP）の他に、非常用の予算を予め計画に組み込み、不要な場合は返金するなどの仕組みも行政と受託者側との双方で検討できると良い。

②　責任と対価のバランス

先述した通り、あいホールの相談員は1年毎の契約で非常勤である。受託事業という性質上、長期の契約は難しい。相談事業の安定的な継続のためには相談員は必要な存在だが、その待遇は非常に不安定である。これはあいホール相談室に限ったことではない。横山麻衣は全国の男女共同参画センターの相談事業を対象にした調査をとりあげ、相談員の現状を以下の通り報告している。「センターで働く相談員は、82%が非正職員で、13%はボランティアであった。相談員の82%が1,000円台以下の時給で、42%は交通費を支給されていなかった。任用年数は63%のセンターで1年以下、76%のセンターで任用回数制限がなく、64%のセンターで育児休暇が取得できなかった」[5]。このことからもわかるように、相談員の待遇は、男女共同参画センター共通の問題といえる。

公的サービスとしての相談室であれば、市民はそれ相応のサービスを期待する。また、コロナ禍のような非常時でも相談員は危険を顧みず市民のために公的サービスの担い手として責任をもって相談を継続している。男女共同参画センター横浜の新堀由美子は「男女共同参画センターの総合相談とは、男女平等とはいえない社会で起こる、「既存の法律や社会制度では容易に解決できない困難状況を」「相談者と相談員が新たな視点（ジェンダーの視点）で見つめなおし」「相談者のもてる力を発揮しながら解決に向けて動いていく」という、「専門性を要する」業務である」[6]と述べている。

このような専門性を要し、公的サービス提供者としての責任も求められる業務に対しての対価はこの待遇には組み込まれていないようにみえる。

現在、多くのセンターでは、若い担い手確保に苦心している。公的サービスを安定的に継続していくにも、待遇の改善は喫緊の課題であるといえる。

③　説明責任と存在価値を高めるための評価の視点

新堀由美子は、相談事業について、「時に、これだけの税金をマンパワーに投入して行う事業として、当相談室の相談業務は説明責任を果たせているのだろうか、と自問自答することがある」[7]と述べている。今でも相談は「聞くだけの誰でもできる仕事」と言われてしまうことがある。相談の価値はこのコロナ禍で高まったが、平時でもその価値を認めてもらうためには、受託者側がきちんとその成果を定量／定性の両面から説明できることが必要になる。

あいホール相談室でも、月次の報告書に数値指標の他、ケースから見える社会問題について相談員の視点からコメントしている。また年に１回以上は市民向け講座を企画し、相談のニーズを事業に反映させるようにしている。ブラックボックス化しがちな相談事業をいかにジェンダー視点で見せていくのかは、正しく評価を受け、適正な予算を確保していくためにも意識したい点であり、日々模索している。

(6) 相談室のいま

DVや家族問題の顕在化で一気に必要性を増した相談室は、相談員たちが不安定な待遇で保障もないまま、事業に対する思いや熱意で働いている。専門性のある相談員による相談体制の確立は、社会から求められている。待遇の改善はもちろん、相談の社会的意義を明確にしていくことも事業の継続には重要である。そのためには、受託者は、公的サービスとしてどれだけ政策に沿った活動ができているかをきちんと示していくことが必要だ。

今後も男女共同参画センターの相談室が、ジェンダーの視点で、自分らしい人生の選択を支援していく場として社会から認められ、存在し続けることを願っている。

2 公務労働の現状と課題

(1) 男女共同参画センターにおける公務労働

公務の非正規化と民間委託化には、相互に密接な関係が生じている[8]。たとえば、自治体直営（自治体と密接な関係にある財団も含む）で運営していた男女共同参画センターでは、民間化以前は多くの業務を非正規公務員が担っており、正規公務員との待遇格差は可視化されず、センターの運営費は安価に抑えられていた。しかし、自治体アウトソーシングの流れのなかで指定管理者制度が取り入れられ、運営費全体が公開された結果、民間化以前の非正規公務員と正規公務員との賃金格差が、明らかとなった。賃金格差の実態を訴えた京都市女性協会事件[9]では、男女共同参画センターでの相談事業における同一価値労働同一賃金が課題となった。資格や免許などが必ずしも必要とされていない相談事業における賃金設定は、可視化されにくい状況が続いている[10]。

公務における正規職員と非正規職員との格差を可視化し、均等待遇を構築するための根拠として、遠藤公嗣は、自治体職員を対象として「職務評価ファクター説明書」と「職務評価質問表」を作成している[11]。遠藤は、A 市におけるいくつかの具体的な調査事例を示しており、本稿が対象としている男女共同参画の分野では、A 市の男女共同参画課の職務評価の結果を紹介している。職務評価にあたっては、職務評価の大ファクター（「労働環境」「負担」「責任」「知識・技能」）および小ファクター（公務における職務内容を反映させた「労働環境」「精神的負担」「身体的負担」「感情的負担」「利用者に対する責任」「職員の管理・監督・調整に対する責任」「金銭的資源に対する責任」「物的資源・情報・契約の管理に対する責任」「身体的技能」「判断力と計画力」「コミュニケーション技能」「知識資格」）を設定し、税制課、図書館、男女共同参画課、保育園の４職場にて職務評価を行い、それぞれ職務評価点の点数を明らかにした。

男女共同参画課について他の職場と比較してみると、非正規職員の点数で特徴的なのは「職員の管理・監督・調整に対する責任」「判断力と計画力」の小ファクターが相対的に高い得点となり、大ファクターの「負担」では、正規職員よりも非正規職員の方が全般的に高い傾向にあった。その結果、職場別の賃金要求の計算では、他の職場より賃金の引き上げ額が高くなっている。賃金格差が歴然としている自治体の男女共同参画を所管する部署において、非正規公務員と正規公務員の職務評価を実施し、均等待遇を実現することが必須となる。

さらに、ジェンダーの視点も重要である。医療および介護サービス職を調査したデータによれば、女性が多くを占めるホームヘルパーの賃金は、男性が多い施設介護職員に比べて低いことが判明した[12]。また、アンペイドワークとして家族圏でなされていたケアワークや、「女性のエンパワーメントのための学習」という名目のもとに行われていたボランティア活動がペイドワークへと変化した時点で、対価設定がもともと限りなくゼロに近かった（ボランティアなどにおいては持ち出しの場合もある）事情もあり、労働条件の設定が不適切に行われたケースもみられる。たとえば、福岡市女性協会事件では、学習ボランティアとして女性の社会参加の機会を提供するという方式をとり、ボランティアから職員へと採用していくプロセスがみられ、その後、約10年にわたり臨時的任用職員として就労した後、労働条件の引き下げを目的とする雇止めが確定した[13]。

安価な賃金で期間の定めがある雇用契約のもと、女性職員を活用して財政難を乗り切ってきた自治体の男女共同参画センターでは、「男女平等が目的なのに、女性の低賃金を利用するのは納得できない」との不満が募り、訴訟が続いてきた。「女性は夫に扶養されている」との固定観念に加え、契約期限が終われば解雇せずに雇止めできることから、高学歴者の多い相談員や企画担当などの女性を低賃金の非常勤で雇う例が一般化してきた[14]。

同時期には、「協働」をキーワードの一つとして「新しい公共」論[15]の議論が進んでいた。NPOをはじめとする市民セクターへの社会的な関心の広がりを受けていたことを考えると「市民社会」の構築をめざす動きともいえる。「新しい公共」は、市民、NPOなどからの従来の行政主導の公共サービスに対するある種の批判であり、市民の参加にもとづいた公共サービスを新たに構築しようとする動きということになる。それは、政府の政策や行政に対して市民の参加を促し、公共政策を市民の求める政策として、行政へと提案するという考え方であり、「新しい公共」に市民主導の社会を構築するという理念があるといえる。

一方、2005年の総務省研究会の報告書「分権社会における自治体経営の刷新戦略」にみられるように、「新しい公共」は、地方分権、地域政策との関係で論じられる傾向がある。そこでは、公共サービスを住民自らが担うことを強調し、「公共サービスの提供主体となり得る意欲と能力を備えた多様な主体」が、これからの公共を担うといった考え方が明らかになっており、公共サービスのアウトソーシングを進めて、行政責任の縮減をめざしているとみることができる。「新しい公共」は、こうしたかたちで取りあげられてきたこともあり、新自由主義の立場に立って、政府の公的な責任を回避し「小さな政府」をめざすものであって、社会サービスの市場原理の導入、民間アウトソーシングを進め、安上がりの行政を推進しているとの批判もある[16]。

このように、「新しい公共」論は公共サービスにおける市民の主体性を尊重する「市民参加の論理」か、あるいは、公共部門の縮小のために市場化と市民の動員をねらった「行財政改革の論理」かという、二つの立場から異なった理解や評価が行われてきた。「新しい公共」には、「市民参加の論理」と「行財政改革の論理」といった、二つの側面からの動きがある（図表１）。指定管理者制度が導入された男女共同参画センターの運営も、二つの側面に直面することとなった。

筆者（渋谷典子）が代表理事を務めるNPO法人参画プラネット（以下、参画プラネット）が担当した「名古屋市男女平等参画推進センター」指定管理者事業においても、NPOとの協働という「市民参加の論理」よりも、経費縮減といった「行財政改革の論理」が先行していった経緯があったことを記しておきたい[17]。なお、参画プラネットは、指定管理者事業の実施にあたって、名古屋市の男女共同参画政策と参画プラネットのミッションとの整合性、男女共同参画政策を推進するための手段として拠点の有効性、担い手の処遇の適格性を見極めた評価を継続してい

図表１：「新しい公共」論の二つの動き

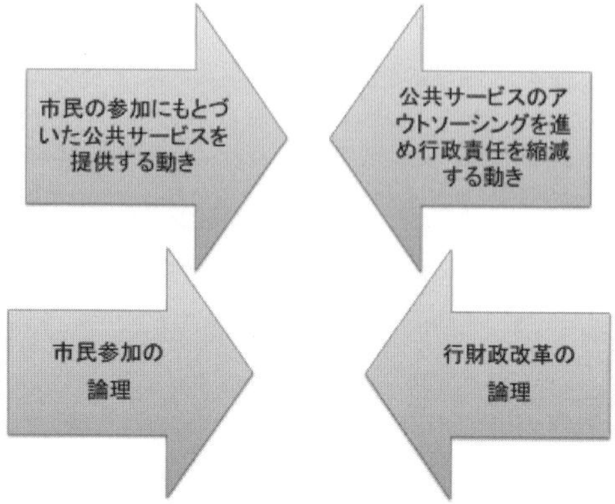

出典：渋谷典子『NPO と労働法』(晃洋書房、2019 年、61 頁)

たため、2013 年６月に行われた指定管理者事業の公募について「見送る」という判断をしている。評価の視点でいえば、事業の修了というサンセット方式を取り入れたことになる。

(2) 地域活性化と公務労働

1998 年に制定された中央省庁等改革基本法４条（中央省庁等改革の基本方針）では、「国の事務及び事業のうち民間又は地方公共団体にゆだねることが可能なものはできる限りこれらにゆだねる」（３号）ものとされ、「政策の企画立案に関する機能とその実施に関する機能とを分離する」（企画と実施の分離、４号）が掲げられた。また、同法 32 条（国の行政組織等の減量、効率化推進方針）では、「民間事業への転換、民間もしくは地方公共団体への委譲又は廃止を進め」（１号)、次善の策として「独立行政法人の活用等を進め」（２号)、あるいは「民間への委託を進めること」（３号）とされている。同法の制定により、実施部分については国から自治体へ、自治体が実施できない事業はアウトソーシング（外部化）することが明確に打ち出された。自治体においても、これと同様のコンセプトでアウトソーシングが進められてきた。その結果、人件費はコストとして位置づけられ、コストを削減して価格に見合った品質のサービス提供をめざす、新自由主義的な行政経営手法が展開された。

かつては、公共サービスの従事者は公務員として、公務員制度のもとに「労働環境の整備」がはかられていた。しかし、現在は、公務員制度の枠内ではない公共サービス従事者が増加している。たとえば、指定管理者制度や委託事業等の公契約のもとで働く、委託先や請負先の労働者である。本来は、専門性があり情報が豊富な事業者が担うことで、良質な公共サービスが提供できるという想定で始められたはずの指定管理者制度や委託事業においても、経済性や効率性が優先され、専門性の評価は劣位へと置かれるようになっている。その結果、公共サービスの担い手への労働条件切り下げにつながっている。さらに、自治体においては、正規公務員と同様の仕事をしているにもかかわらず、非正規での職員が増加し「官製ワーキングプア」と名づけられている現状もある。

公務労働は、労働法・行政法の法的隙間の中に長い間留め置かれてきたテーマであったといっても過言ではなく、労働法と行政法の学際領域に関わる現代的な課題である[18]。公務員も、憲法 27 条および 28 条の保護を受ける「勤労者」であるから、労働法体系の一角を占めていることは疑いない。一般職の公務員（国家公務員法２条、地方公務員法３条）は、各労働法規における労働者の定義に合致するものであり、当初は労働法の適用対象者であることが原則とされていた（労働基準法 112 条、旧労働組合法４条）。ところが、各種の公務員法は、「公務」という職務の地位と特殊性を強調することにより、労働法の適用を制限または排除するに至っている[19]。日本における公務員法の領域では、長期にわたって、法律の規定どおりに人事行政が運営されていない。とりわけ地方公務員の場合、自治体の認識不足も含め、そうした傾向が顕著である[20]。

また、自治体が、非正規公務員の処遇を改善し対応を是正したとしても、新たな手法での動きを展開する可能性もある。「新たな手法」を示す前に、公共サービスの提供主体について確認したい。

図表２で示すように、公共サービスは、「自治体が自ら実施する公共サービス」と「自治体が市場から調達するサービス」に区分され、さらに、サービスの提供主体から分類すると、「自治体が実施する公共サービス」は、自治体が正規公務員や非正規公務員を任用して実施する「直営サービス」と民間事業者や公社・事業団、第三セクター、NPO 法人などに委託して実施する「委託請負・給付サービス」に区分される。「自治体が市場から調達するサービス」は、「工事請負」と「物品調達」に区分される。

図表２：公共サービスの提供主体からみた分類

<table>
<tr><td colspan="6">公共サービス</td></tr>
<tr><td colspan="4">自治体が実施する公共サービス</td><td colspan="2">自治体が調達する公共サービス</td></tr>
<tr><td colspan="2">直営サービス</td><td colspan="2">委託請負・給付サービス</td><td rowspan="2">工事請負
<公共工事></td><td rowspan="2">物品調達
<購入></td></tr>
<tr><td>正規公務員</td><td>非正規
公務員</td><td>指定管理者</td><td>民間事業者等への
委託請負・給付</td></tr>
<tr><td colspan="3">行政処分（行為）</td><td colspan="3">行政（公共）契約</td></tr>
</table>

※　網掛けは、公契約条例が対象とする分野。

※　業務委託と指定管理者の違いは、管理業務の取り扱いの差異。業務委託では管理業務は委託できず（指定管理者制度が入る前は、公共的団体に限って契約で委託することはできた）、あくまでも委託請負の関係。したがって、担当部署に所属する職員が委託会社の社員に、業務の指示をすると、偽装請負＝職業安定法違反。

※　指定管理者には管理業務も委ねることができる。いうなれば指定管理者は自治体と同じ身分で、「公の施設」を管理運営する。したがって、一定の行政処分（＝公の施設の利用許可等）を行えるため、自治体と指定管理者の関係は、契約ではなく、行政処分により決定される。

出典：上林陽治「非正規公務員問題―研究と運動の到達点と課題」『北海道自治研究』第 548 号、2頁。

このような分類を前提として自治体がとる「新たな手法」とは、かつては非正規公務員が主体となっていた「直営サービス」を「委託請負・給付サービス」へと転化させることにより、公共サービスの提供主体そのものを転化させる手法である。その場合、該当する公共サービスは、現段階での非正規公務員の問題、つまり、公務との均等待遇といった問題を抱えたまま「委託請負・給付サービスへ」と引き継がれていく。特に、地方自治体においては、その地域の公共サービスの担い手の労働環境の整備が適切でない場合には、公共サービスの担い手自身が不安定な生活に陥ることが予想される。

その結果、公共サービスの担い手は、身体的に安全で、かつ経済的に安定した環境で暮らしたいという人間の欲求が満たされない状況となる。こうした担い手がサービス提供を行うため、良質で持続可能な公共サービスの提供ができず、サービスの受け手である市民の暮らしへ負の影響が表出し、地域活性化の阻害要因ともなる（図表３）。

図表３：地域の公共サービスの担い手の労働環境の整備が適切でない場合

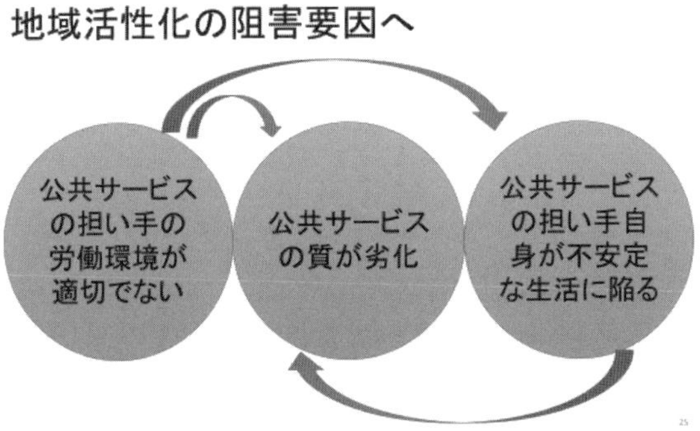

出典：渋谷典子『NPO と労働法』（晃洋書房、2019 年、82 頁）

3 公共サービス基本法および公契約条例

(1) 公共サービス基本法

こうした背景の下、2009年5月に公共サービス基本法が制定され、第11条において、公共サービスの実施に従事する者の労働環境の整備が記された。公共サービス基本法第6条で、「公共サービスに従事する者は、国民の立場に立ち、責任を自覚し、誇りを持って誠実に職務を遂行する責務を有する」と掲げられている。この条文における「公共サービスに従事する者」とは、自治体の正規公務員や非正規公務員をはじめ、民間事業者や公社・事業団、第三セクター、NPO法人などに委託して実施する「委託請負・給付サービス」の担い手、そして自治体が市場から調達する工事請負や物品調達の担い手まで、広範囲にわたっている。

この責務を果たすために、同法第11条では「国及び地方公共団体は、安全かつ良質な公共サービスが定期性かつ確実に実施されるようにするため、公共サービスの実施に従事する者の適正な労働条件の確保その他の労働環境の整備に関し必要な施策を講ずるように努めるものとする」としている。

公共サービス基本法は、男女共同参画社会基本法と同様、基本法であるため、国の制度・政策に関する理念、基本方針を示すとともに、それに沿った措置を講ずべきことを定めている。一般的に、基本法の規定から直ちに国民の具体的な権利・義務までが導き出されることはないため、今後は、公共サービス基本法を基本的方向として、公共サービスの担い手に関する立法政策と、関係政策の体系化へとつなげていくことが重要となってくる。今後は、公共サービス基本法の第11条「公共サービスの実施に従事する者の労働環境の整備」を「義務」とするべく法改正に取り組むべきであるが、当面は解釈において、「適正な労働条件」の「適正」についての概念構築と周知、「労働環境の整備」に関しての具体的な施策の内容と実施方法等について明確化し、その実効性を高めていくことが重要であり、その手段の一つとして公契約条例があげられる。

(2) 公契約条例

公契約とは、一般的に、当事者の少なくとも一方が国や地方自治体などの公の機関となる公共工事や業務委託などの契約を指し、公契約条例とは、地方自治体の条例によって公契約の条例に含めるべき内容を定めるものである。

自治体においては、国際労働機関（ILO）「公契約における労働条約に関する条約」（第94号条約）に基づき、公契約条例に「労働条項」を定めるケースもみられるようになってきた[21]。市民の税金を基とする公的事業で利益を得る企業は、労働者に人間らしい労働条件を保障すべきであり、発注者である国、自治体や公的機関はそれを確保するための責任を負っている[22]。公契約条例等の制定状況をみると、2020年11月現在、51自治体が制定に結びつけている[23]。特筆すべきこととして、2015年11月に制定された京都市公契約基本条例では、「公契約に従事する労働者の適正な労働環境の確保」を目標に掲げ、具体的な取組みとして、「低賃金での就労とならないよう、発注者として適正な予定価格での発注に引き続き務める」とし注目に値する[24]。

松井祐次郎・濱野恵が作成した「公契約法／条例の規制範囲の概念図」によれば、公契約法／条例が対象とする規制の範囲には、①社会条項、②労働条項、③賃金条項を盛り込むことが可能である[25]。筆者（渋谷典子）は、拙著『NPOと労働法』[26]において、この条例の概念に、公契約法／条例が対象とする規制の範囲である①社会条項、②労働条項、③賃金条項とともに、NPO と自治体の協働に関する条項として、④協働条項を加えることを提案した。

本稿では、その提案を拡張し、公契約での事業について、民間事業者と自治体との協働事業として位置づけ、NPO のみならず公契約に関わるすべての事業者を対象とすることとしたい。

改めて、協働条項には、下記の内容を盛り込むこととする。

(1) 協働事業の条件は、民間事業者と自治体が対等な立場において決定すること。

(2) 協働事業の実施にあたっては、それぞれがもつ特性と専門性を尊重しつつ、十分に活かすこと。

(3) 積算は、フルコスト・リカバリーをふまえた積算基準で対応すること。

(4) 同一価値労働同一賃金原則および公務との均等待遇をふまえた、適切な対価基準を設定すること。

(5) リスク管理（例：コロナ禍で生じたリスク等）について、次善の対応を協議すること。

(6) 上記（1）から（5）について政策評価を実施し、協働事業のさらなる発展に取り組むこと。

公契約条例に、上記の協働条項を含めることにより、民間化された公務が社会的な視点をもって評価されることになる。その結果、劣化している公務そのものへと影響を与えることとなる。公務とは何か。公務労働を担う人々は、どのように働くのか。量的な視点からも、質的な視点からも、評価のあり方が問われている。公契約条例を活用する評価について、実践の場（現場）とも連携し、さらなる研究を深化させることが必須である。

図表４：協働事業における公契約条例の規制範囲の概念図

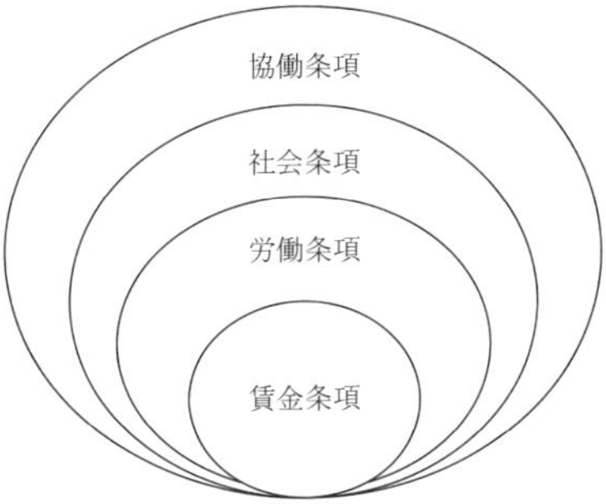

出典：渋谷典子『NPO と労働法』（晃洋書房、2019 年、154 頁）

4　今後に向けて

(1) コロナ禍の女性支援、緊急提言へ

コロナ禍で女性が大きな打撃を受けている状況を分析している「コロナ下の女性への影響と課題に関する研究会」（所管：内閣府男女共同参画局）が 2020 年 11 月 19 日、感染の急拡大を受け、橋本聖子男女共同参画大臣へ喫緊の課題への対処を求める緊急提言を出した[27]。① DV、性暴力、自殺等の相談体制と対策を早急に強化するとともに、感染拡大期においても可能な限り必要な機能を果たすこと、②休校・休園の判断において、女性・子どもへの影響に最大限配慮すること、③いわゆるエッセンシャルワーカーの処遇改善等を十分考慮すること、④感染症に伴う差別的な扱いの解消に向けた取組を進めること、⑤ひとり親家庭への支援を強化すること、⑥テレワークについて、課題を踏まえたうえで、普及、充実を進め、柔軟な働き方を進めていくこと、⑦デジタル、福祉分野など成長分野等へのシフトに向けた人材育成、就労支援を進め

ていくこと、⑧行政の業務統計を含む統計情報の積極的活用を促し、迅速な実態把握とその分析を進めること—以上、８項目が提言の柱となっている。

また、提言の前半で「医療・介護・保育の従事者などのエッセンシャルワーカーには女性が多く、処遇面や働く環境面が厳しい状況にある」と明記された。エッセンシャル・ワーカーであるとともに家族のケアを担っている女性も多く、自らが感染することにより家族への感染へとつながる。家族が崩壊する原因を自らがもたらすという可能性を抱えつつ、不安定な日々を過ごしている女性たちへの支援は必須である。

(2) 実践と研究をつなぐ市民活動へ

同時並行して、女性たちも活動をスタートしている。「ポストコロナ期のエッセンシャルワーカーのあり方への提案—2020！問題提起からはじまる」を研究会の全体テーマとして、筆者を含む「社会へ届ける女性の活動研究会」のメンバーが日本女性学会から助成を受け、「エッセンシャルワーカー」をキーワードに研究会を開催している。

研究会のタイトルに「ポストコロナ期のエッセンシャルワーカーのあり方への提案」と掲げた理由は、エッセンシャル・ワーカー（「社会にとって必要不可欠なサービス提供に従事している人々」とする）のなかで、ケア的な仕事に従事しているのは圧倒的に女性が多く、あわせて、介護サービスや子育て支援、公的施設で相談に従事する相談員は、もともとのスタートが「市民活動」であった場合も多いからである。

また、「2020！問題提起からはじまる」と副タイトルを付けたことは、「市民活動」として実践の場からの発言を「問題提起」として位置づけ、ポストコロナ期に向けて、実践と研究をつなぐ活動を推進することを目的としている。そのため、2020年度を「問題提起」の年とし、

2021年度は、それを受けて研究の視点から、さらに議論を深める予定である。

具体的には、「女性である」ことと「市民活動の延長線上にある」という両面から、現在の就業状況を分析し、生活者としての暮らし全体をとらえつつ、ポストコロナ期に向けてエッセンシャル・ワーカーのあり方を提言する。「問題提起」として掲げる2020年度は下記の講師を招聘し、ジェンダー視点および法的視点から就業の現状を分析することとなった。なお、第１回および第２回研究会は、コロナ危機下の現状をふまえ、オンラインでの開催である。

・第１回研究会：2020年11月21日開催
　テーマ：エッセンシャルワーカーのあり方―公務非正規問題を足掛かりに
　講師：瀬山紀子／シンポジウム「女性から考える非正規公務員問題」主催者・共編著『官製ワーキングプアの女性たち』（岩波ブックレット、2020年）
・第２回研究会：2020年12月19日開催
　テーマ：エッセンシャルワーカーのあり方―法的視点をふまえて
　講師：伊藤みどり／ホームヘルパー国賠請求訴訟原告団[28]

本稿の執筆中に、第１回の研究会が開催された。公務非正規問題をテーマにした第１回研究会では、講師から詳細な現状分析がなされ、多様なステークホルダーが関わっている課題が明らかとなり、講師から下記の提言があった[29]。

****

①　問題の理解をどう広げるか：働き手から

・公務非正規の当事者が声をあげる状況をつくり、公務正規も声をあげる

・問題を認識するところからスタート（比較対象もなく問題認識が難しい状況）

・非正規の不安定任用・低待遇は、職場を不安定にし、正職員にとってもマイナス―ひいては公共サービス全般にとってマイナス

・非正規問題を狭い意味での非正規当事者の問題に矮小化しない方策が必要

②　問題の理解をどう広げるか：利用者から

・公務サービスの利用者が声をあげる

・コロナ禍で露呈した公共の脆弱さ―公共の脆弱さが、市民生活全般の危機に直結する

・ただし、その前提として、一人ひとりの人の命、暮らしを大切に考えるという課題の共有がなければならないということ

****

さらに、「事は急を要する」、「公務領域、なかでもエッセンシャルワークを担う幅広い人たちと課題を共有し、守るべき価値は何かを確認しあい、それを守るために必要な方策を考え合いたい」との呼びかけがあった。

公務の非正規問題について、本研究会のメンバーの一人として、実態と法制度との乖離により混乱が生じていることを再認識した。さらに、公務員全体（338万人）のうち５人に１人は非正規公務員（64万人）であり、非正規公務員のうち４人に３人が女性（48万人）であるという実態が判明した。保育士（96.5％）、看護師（97.8％）、給食調理員

(97.1％) といったエッセンシャル・ワーカーは、100％近くが女性である[30]。このことにも注目したい。

本来であれば、常時に必要とされる公共サービスである職種であるにもかかわらず、コロナ禍の下、感染というリスクを抱えて非正規公務員という立場で働くエッセンシャル・ワーカーの存在が可視化されたのである。

(3) 評価を軸としたプラットフォーム構築へ

一般に、ある社会的事象や制度の基本的性格は、それが歴史的経過のなかで変化し衰退しようとする段階に至って、かえって明確に浮き彫りにされる。コロナ禍という社会的事象の下、エッセンシャル・ワーカーの存在に光があたったことにより、公共サービスに関する制度の基本的性格が問われることとなった。エッセンシャル・ワーカーこそ「住民を支える」公共サービスの本筋である。

私見ではあるが、エッセンシャル・ワーカーこそ「住民を支える」公共サービスの本筋という視点をもち、「行財政改革の論理」を超えて「市民参加の論理」を主体とした「評価を軸としたプラットフォーム」について提案したい。

「評価を軸としたプラットフォーム」には、公共サービスの担い手・労働組合・市民という３つのステークホルダーが存在する。まず、公共サービスの担い手は、公共サービス基本法第６条が規定する「公共サービスに従事する者」とし、自治体の正規公務員や非正規公務員をはじめ、民間事業者や公社・事業団、第三セクター、NPO 法人などに委託して実施する「委託請負・給付サービス」の担い手、そして自治体が市場から調達する工事請負や物品調達の担い手まで、広範囲にわたる人々である。次に、労働組合と市民である。労働組合を「交渉の担当者」で

図表５：評価を軸としたプラットフォーム

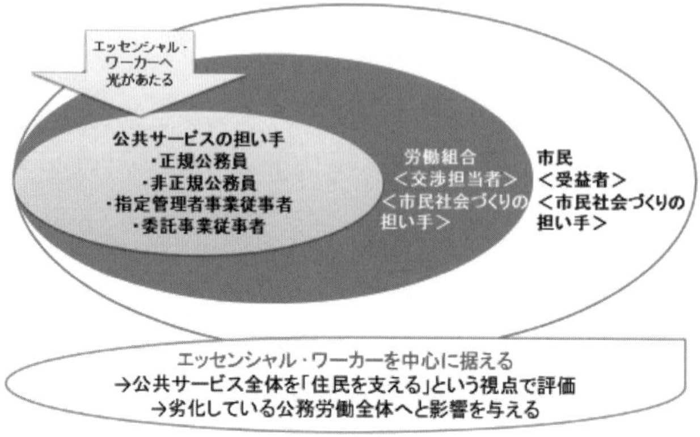

出典：筆者作成

あること、市民を「受益者」であることだけに留めず、「市民社会づくりの担い手」として位置づけたい。

エッセンシャル・ワーカーこそ「住民を支える」公共サービスの本筋として、エッセンシャル・ワーカーを中心に据えることにより、公共サービス全体を「住民を支える」という視点で評価をすることが可能となる。その結果、劣化している公務労働全体へと影響を与えることができる。

コロナ危機を逆手に捉え、公共サービスの担い手をはじめ、労働組合、そして市民も含めた公共サービスに関わる人々全体でつながり、エッセンシャル・ワーカーこそ「住民を支える」公共サービスの本筋とかかげ、劣化した公共サービスを再構築する好機としたい。公務の価値に対する議論へと進み、担い手のみならず、公務労働のあり方そのものへの交渉力を発揮する労働組合の存在、受益者である市民が何を公共に求めるかといった当事者性が重要となる。

そもそも公務とは何か、公務に何を求めるのか。市民社会づくりの担い手が主役となって、根本的に問われる時代がきている。

---

[1] 女性センターや女性会館という名称の拠点もあるが、本章では男女共同参画センターで統一している。

[2] 全国の男女共同参画センターの数は、施設種別を「女性 / 男女共同参画センター」、設置者は「都道府県、市町村」で検索した結果、公設民営は 108 拠点、公設公営は 228 拠点で、運営形態入力なし 1 拠点であった。さらに、政令市（20 都市）設置のセンター（30 拠点）は、23 拠点（77%）が公設民営であることがわかった。都市毎での運営方式をみていくと、拠点全てが公設民営なのが 14 都市（70%）、公設公営が 4 都市、公設民営と公設公営がそれぞれ存在するのが 2 都市だった。独立行政法人国立女性教育会館「女性関連施設データベース」https://winet.nwec.jp/sisetu/（2020 年 11 月 28 日閲覧）を参照。

[3]「浜松市男女共同参画・文化芸術活動推進センター」は、男女共同参画と文化芸術活動の複合施設であり、男女共同参画推進事業は委託事業として NPO 法人浜松男女共同参画推進協会が受託。施設管理は、東海ビル管理株式会社と NPO 法人浜松男女共同参画推進協会の共同体が指定管理者として業務を遂行している。

[4] 新型コロナウイルス感染拡大による家庭生活や心身の影響についての緊急アンケート＜集計結果報告＞
https://ai-hall.com/info/covid19-hamamastu-report/（2020 年 11 月 28 日閲覧）

[5] 須藤八千代、土井良多江子編著「相談の力―男女共同参画社会と相談員の仕事」（明石書店、2016 年）187 頁。

[6] 須藤八千代、土井良多江子編著「相談の力―男女共同参画社会と相談員の仕事」（明石書店、2016 年）52 頁。

[7] 須藤八千代、土井良多江子編著「相談の力―男女共同参画社会と相談員の仕事」（明石書店、2016 年）57 頁。

[8] 2020 年度から会計年度任用職員制度が始まっている。本稿では、あえて「非正規」という文言で記した。会計年度任用職員制度については、たと

えば、湯浅孝康『政策と行政の管理』（晃洋書房、2021年）81〜104頁を参照。

[9] 京都市女性協会事件／最高裁二小平成22年（2010年）2月5日決定、大阪高裁平成21年（2009年）2月5日判決（労判1001号・2010年・77〜91頁）、京都地裁平成20年（2008年）7月9日判決（労判973号・2009年52〜66頁）

[10] 詳細は、横山麻衣「男女共同参画センターの相談事業の現状と課題―女性をエンパワーしない構造に着目して」東海ジェンダー研究所『ジェンダー研究』第17号（東海ジェンダー研究所、2015年）120〜142頁を参照。

[11] 遠藤公嗣編『同一価値労働同一賃金をめざす職務評価―官製ワーキングプアの解消』（旬報社、2013年）117〜177頁。

[12] 森ます美、浅倉むつ子編『同一価値労働同一賃金原則の実施システム』（有斐閣、2010年）76〜78頁。

[13] 福岡市女性協会事件／最高裁二小平成17年（2005年）2月4日決定、福岡高裁平成16年（2004年）10月1日判決（労判890号・2005年・89〜93頁）、福岡地裁平成15年（2003年）10月2日判決（労判863号・2004年83〜84頁）

[14] 朝日新聞「女性施設 絶えぬ労使紛争―男女平等が目的なのに…低賃金で不安定」2007年12月29日朝刊を参照。

[15] 民主党の鳩山内閣が掲げた「新しい公共」は社会的な注目を浴びたが、これは2000年ごろから自民党政権（小渕内閣、小泉内閣、福田内閣）の下で議論がはじまっていた。「新しい公共」については、奥野信宏、栗田卓也『新しい公共を担う人々』（岩波書店、2010年）、奥野信宏、栗田卓也『都市に生きる新しい公共』（岩波書店、2012年）、社会政策学会編『社会政策』第5巻第1号（2013年、ミネルヴァ書房）等から示唆を得ている。

[16] 二宮厚美「新しい公共と自治体のローカル・ガバナンス」『議会と自治体』第149号（議会と自治体、2010年）41〜48頁。

[17] 詳細は、渋谷典子『NPOと労働法』（晃洋書房、2019年）72〜81頁を参照。

[18] 櫻井敬子「労働判例にみる公法論に関する一考察」『日本労働研究雑誌』637号（独立行政法人労働政策研究・研修機構、2013年）68〜69頁。

19 中窪裕也、野田進『労働法の世界第 11 版』（有斐閣、2015 年）12〜14 頁。

20 櫻井・前掲論文（注 18）74 頁。

21 例えば、2009 年、千葉県野田市は全国ではじめて工事や業務委託に係る公契約に最低賃金を定める条例を制定し注目を集めた。

22 小畑精武『公契約条例入門―地域が幸せになる＜新しい公共＞ルール』（旬報社、2010 年）10 頁。

23 株式会社ぎょうせいが提供している「条例データラボ」から抽出。

24 詳細については、和田肇「労働法のエンフォースメント―雇用平等・差別禁止法制を中心に」『労働法律旬報』1953 号（旬報社、2020 年）48 頁を参照。

25 松井祐次郎・濱野恵「公契約法と公契約条例―日本と諸外国における公契約事業従事者の公正な賃金・労働条件の確保」国立国会図書館編『レファレンス』733 号（国立国会図書館、2012 年）54〜55 頁。

26 渋谷典子『NPO と労働法』（晃洋書房、2019 年）147〜155 頁。

27 内閣府男女共同参画局「コロナ下の女性への影響と課題に関する研究会」緊急提言 https://www.gender.go.jp/kaigi/kento/covid-19/siryo/pdf/teigen.pdf（2020 年 11 月 28 日閲覧）。

28 詳細はホームヘルパー国賠請求訴訟原告団ホームページ https://helper-saiban.net/（2020 年 11 月 28 日閲覧）を参照。

29 瀬山紀子「エッセンシャルワーカーのあり方―公務非正規問題を足掛かりに」11 月 21 日開催「社会へ届ける女性の活動研究会」資料より引用。

30 総務省『地方公務員の臨時・非常勤職員に関する実態調査結果（2016 年）』https://www.soumu.go.jp/menu_news/s-news/01gyosei11_02000078.html（2020 年 12 月 14 日閲覧）。

第8章

清掃サービス提供体制の構築

1　清掃従事者をとりまく環境

新型コロナウイルスが感染拡大しても社会にとって不可欠な公共サービスは提供されており、当該サービスを提供する職業に従事する人々が「エッセンシャル・ワーカー」であるという認識が広く知れ渡った。エッセンシャル・ワーカーという言葉が世間に広まり始めた頃は、医療、福祉、公共交通機関、通信、小売業、農業等で働く人の中でも医師、看護師が注目された。しかし、2020年4月20日、神戸市環境局須磨事務所でのクラスター発生を機に清掃の現場にも注目が集まり、ウイルス感染への危険に晒されながら業務に従事する清掃従事者もエッセンシャル・ワーカーとして認知されるようになっていった。そしてマスコミも積極的にごみ収集の現場を報道し始め、4月28日に行われた小泉進次郎環境相の記者会見で清掃従事者への激励と謝意を伝える呼びかけもなされ、ごみ袋へのメッセージやメモの貼付が一時的なブームになり、清掃従事者はエッセンシャル・ワーカーであると誰もが認めるようになっていった。

現代の衛生的な生活には清掃事業の機能が前提となる。機能しなければごみは街に山積みされたままとなり、異臭が発生し、鳥獣が荒らし散乱する。そして蛆が沸き、ネズミが繁殖しヒトの病原菌を運ぶ状況となる。ごみを収集し、清掃工場で中間処理して減容し、埋立地で最終処分するという一連の清掃事業が遂行されるがゆえ、衛生的な生活を営めるようになる。よって、清掃サービスは必要不可欠なインフラサービスであり、コロナや災害等の想定外の事態が発生しても、私たちが生活する限りサービス提供は維持されなければならない。

しかし、これまでわが国では、大量生産、大量消費はもてはやされてきたが、廃棄物の扱いについては軽視されてきた。そして廃棄物の収集に尽力する清掃労働者も軽視され、清掃は誰にでもできる業務と思われてきた。住民から差別的な言葉を浴びせられる場合もあり、清掃事業は見下げられ、日陰の存在であり続けた。よって、これまで清掃の職場は行政改革の対象となり、とりわけ小泉内閣での行政改革では集中的に効率化やアウトソーシング化を進める等の定員管理がなされ、人員削減が進められてきた。結果、普段のごみ収集サービス自体は提供されるものの、近年では毎年のように起こるようになった台風や地震といった「想定外の事態」への柔軟な対応が難しい脆弱なサービス提供体制と化してしまった。

今般のコロナ禍を契機として「新しい生活様式」の検討が必要になった今、それに対応した「新しい清掃体制」の展望も求められていると言えよう。すなわち、今後も生じるであろう未知なるウイルスへの感染も含めた想定外の事態に対応しながら安定的・継続的にサービスを提供していくには、どのような体制で臨むべきかという問いへの回答が必要になってきたのである。

そこで本章では、ポスト・コロナ時代における清掃サービスを展望するために、これまでの行政改革を振り返りながら、脆弱となった体制でコロナという想定外の状況下においてどのように業務を推進していたかを確認し、今後も頻発する「想定外の事態」に対応するための新たな体制をどう構築するかについて述べていきたい。

2　清掃職員数の推移

集中改革プランにより、技能労務職員を中心として現業職員の削減が進んでいったが、清掃職員に関する状況を数値で確認すると、図表１のとおりとなる。集中改革プランにより全国の清掃部門の職員数は約１万人減り、その後も減少が続いている。限界まで身を削る削減が行われ、都市部の自治体には現業職員が残るものの、地方の自治体では現業部門を委託したり非正規職員化したりする方向に動いた。

この動きを筆者の居住する東京23区において確認すると、特別区における清掃職員数も減少が続いている（図表２）。清掃事業が都の所管であった時には約8,000人存在していたが、現在は半数以下の水準となっている。一方、退職者や離職者への欠員補充も行われるが、その数は圧倒的に少ない。特別区において確認すると、北、荒川、中野、豊島、杉並、足立、江戸川区のように、2000年の清掃行政の区移管後から長期間採用を行なわなかった区も複数存在する。この結果、清掃職員の数は減少し委託の数が増加している。通常業務は業務委託でまわっていくであろうが、何か不測の事態が生じた際には、この体制では臨機応変な対応は難しい。これを認識したためか、近年では北区や江戸川区のように、清掃職員の採用を始めた区も出てきている（図表３）。

図表１：清掃部門職員数（全国）

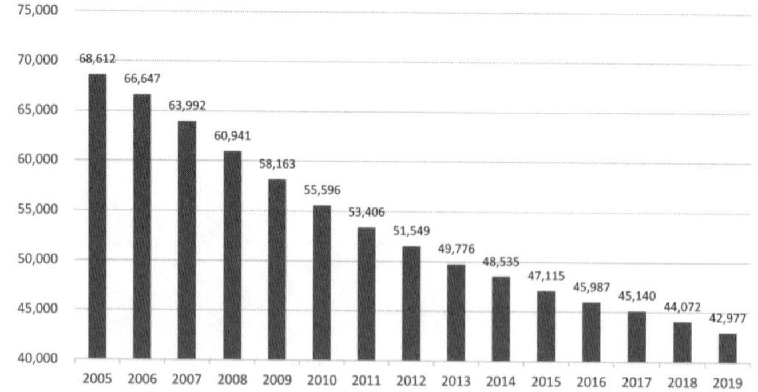

出典：総務省自治行政局公務員部給与能率推進室（2005-2019）を参照して筆者が作成した。

図表２：特別区清掃職員数

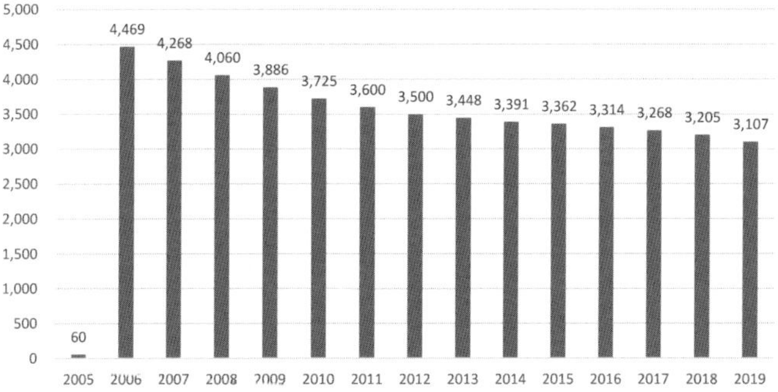

出典：特別区人事委員会（2005-2019）を参照して筆者が作成した。

図表３：各年度ごとの各区新規採用状況（2000 年移管以降）

	2000	2001	2002	2003	2004	2005	2006	2007	2008	2009	2010	2011	2012	2013	2014	2015	2016	2017	2018	2019	2020	2021	小計
千代田												2	3		3		4	2	2	3	3		22
中央								5								5		4		5		○	19
港																2			2		2		6
新宿						5			5			4			3			2		3	3		25
北																					5	○	5
台東						9							9							3			21
文京													3	3	3	3	2	1	1	4			20
荒川																							0
品川											6			3			2			6	3	○	20
目黒												2			2			2		2	1	○	9
大田																		6		6		○	12
渋谷					7											3		3	3				16
世田谷												6	3	1	2	1	1	1	2	2	2		21
中野																							0
豊島																							0
練馬								8						12				5					25
杉並																							0
板橋									10						8								18
足立																							0
葛飾									5		4			4									13
江戸川																						○	0
江東						6	3		5					4			6	3					27
墨田														3									3
一組												5	5	5	2	4	4	5	4	6	4	○	44
小計	0	0	0	0	7	20	3	13	25	0	10	19	23	35	23	18	19	34	14	40	23		326

出典：東京清掃労働組合が作成した表を筆者が編集した。
註：2020 年 10 月５日現在。「○」は 2021 年度における数名の採用の決定を示す。

3 不測の事態に対応した収集の現場（札幌市を事例として）

新型コロナウイルスの感染拡大初期は、首都圏よりも北海道での感染者が多く、全国に先駆けてコロナ対策を施す必要が生じていた。本節では、不測の事態に対応した札幌市の清掃事業を事例として、これまでの清掃実施体制の見直しの経緯を述べるとともに、エッセンシャル・ワークとしての清掃サービスの実態を述べ、事例から浮かび上がる示唆を導き出してみたい。

(1) 札幌市の行政改革と清掃職員の削減

従来より札幌市では、社会状況の変化や住民ニーズの多様化への対応のために行財政運営の見直しを行ってきており、スクラップアンドビルトの考え方から効果的、効率的な定数配置や組織編成に取り組み、職員数を長期的に削減させていく定員管理を行ってきた[1]。ピーク時の1991年に18,235人存在していた職員は、2015年4月1日には14,400人となり、約25年間で約3,800人が削減されてきた。中でも、小泉純一郎内閣と「集中改革プラン」の策定時期が重なる2003年から2011年までの8年間には、総職員数の12％に相当する約2,000人が削減された。2019年4月1日現在の職員数は22,483人となるが、それは2017年に県費負担教職員の給与移譲による8,065人の大幅増加に起因し、それを控除すると2015年度の水準が以降も維持され続けている。

清掃に携わる直営職員の数は、図表4、図表5に示すとおりである。これまでの行財政改革で職員数削減への業務の委託化が進められ続け、直営職員の数は減少傾向にある。とりわけこれまで札幌市が掲げた行政改革プランの時期に沿う形で大幅な削減が進められ、「集中改革プラン」

図表４：札幌市の直営職員数の推移

年度	技能・業務職員						
	総計	技能					業務
		小計	運転手	管理工	整備工	営繕工	清掃業務員
2000年	843	464	207	222	27	8	379
2001年	843	464	207	222	27	8	379
2002年	795	440	205	200	27	8	355
2003年	766	426	196	200	22	8	340
2004年	758	420	193	200	19	8	338
2005年	757	419	193	200	19	7	338
2006年	741	408	182	201	18	7	333
2007年	729	402	181	196	18	7	327
2008年	710	391	177	193	14	7	319
2009年	670	370	170	179	14	7	300
2010年	637	354	163	170	14	7	283
2011年	636	353	163	170	13	7	283
2012年	636	353	163	170	13	7	283
2013年	613	334	150	170	7	7	279
2014年	613	334	150	170	7	7	279
2015年	579	327	143	170	7	7	252
2016年	540	302	136	152	7	7	238
2017年	527	296	134	148	7	7	231
2018年	515	274	113	148	6	7	241
2019年	515	274	113	148	6	7	241

出典：札幌市環境局環境事業部（2000-2020）を参照

図表５：札幌市の清掃職員数の推移（グラフ）

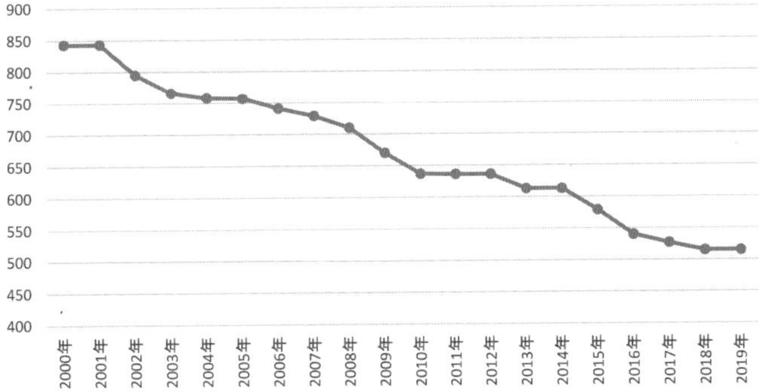

出典：札幌市環境局環境事業部（2000-2020）を参照

の実施時期の2008年から2009年にかけてと、2015年から2016年にかけて大幅な削減が行われてきた。

(2) 近年の合理化策をめぐる攻防と妥結

札幌市の家庭ごみの収集は、可燃ごみ（有料）が週2回、雑がみ（無料）が2週に1回、不燃ごみ（有料）と枝・葉・草（無料）が4週に1回、資源（無料）が週1回、で行われている。直営職員は可燃ごみと資源の収集を担っており、月曜日から金曜日にサービスを提供している（図表6）。また、家庭ごみの収集とは別にパトロール隊も存在し、独居老人等を対象とした「さわやか収集」を行い安否確認を行っている。そこでは簡単な会話を交わすため独居老人等の話し相手にもなり、福祉サービスの要素も兼ね備えたサービスとなっている。

このような清掃事業の実施環境や勤務条件は、市当局と労働組合側の交渉で合意点を見出す形で決められる。近年の清掃実施体制をめぐる当局提案には以下の提案がある。すなわち、2013年に、①収集業務を将来的に全面委託にする案が当局から組合側に提案された。そこでは2015年度から民間委託を拡大し、当時73台[2]存在した直営収集車を徐々に減車し、2028年頃までに全面的に民間に委ねる提案であった。また、それとともに、②老朽化の進む3つの清掃事務所の維持が財政的に難しいため、7つの清掃事務所を4つに統廃合する案も提示された。さらに、2014年には当局より、③美化班とパトロール隊の業務を統合して20人削減し、代わりに「さわやか収集」を14名増員し業務を充実させる案が提案された。

これらの提案を組合側で検討し、以下のような回答を当局に示した。①については、収集業務の全面委託は非現実的であり、㋐委託業者の現状の雇用実態の不安定さがもたらす今後の清掃サービスの質的低下、㋑

大規模災害への初動対応における直営職員の優位性、㋒災害時のために万全な清掃実施体制を構築しておくべきと述べた審議会答申との整合性の確保、㋓東日本大震災時における仙台市の事例[3]、が指摘された。②については、札幌市の人口が７清掃事務所体制になって以降38万人も増加している点、北区と東区は札幌市の中で人口が１位と２位である点、北区と東区の雪の量も１位と２位である点、高齢化が進行している点、を考慮し、清掃事務所の統合は市民サービスの低下にしかならないと指摘された。③については、市民や町内会との連携の確保、地域に密着した取り組みの実施により、ほとんどの清掃事務所においてパトロール、啓発業務等、パトロール隊の業務が疎かになっている点が指摘された。以上の指摘を行い、当局側に合理化策の再検討を迫った。

図表６：札幌市直営・委託別収集推移

ごみ区分＼年度		26（実績）		27(実績)		28（実績）		29（実績）		30（実績）		元（計画）	
燃やせるごみ	直営	164,553	(65%)	133,187	(53%)	114,779	(47%)	110,709	(45%)	102,092	(41%)	110,708	(44%)
	委託	89,029	(35%)	117,348	(47%)	131,362	(53%)	137,288	(55%)	146,480	(59%)	142,892	(56%)
燃やせないごみ	直営	0	(0%)	8	(0%)	3	(0%)	2	(0%)	45	(0%)	-	
	委託	19,412	(100%)	17,847	(100%)	16,345	(100%)	15,320	(100%)	16,168	(100%)	13,900	(100%)
びん・缶・ペット	直営	10,921	(32%)	10,476	(31%)	8,540	(25%)	8,051	(24%)	7,588	(23%)	8,051	(24%)
	委託	23,423	(68%)	23,630	(69%)	25,317	(75%)	25,445	(76%)	26,088	(77%)	25,749	(76%)
プラスチック	直営	1,608	(6%)	232	(1%)	57	(0%)	94	(0%)	114	(0%)	-	
	委託	27,556	(94%)	28,920	(99%)	29,015	(100%)	29,168	(100%)	29,570	(100%)	29,900	(100%)
雑がみ	直営	20	(0%)	5	(0%)	11	(0%)	1	(0%)	16	(0%)	-	
	委託	24,776	(100%)	23,979	(100%)	23,212	(100%)	22,946	(100%)	22,375	(100%)	21,700	(100%)
枝・葉・草	直営	54	(0%)	50	(0%)	47	(0%)	130	(1%)	142	(1%)	-	
	委託	19,487	(100%)	20,376	(100%)	19,922	(100%)	20,281	(99%)	19,139	(99%)	20,300	(100%)
大型ごみ	委託	11,164	(100%)	11,026	(100%)	10,578	(100%)	10,882	(100%)	11,768	(100%)	10,900	(100%)
地域清掃ごみ	直営	2,598	(77%)	2,722	(78%)	2,259	(75%)	1,965	(74%)	2,766	(64%)	1,997	(83%)
	委託	757	(23%)	775	(22%)	760	(25%)	693	(26%)	1,544	(36%)	403	(17%)
管路	委託	-		-		-		-		-		-	
計	直営	179,754	(45%)	146,679	(38%)	125,697	(33%)	120,952	(32%)	112,763	(29%)	120,756	(31%)
	委託	215,604	(55%)	243,901	(62%)	256,511	(67%)	262,022	(68%)	273,133	(71%)	265,744	(69%)
	計	395,358	(100%)	390,581	(100%)	382,207	(100%)	382,974	(100%)	385,896	(100%)	386,500	(100%)

出典：札幌市環境局環境事業部（2020：67）

これを受けた当局側は再検討し、①については、災害時対応への直営職員の優位性を認め、全面委託を撤回し38台を今後維持する清掃車台数であると回答した。その後の折衝において当局側は組合側の懸念を斟酌し、1行政区当たり1台を上乗せし、直営必要台数を48台とする提案がなされた。これは不測の事態においても23時には直営職員でごみ収集が終われる台数という位置づけである。②については、サービス水準の維持のため1カ所のみの統合で6カ所体制が提案された。③については、2015年から美化班とパトロール隊の統合による削減を6名とし、組合からの要求により「さわやか収集」業務への14名の増員に変更された。これについては、全国的に清掃職員が削減される中で実質8名増となり、まさにスクラップアンドビルトによる定数管理の実践を示していると言える。

北海道内において直営職員によるごみ収集サービスを提供しているのは、札幌市のみであり、現在の清掃実施体制はこの時の妥結内容がベースとなっている。直営比率は趨勢的に下げ止まる傾向にあり、これ以上の削減は難しい状況にあると言えよう（図表6）。

(3) 新型コロナウイルスへの対策

2020年1月、中国武漢市への渡航歴のある男性から国内初の罹患者が発生した。その後全国的に感染は拡大していくが、札幌市では「さっぽろ雪まつり」が閉幕した後に新型コロナウイルスの感染者が急増し、雪まつりの観光客が北海道内のみならず千葉県や熊本県でも発症していった。2020年2月28日時点では道内での感染者が66人と全国で最も多かったため、北海道の鈴木直道知事は同日、感染拡大防止に向け「緊急事態宣言」を出し、週末の外出自粛を要請した。このような経緯があるため、札幌市では早期から様々な方面において新型コロナウイルスへの対策を迫られるようになり、清掃事業についても対策が講じられた。

2020年３月に札幌市環境局は、コロナウイルスの蔓延期においても家庭ごみの収集を継続させ、最低限の市民生活を維持していくために、「札幌市家庭ごみ収集事業継続計画」を策定した。そこには各清掃事務所において実施する対策が明記され、感染予防対策が述べられるとともに、清掃事業の継続に必要な人的資源の確保の順序が定められた。すなわち、感染者の拡大や経過観察者が増加しても、市民に不可欠なサービスとなる「さわやか収集」を含む家庭ごみの収集業務を最優先し、委託車両の臨時借り上げ、普及啓発業務や指導業務の縮小、パトロール隊の収集業務への組み込み等により、必ず継続させていく方針が定められた。また、当該計画の中にコロナウイルスの蔓延状況に応じた対応策が３段階で示され、感染者が複数判明する「状態レベル３」の場合では、分別・収集方法を変更してでも、収集体制を維持してサービスを提供していく方針が定められた。さらには、近隣事務所のクラスター発生により機能できない場合における隣接する事務所の協力による収集業務の継続も定められた。

なお、このような不測の事態への対応方針が定められたが、今のところ策定されてから本稿執筆の2020年11月１日現在に至るまで、札幌市の清掃職員からは感染者は出ておらず、欠員状況にはならず通常どおり清掃サービスが提供されている。

(4) コロナ禍における清掃の現場

筆者は2019年１月末に、札幌市役所労働組合清掃支部の取り計らいにより、札幌市西清掃事務所にて雪の中での収集業務を体験させてもらった。雪靴を履き足元がままならない状態の中で、４トンの収集車に

４台分を収集する作業[4]を経験した。直営職員が担当する現場では、収集後に集積所の後片付け、掃除、防鳥ネットの折り畳みまでも丁寧に行うサービスを提供し、ごみの収集のみを行う委託業者の担当現場とは提供するサービスの質が相違する状態であった。筆者の手際が悪く作業は大幅に遅延し、直営職員の皆さんにフォロー頂き大変な迷惑をかけながら当日を辛うじて終えられたが、極寒の中での作業であったため、作業終了時に筆者の顔色は酸欠で真っ白になり、２日予定していた収集体験は１日で打ち切られてしまった。雪の中での収集への慣れもあるかもしれないが、割り当てられるごみの収集量は相当多く、身をもって作業に当たる人員へ課せられる大きな負担を認識できた。現場体験者として札幌市の収集現場を説明するならば、かなり過酷な作業であると断言できる。

札幌市の収集の作業量は従来からかなりの量に及ぶ状態であったが、それに加え、４月からの緊急事態宣言の期間は外出自粛で自宅で過ごす人が増え、片付けを行う家庭も多かったため、ごみの量が長期間にわたって多く出され、これまで以上に積み込み量が多くなった。また、繁華街での飲酒を控える人がいる家庭からは、びん・缶・ペットボトルが多く排出され、資源についても収集する量は多くなっていた。よって作業量は４トン車５台分となり、通常より１台分多くの積み込みが求められた。直営職員が集積所周りの片づけも行いながら５台分を積み込むには、相当手際よくスピードを上げて作業しなければ時間内には終われず、かなり体力的に負担がかかり慢性的に疲れが溜まっていく状況となっていた。

このような肉体的な疲労に加え、コロナ禍では感染リスクを負うために、精神的にも疲れ果てていた。全国的にもニュースになった「昼カラオケ」によるクラスターが所管地域で発生したため、マスク１枚の防御でのクラスター周辺地域の収集は、かなりの精神的プレッシャーを収集職員に与える作業となった。また当該地区で作業を行う際に、ごみの積み込み後に清掃車の回転盤で押し込む時にタンクから噴き出てくる空気や、破裂した袋からて出てきたごみの拾い上げには、かなりの恐怖を覚えた。また、「さわやか収集」においては、当該サービスの利用者が、コロナウイルスに感染したヘルパーの介護サービスを受けた濃厚接触者であったと後に判明したケースもあり、訪問して玄関の中にあるごみを収集する作業は、感染の恐怖と隣り合わせの中での業務となっていた。地域でクラスターが発生した情報は圧倒的に乏しくマスコミを通じて知るのみであり、防護服も着用せずマスク１枚を頼りにした継続的な収集作業は、かなりの恐怖感を収集作業員に与え、精神的にも疲労が蓄積する状態となっていた。

このように肉体的、精神的の両面から疲労が蓄積していく状況においても清掃サービスが提供され続けたのは、サービスの提供を望む住民が存在する限り、毎日安定した確実な清掃サービスの提供が直営職員の使命であると深く認識していたからである。直営職員は清掃事務所でのクラスター発生で清掃サービスを止めてはならないという思いを強く持ち、プライベートを含めて手洗いやうがいを徹底して感染予防に努め清掃サービスを維持してきた。また、支給品としてのマスクが入手困難で底をついていた時期は、自費で購入してまでも感染防止に努めていた。さらに、私生活においても安易に出かけて感染し仲間に迷惑をかけてしまわぬよう、誰に指示されるわけでもなく自主的に行動を自粛し感染予防へと努めていた。とりわけ「さわやか収集」では市民との対面でのコミュニケーションが伴うため、清掃事務所からコロナ罹患者が出ると不安を与えかねないので、細心の注意を払い感染防止対策に努めていた。

(5) 人員削減がコロナ禍の清掃現場に与えた影響

札幌市が推進した行政改革により直営職員の削減が行われ、清掃サービス提供における直営比率は下がり、集中改革プラン前の2004年の5割以上の水準は、近年では3割程度まで落ちた（図表7）。代替として委託化が進み、現在では7割近くサービスが委託業者により提供されている。

コロナウイルスへの対応にあたり、これまでの行政改革による人員削減が清掃の実施体制に直接的に大きな影響を与え、清掃サービスの提供が不能になっていたかといえば、そうではなかった。今のところ職場内からコロナ感染者は出ておらず、また神戸市環境局須磨事業所のように清掃事務所内でクラスターが発生して事務所が閉鎖に追い込まれるという状況は生じておらず、清掃サービスの提供体制が崩壊する状態にはならなかった。現在の人員体制で増加したごみの収集が辛うじて賄えているため、人員不足が原因で清掃サービスが提供できないという状態には至っていない。

しかし、清掃崩壊に至る可能性のある問題が職場で生じており、対症療法的に辛うじて乗り越えてきたというのが実情である。いつ終焉するか分からない危機に対して脆弱な体制で立ち向かい、それがたまたま持ちこたえ崩壊を免れてきたという状況であった。

というのは、濃厚接触者に該当する者や疑いのある者が清掃事務所で出たため、PCR検査の結果が出るまで出勤ができない状態となった直

図表7：札幌市清掃事業、直営比・委託比の推移

年 度	2004	2005	2006	2007	2008	2009	2010	2011	2012	2013	2014	2015	2016	2017	2018
直営比	54%	53%	53%	53%	52%	43%	45%	46%	45%	45%	45%	38%	33%	32%	29%
委託比	46%	47%	47%	47%	48%	57%	55%	54%	55%	55%	55%	62%	67%	68%	71%

出典：札幌市環境事業部（2014、2020）を参照。

営職員や、学校の休校措置で子どもを１人にさせられないため出勤が制約される直営職員も出ていた。これらにより生じる実施体制への欠員は、年休を調整して作業員を確保するか、通常３人確保する予備人員の収集作業への振り替えで埋めていくのだが、限られた人員の中での年休の調整は難しく、休むべく人が休めない状況が生じていた。コロナ禍の作業では肉体的、精神的の両面で疲労が蓄積され続けたが、疲労を休養により回復させられず、極限にまで追い詰められながらも通常どおりの清掃サービスの提供に尽力し続けていたというのが実情である。

清掃事業はエッセンシャル・ワークとして位置づけられるとおり、住民にとって不可欠な公共サービスであり、社会インフラである。よって、清掃サービスの安定的・継続的な提供のためにも、そこで働く労働者の心身ともに万全の状態での実働体制の構築や、多少でも余裕を持ったサービス提供体制の構築が、住民の安心・安全な暮らしの実現につながり、住民の満足度にも大きく寄与する。今後の公共サービスの提供体制のあり方を展望する際には、サービス提供者の肉体面はもちろん、精神的疲労へのマネジメントも含めた実施体制の構築が求められる。

(6) 不測の事態における直営職員の活躍

コロナ禍においては、委託の作業員も直営職員と同様に肉体的、精神心的苦労を乗り越え、通常どおりのサービスを提供してきたため、不測の事態における稼働という観点からは直営と委託との間での差異はさほど明確にはなっていない。しかし、荒天時と震災時に決定的な違いが生じていた。

2014年12月26日（金）、強い冬型の気圧配置の影響により猛吹雪と大量の積雪に見舞われる天候となったが、20時頃までかかり通常どおりの収集サービスの提供を終えた。ところが直営職員が事務所に戻った際、豪雪のため委託業者の担当地区の一部が収集できなかった状況を担当者から知らされた。このままだと翌週火曜日までの残置になるため、翌日土曜日に直営職員が休日返上で作業を行う決断を下した。当日、直営職員は清掃車に乗務し、雪で分からなくなった道路を進みながら現場へと向かい、収集車から降りる際に新雪の中に全身が埋もれながらも掻き分け、ごみステーションを穿り出すような作業を続けていき、半日かけて前日未回収であった地区のごみを収集して回った。

また、2018年9月6日（木）午前3時に北海道胆振東部地震に見舞われた際には、激しく突き上げる揺れにより道路では液状化現象で亀裂や陥没が生じ、家が傾く箇所もあり、火力発電所の停止で道内全域で大規模停電となり、交通機関も麻痺し市中が混乱する状況となった。当該状況の中、直営職員も委託業者も通常どおり出勤し、信号が点いていない状態にも関わらず収集に向かい、通常どおりの清掃サービスを提供した。しかし委託業者の中からは、「自分たちも被災者なのに何故仕事に出なくてはならないのか」という声もあがっていた。作業終了後に翌日の作業に向けて燃料を補給する必要があるのだが、委託業者の3社より、翌日の収集体制の維持が難しい旨の連絡が入った。一方、直営車については、22時頃までかかり長蛇の列に並んで燃料を補給し、翌日も出動できる体制を整えた。このような状況に対して環境局は、委託業者の必要台数177台の全台が集まらず公平なサービスを提供できない点、また、直営職員に負担をかける点への配慮から、7日（金）の収集は見合わせ翌日8日（土）に回すという判断をした。しかし、8日（土）に出動可能となった委託車は依頼を重ねたが110台にしか及ばず、残りの台数分は直営職員がカバーし、22時頃までかかり収集サービスを提供した。

このように不測の事態では、自らの手足となる直営職員の機動力が絶大な価値を発揮し、継続的、安定的な清掃サービスの提供に寄与していく。本稿の執筆にあたり、札幌市西清掃事務所に勤務する直営職員の方々にインタビューを行ったが、彼らからは、自らの仕事への直営職員としての自覚がひしひしと感じられ、非常に崇高なモチベーションを持って業務に向かい合っている姿勢が理解できた。そしてそれゆえに公共サービスが安定的に提供される基盤が構築される構図が浮かび上がると認識できた。直営職員の意識には「月曜日から金曜日までは何が起ころうと仕事に出る」が基本であり、そのような気概で日々の清掃サービスを提供している。このような直営職員が持つ公共を担う矜持が、委託業者との間に大きな差異を生み出している。

4　これまでの地方行政改革の功罪

これまで述べてきた札幌市の清掃事業の事例も斟酌しながら、従来から行われてきた地方行政改革の功罪と、今後の方向性について整理してみたい。

自治体行政に大きなインパクトを与えた「集中改革プラン」は、閣議決定や法律により数値目標を含めて方針を決定し、総務省から地方自治体に当該方針に基づく取組みを要請する形であったため、かなりの程度、徹底されていった。中でも定員管理の適正化においては、国家公務員の定数の純減と同程度以上となる目標値の設定が求められたため、退職不補充や委託化により職員数は減少し当初の目標を上回る数値が達成され、自治体行政のスリム化に貢献した。そして、削減分の人件費を新たな住民ニーズを満たすサービスの財源へと転換したことが、自治体財政健全化への一助となった。また、近年行われている行政改革では、指定管理者制度の活用、民間資金を活用したPPP/PFIの活用、自治体情報システムのクラウド化等の導入の検討等が行われ、新たな公共経営手法の実践によりこれまでにない実務経験を積め、状況にもよるが自治体行財政の効率化が推進されてきたと言えよう。

しかし、公共サービスを提供するエッセンシャル・ワークの領域における定員管理については、サービス維持への定性的な検討が疎かなまま人員削減の数値目標が設定されたため、通常時の委託業者の力を活用した行政サービスの提供は可能でも、不測の事態への対応においては現場を知る担当職員が削減されているため、脆弱な体制へと化してしまった。また、小規模な自治体においては、自らの手となり足ともなりうる現業職員を補充せず、完全に業務を民間委託する方向に舵をきってしまったところが多々存在する。当然ながら不要な人材は削減すれば良いが、行き過ぎた人員削減を行った結果、不測の事態が生じた際には身動きが取れない状態と化してしまった。豪雨により被災した自治体では、復旧作業の陣頭指揮を遠方から応援に入った自治体の担当者が執るという事態も生じている。近年の度重なる不測の事態への現場対応を目の当たりにするにつれ、これまでの減量経営や削減路線が、いかにエッセンシャル・ワーカーの体制を脆弱化し、安定した行政サービス提供への懸案としたかが浮き彫りとなった。

このような状況に対しては、ある程度のコストをかけてでも、行き過ぎた改革の緩和や、安定的なサービス提供体制を目的とする直営化への舵の切り直しが、住民ニーズとして求められてこよう。ただ、現在でもかなり委託化が進展しているため、急進的な直営化の志向は非現実的な策となる。そうでなく、現在機能する体制を最低限維持しながら、社会にとって必要不可欠な公共サービスを安定的・継続的に提供していく体制をいかに長期的に構築していくかが今後問われてくる。

5　安定的・継続的な清掃サービス提供体制の構築に向けて

(1)「定員管理」の意味の再確認

定員管理とは、「組織体を構成するすべての人員の適正な配分を維持するために必要とされる条件を整備し、運用するための管理過程」であり、当該目的は、「国民負担の増加抑制に留意しつつ、貴重な人材を活かすために、『最小の職員数で最大の効果を挙げるようにすること』にある」(地方公務員定員問題研究会編：2003)。「具体的には、行政の需要に応じて、職員の増減を行い、又は定員の変更などについて適正に統制することである」(早川：2006）と定義できる。これによれば、定員管理は行政の需要に応じた必要な人員確保による少数精鋭での能率的な対応を意味するため、削減のみならず必要に応じた増員も当然ながら視野に入れられる。

しかし、行政改革の中での「定員管理の適正化」は定員削減と捉えられ、公務員減らしの代名詞として地方自治体に受け止められてきた。そして、定性的な面へは着目せず、具体的な目標が設定され定量的に退職者不補充により人員削減が行われてきた。

ここで再確認すべきは、定員管理は削減のみでなく、行政需要に見合った人員の増員も当然ながら含まれる点である。札幌市の事例でも見られたように、全庁を挙げて積極的に行政改革を推進し人員削減を行っていた時期にも関わらず、住民ニーズを満たす行政サービスを提供するために、合計8人の直営職員を増員していた例が示すとおりである。

現業職員の増員は近年では珍しいが、人員の増員がなかなか進まない原因の一つとして、毎年総務省により行われる地方自治体への定員管理や給与実態の調査、それに基づく都道府県や政令市を対象にしたヒアリングの影響があげられる。当該ヒアリングで総務省は、増員数と減員数の確認を行い、どの部門でどのような理由で職員を増員・減員したかを対象自治体に尋ねている。減員ならば民間委託や指定管理等の委託方法も尋ね、増員ならばどのような状況でどのような方針に基づいて採用したのか等、判断に至った理由を確認している。このヒアリングで所管する基礎自治体の状況を尋ねられる側となる都道府県は説明が必要になるため、事前に当該自治体から増員への説明を受け、総務省への回答の準備をする。しかし基礎自治体側からすると、増員について都道府県から詰問されているような印象を持つようであり、基礎自治体内での増員の労使交渉では、当局サイドは都道府県とのやりとりを理由にし、「人員の確保が難しい」と組合サイドに述べる実例もある。

このヒアリングにおける総務省の定員管理についての認識は、「自治体が夫々の実情に応じて適切に行っていくべき」であり、「採用抑制をすべきとは考えていない」との見解である。確かに、2005 年から 2010 年にかけての集中改革プランの実施期間には、総務省は地方自治体に対して人員削減を要請し、退職者不補充の方針で対応してもらいたい旨を伝えていたが、現在は当該実施期間が終わったため、総務省から自治体に対しての退職者不補充の要請は無いと説明する。また、自治体からも「限界である」との声が聞かれるようになり、国家公務員においても常勤職員は増えているため、以前のように地方自治体に対して退職不補充の要請はないとの見解である。

(2) 労使相互の信頼基盤に立つ直営比率の長期的な向上

これまでの地方行政改革により現業職員はかなりの程度削減されてきたが、今後発生する可能性がある未知なるウイルスの蔓延や年々ひどくなる自然災害等へ対応していくためには、現場を熟知し、自らの手となり足となり機能する清掃職員を保持し、不測の事態に迅速に対応できる体制の構築が必要となる。そのためには、自治体組織内の様々なバランスに鑑みると厳しい状況にあろうが、退職者を補充して現状の清掃職員数を最低限でも維持しながら、長期的に直営比率を上げていく必要がある。

ただし、単に直営職員を雇用し比率を上げれば、安定的・継続的な体制が構築されるわけでない。直営職員側（労働組合側）と当局側との間の信頼関係の構築が前提となった上で、双方の相応の努力が結合し、有機的に機能して効果が発現されていく形が形成されなければ、堅固なサービス提供体制は構築されない。

札幌市の事例で言えば、2013 年に一時は収集業務の全面委託化策を打ち出していたにも関わらず、災害時対応への直営職員の優位性を認め、清掃サービスを維持していく体制を構築する方向へと舵を切り直した。また、全庁を挙げて人員削減を推進していく中でも、市民ニーズが増加している「さわやか収集」業務には直営職員を増員し、体制強化が図られた。このような方針転換や直営職員の増員は、直営職員が普段からの業務の遂行を通じて委託会社による業務遂行からは得られない価値を創造し続け、全庁的な信頼をかちえているからである。一方当局側では、直営職員が業務遂行により生み出す価値を十分に評価し、時には組合側の提案を受け入れ、新規業務への直営職員の補充のために組織内での調整を重ね、必要な要員を割り当てる合意を形成して彼らのモチベーション向上につなげているからである。このように、公共サービスの提供者としての矜持を持つ直営職員側と、それを活用して安定的な公共サービスの提供体制を構築していく姿勢を見せる当局とが相互に信頼し、それぞれの立場での努力の積み重ねが前提にならなければ、いくら直営職員を増員して比率を上げても安定的・継続的な体制は構築されない。

近年の定員管理の適正化による人員削減や委託化の推進は、直営職員側と当局側の相互の信頼が成立していない状況から生じる現象と見込まれる。直営職員側では通常の業務を確実にこなしながらも自らの存在意義について絶えず問い続け、新たな価値の創出を検討し続ける努力が必要である。一方当局側は、直営職員側とのコミュニケーションを密にし、直営職員の業務の実態をつぶさに把握しながら、直営職員の価値を活かして住民ニーズを満たす新たなサービスを考案していく努力が求められる。これらの効果により、堅固なサービス提供体制の構築への道が作られていく。

(3) 委託化路線の再考の必要性

人口減少社会の到来に向けての研究会が総務省で立ち上がり議論が展開されているが、人口減少が進むとされる３Ｋの職に就く者の減少が予測される。直営職員を削減し委託しようにも、委託先が人手不足で業務を引き受けられない状況が生じる可能性もある。現在でも東京23区の清掃の大部分を担っている委託業者では慢性的な人員不足が生じており、2018年10月には78歳の清掃車の運転手が運転を誤り、自らが運転する清掃車ごと清掃工場のごみバンカに転落する事故が起こった。高齢者の運転免許証の返納が推進されているが、今後は高齢ドライバーが運転する委託の収集車が登校中の児童の中に突っ込んでいく大惨事も危惧される。今後の人口減少により、労働力がますます不足していくため、委託路線の継続が、継続的・安定的なサービス提供を不可能にし、大きなリスクを背負い続けるようになる可能性がある。

これまでの人員削減路線は、引き受ける業者が存在するがゆえ可能であったが、それが不安定になるのであれば、自らがサービス提供する体制を再構築するしかない。しかし、委託化路線を継続させていけば、蓄積してきたノウハウや経験は継承されず、迅速な直営への切り替えは不可能となる。このような問題が存在するため、安定的、継続的なサービス提供には、長期的な視野に基づく委託化路線の再考が求められる。

(4) 現場レベルでの応援体制の構築

清掃事務所でのクラスター発生への備えとして、自治体内の清掃事務所に冗長性を持たせた人材やリソースの分散が、今後は有用な策となる。清掃事務所でのクラスター発生は清掃サービスの一定期間の停止を招き、住民の生活に多大な影響を及ぼしかねない。神戸市のように須磨事業所でクラスターが発生しても、他の行政区の事務所から応援が入れば辛うじてサービス提供体制が構築できる。しかし、清掃事務所が従来から１カ所しか存在しない自治体もあり、様々な事情から新たな拠点の整備は難しい状況にある。

よって考えられる策は、近隣自治体間での現場レベルでの応援体制の構築や実施体制の冗長化の推進である。そこで有用となるのが、応援体制の構築の一環としての収集用地図の近隣自治体間での相互保有と、清掃職員の人事交流である。収集業務において地図はまさに命綱であり、これを応援に来て貰える見込みのある近隣の他区に事前に送達しておけば、非常事態時の収集サービスの提供に最低限の対応ができ、サービスの維持が可能となる。実際に東京都江戸川区では今回のコロナ蔓延下での対策の一環として、区内の清掃事務所間でのお互いの集積所の地図のコピーの相互保有が行われていたが、当該取組みを発展させ、近隣自治体間でも地図を持ち合い、冗長化を進めていく一助にすべきである。

また、実際に応援に行く見込みのある清掃職員が近隣の他区の現場に馴染んでおく必要もある。現在でも人事交流はなされており、現場の管理監督職である技能長レベルでは実施されているが、収集の現場を学びに行く趣旨ではないため、現場作業レベルでの交流を積極的に進めていく必要がある。少数でも構わないが、毎年の交流の継続が、応援に行き易くまた応援に来てもらい易い体制の構築へとつながり、安定的な清掃サービスの提供がなされていく流れとなる。

このような現場レベルでの対策の準備が、ハード的には実現が難しい清掃事務所の冗長化に準ずる手段となり、安定した清掃サービスの提供への有用な策となる。

(5) 住民の清掃行政への参加意識の向上

コロナの蔓延により「清掃サービスをいかに維持していくか」と言われるようになった。これは、サービス提供側のみの努力ではなく、サービスを享受する住民側での一定程度の協力も必要となるのは言うまでもない。作業員の感染リスクの低減には、住民側での自治体の定めるルールに従った分別や、ごみの適切な排出も有力な手段となる。

しかしながら、コロナ禍でもごみの分別を守らず、可燃ごみにも関わらず瓶や缶が混入されたごみが相変わらず見受けられる。2020年4月に緊急事態宣言が出ていた頃は、感染防止のため袋の開封調査は行わなかったので、それがそのまま清掃工場に搬入され清掃工場の焼却プラントに悪影響を与えていたと推察される。また、しっかりと結ばないごみ袋の排出は、作業中に中のごみが散乱し、清掃従事者への感染リスクを高める。

今後の清掃行政には、直営比率の向上による長期的な体制の冗長化に加え、住民の清掃行政への参加意識の向上策が必要となってくる。住民の適切なごみ排出が清掃従事者の感染リスクを低減させ、かつ住民自らが受ける清掃サービスのあり方を大きく左右するという事実について、住民への広い周知が求められる。我が事として清掃行政を捉えた住民一人一人の積極的な参加が最大の対策となるため、住民の清掃行政への参加意識の向上も危機管理の一環として受け止め、それへの対策が求められてくる。

6　「新しい」清掃体制の構築

本章では、これまでの地方自治体の行政改革の流れを振り返り、清掃の現場の実情を確認し、ポスト・コロナ時代における「新しい清掃体制」の構築について展望してきた。しかし「新しい清掃体制」は、全く新しい体制の構築ではなく、元の体制に戻していく方向性をベースにする策であると言え、「新しい」と付けるのは違和感を覚えるであろう。また元の体制への回帰は、国民の多くが支持した政治リーダーが掲げた「改革」が、住民の安心・安全な暮らしには結びつきにくかった事実を意味する。

現時点で気がかりなのは、緊急事態宣言下でも清掃行政が維持できているため、また、コロナ禍で清掃事務所においてクラスターが発生し、清掃サービスの提供が不可能となる事態が頻発しなかったため、継続的・安定的な清掃サービスの提供体制という重要な課題そのものが、もはや課題として認識されなくなってしまうのではないかという点である。一時期のごみ袋に感謝の意を伝えるメッセージの貼紙は最近ではほとんど見受けられなくなったのと同様に、今後ワクチンや特効薬が開発されれば、「不測の事態において清掃サービスをいかに維持していくか」という課題自体が、住民も議員も行政側も忘れ去ってしまうのではないかと思われるからである。

しかし、いつ新たな未知のウイルスが出現するか分からず、また、どのような災害に見舞われるかは予想ができず、それらへの対策のため、今回のコロナウイルスや自然災害などを契機に顕在化した課題点の検討を通じた次の不測の事態への備えが、今後公共サービスの提供者側に求められよう。よって、問題として認識している時にこそ、解決へとつなげていく道を歩み始めなければ今後も同じ失敗を繰り返していくのではないかと思えてならない。まさに今、「新しい清掃体制」に歩み始める時が来ている。

参考文献

片木淳・藤井浩司（2012）『自治体経営学入門』一藝社

金井利之（2010）『実践自治体行政学　自治基本条例・総合計画・行政改革・行政評価』第一法規

札幌市（2007）「札幌市行財政改革プラン」

札幌市（2011）「札幌市行財政改革推進プラン」

札幌市（2015）「札幌市まちづくり戦略ビジョン・アクションプラン 2015」

札幌市（2019）「札幌市まちづくり戦略ビジョン・アクションプラン 2019」

札幌市環境局環境事業部（2000-2020）『清掃事業概要』

札幌市環境局清掃事業担当部（2020）「札幌市家庭ごみ収集事業継続計画—新型コロナウイルス感染症対策—」

総務省自治行政局公務員部給与能率推進室（2005-2019）「地方公共団体定員管理調査結果」

総務省（2005）「地方公共団体における行政改革の推進のための新たな指針」

総務省（2006）「地方公共団体における行政改革の更なる推進のための指針」

地方公共団体定員管理研究会（2010）「地方公共団体における適正な定員管理の推進について　～集中改革プランの取組を踏まえて～」

地方公務員定員問題研究会編（2003）『分権時代の地方公務員定員管理マニュ

アル』ぎょうせい
特別区人事委員会（2005-2019）「特別区職員の構成」
西村美香（2012）「地方公務員の定数管理についての一考察」総務省自治行政局公務員課編『地方公務員月報』（平成24年３月号）２-17
西村美香（2018）「転換期を迎えた地方公務員の定員管理」総務省自治行政局公務員課編『地方公務員月報』（平成30年３月号）２-25
早川進（2006）「地方行政改革における定員管理」国立国会図書館調査及び立法考査局、『調査と情報』（532）１-10
藤井誠一郎（2018）『ごみ収集という仕事―清掃車に乗って考えた地方自治―』コモンズ
藤井誠一郎（2018）「『技能労務職員の定員管理の適正化』の適正化―東京23区の清掃職員を事例として―」行政管理研究センター編『季刊行政管理研究』No.164、３-19
藤井誠一郎（2020）「清掃事業の委託化政策―現業職に付加価値をつける東京都八王子市の『脱単純労務職』への取り組み」焦従勉・藤井誠一郎編著『政策と地域』ミネルヴァ書房、143-167
藤井誠一郎（2020）「緊急事態宣言下での大都市清掃とパンデミック後のあり方」『現代思想』８月号、青土社、８-16
藤井誠一郎（2020）「コロナ禍と豪雨災害から見える清掃行政の今」『月刊ガバナンス』2020年９月号、ぎょうせい、42-44
藤井誠一郎（2020）「コロナ禍でのごみ収集作業への市民の感謝が意味すること―清掃職員と市民との社会的つながり」『労働の科学』75巻９号、28-32
寄本勝美（1981）『清掃労働から考える「現場の思想」と地方自治』学陽書房
寄本勝美（1982）『現代のごみ問題（行政編）』中央法規出版
寄本勝美（1989）『自治の現場と「参加」』学陽書房

新聞記事

日本経済新聞　2020年２月29日記事「雪まつり後に発症者急増　北海道 新型コロナ拡大」

北海道新聞　2020年5月11日記事「ごみ清掃員『いつか感染…』」

---

[1] これまでの行政改革は、2007年の「札幌市行財政改革プラン」(2007年度～2010年度)、2011年の「札幌市行財政改革推進プラン」(2011年度～2014年度)、その後は総合計画の中に位置づけられ、2015年の「札幌市まちづくり戦略ビジョン・アクションプラン2015」(2015年度～2019年度)、2019年の「札幌市まちづくり戦略ビジョンアクションプラン2019」(2019年度～2022年度) として行財政改革が推進されている。

[2] 委託業者がストライキや災害に見舞われため体制が整わないといった場合にでも、直営部隊により収集サービスを行い、当日中に収集業務を完結させる体制として割り出した収集車数。

[3] 東日本大震災時の仙台市で、真っ先に動いたのは他都市から応援に駆け付けた直営部隊であった。

[4] 筆者が東京23区で体験した作業では、２トンのプレス車に６台分であった。

第9章

コロナ禍と給食業務の困難

1　学校教育とエッセンシャル・ワーク

教育行政はわれわれに非常に身近な行政分野のひとつである。現代の日本において、学校がどのようなものか、まったくわからない人はほぼいないだろう。学校関係者のなかでも、とくに義務教育を担う教職員はエッセンシャル・ワーカーの意味合いが強いと言える。この教職員とは、子どもたちに各教科の勉強を教える、いわゆる「先生」だけではない。養護教諭、栄養教諭、学校医、実習助手、部活動指導員、スクールカウンセラー・スクールソーシャルワーカー、事務職員、学校用務員、学校司書・司書助手、給食調理員など、子どもたちの学校生活は多様な職種の人々によって支えられている。これらの仕事に従事する教職員も、もちろん広い意味でのエッセンシャル・ワーカーに含まれる。

2020 年 2 月 27 日、日本全国の新型コロナウイルスの感染状況に鑑み、当時の安倍首相は全国の小中学校と高校、特別支援学校に対して、３月２日から春休みの期間まで休校を要請する考えを表明した。実際に休校するかどうかは自治体や学校の判断であったが、要請を受けてほぼすべての学校が休校となった。これによって子どもたちの生活は一変した。そして学校関係者は多くの課題に直面し、一斉休校が解除されて約１年が経過した 2021 年３月時点でも、日々新型コロナウイルス感染症への対応に追われている。

これらの学校関係者のうち、本章では給食調理員を取り上げる。沖縄県読谷村（よみたんそん）の現役給食調理員である仲宗根哲氏からのヒアリング結果[1]に基づき、現場の給食調理員がどのような業務実態にあったかについて、一斉休校時を中心に紹介する。これをふまえ、コロナ禍で生じた課題の原因は何なのか、そして、今回のコロナ禍の経験をふまえて自治体はどのような改善をしていくべきなのかについて検討していく。

2　給食調理員の業務実態

(1) 平時の業務実態

本章で取り上げる沖縄県読谷村は沖縄本島中部西海岸に位置し、日本一人口の多い村として知られている。読谷村ホームページによれば、2020 年 11 月末時点での村民は 41,652 人と、町でも上位に入るほど人口が多い。

給食センター方式をとっている読谷村での給食調理員の１日のスケジュールは表１のとおりである。そもそも、給食調理員が担う業務が１日仕事になるかどうか疑問を抱く読者もいるかもしれないが、実際にはまったく余裕はない。たとえば、調理業務には当然ながら食材の切り分け工程も含まれているが、同じ食材を切り続けるだけで長い時には１時間弱もの時間がかかってしまう。また、焼く、茹でる、炒める、揚げる、煮る、和える、蒸すといった文字通りの調理過程でも、数百人分を一度に作るため、家庭での料理とは別物となる。巨大で重い調理器具を取り扱わなければならない点や、加熱工程で大量に発生する湯気などによって引き起こされる高温・多湿のなかで調理作業を実施しなければならない点を考慮すれば、実態はむしろ肉体労働に近い。使用した調理器具もその都度洗浄・消毒が必要で、各学校から返却されてきた食器類も当然子どもの人数分あるため、洗浄や片付けだけでも大変な時間と手間がかかる。使用した機械には細かな部分に汚れが溜まるため、毎日分解、洗浄、組み直しも必要となる。また、夏休み等の長期休業期間に

表１：沖縄県読谷村における給食調理員の１日のスケジュール

時刻・所要時間	業務内容
7時45分 ～ 8時	着替え・手洗い
8時	（始業）
8時 ～ 8時10分	ミーティング
8時10分 ～ 11時20分	調理作業・配缶・配送
11時20分 ～ 13時	調理器具等の洗浄・片付け
13時 ～ 14時	（昼休み）
14時 ～ 15時30分	返却された食器類の洗浄・片付け
15時30分 ～ 16時45分	機械の分解・洗浄・組み直し
16時45分	（終業）
16時45分 ～	着替え・白衣の洗濯等

（出所）ヒアリング結果より筆者作成

は、本格的に調理機械を分解したうえでのメンテナンスや、調理場の大掃除を実施している。こうした見えない地道な作業によって、子どもたちの食の安全は守られている。

なお、輪番制で配送担当となった給食調理員は、調理業務を早めに切り上げて配送業務に従事した後の12時半～13時半が昼休みとなる。読谷村では着替え等は業務内と認められていないため、始業前・終業後に実施している。終業後の白衣の洗濯等は、給食調理員の中から事前に割り振られた担当者１名が担っている。担当者は洗濯機を稼働させるため、職場を後にする時間は17時15分頃になる。

(2) コロナ禍での業務実態

人が「密」になる環境でマスクを外して会話すると、新型コロナウイルスへの感染リスクは急激に高まることが知られている。いわゆる飛沫感染である。それゆえに飲食店での感染リスクは高く（忽那 2020)、実際に会食を原因としたクラスター（集団感染）も目立っている（NHK

2020）。学校給食において、無言や小声での食事を子どもたちに徹底させるのは容易ではないため、給食時の感染リスクは高いと予想される。また、若年層では無症状の感染者も多いと言われており、子どもたちが使用した食器等にウイルスが付着している可能性も否定できない。このため、休校解除後の読谷村の調理業務では、ただでさえ高温多湿のなかで実施する午後の洗浄業務において、さらにビニールエプロン・手袋・マスク・ゴーグル等を着用して感染防止に努めている。仲宗根氏によれば、こうした対策を実施しながら調理業務に従事しなければならなかった点が大変だったという。ヒアリングを実施した10月上旬現在では感染状況が比較的穏やかであったため、感染防止対策は多少緩和されているが、感染防止対策による温度や湿度、精神的不快度の上昇は職員を大きく疲弊させる。また、仮に調理員から感染者が発生すれば給食が止まることは容易に想像されるが、他県で実際に感染者の発生により給食が停止した事例もある（岐阜新聞 2020）。このため、調理員は出張やプライベートも含めて感染予防に努める必要があり、現場はヒアリング時点でもかなりピリピリした緊張感の高い雰囲気であるという。

読谷村では、全国一斉休校も含めた休校期間（３月上旬～５月下旬）により給食業務が停止している期間には、給食調理員は児童生徒や調理員自身に感染者が出た場合等を想定したマニュアルの整備業務におもに時間を費やしていた。マニュアル作成にあたっては、文部科学省から現場にひな型は配布されず、現場の調理員がノロウイルスやO-157への対策事例や過去の経験を基に一からマニュアルを作成しなければならない状況であった。両者の基本的な感染予防対策は同じだが、決定的な違いがある。ノロウイルスやO-157の場合、感染源とされる嘔吐物等は学校で滅菌処理したうえで調理場に持ち込まれるが、新型コロナウイルスの場合はそうではない。このため、ノロウイルスやO-157と比較して手順や装備品の点で大きく異なる。読谷村でも児童生徒から感染者が発生したが、マニュアルを事前に作成していたため調理場には特段の影響はなく、学校施設のみの消毒作業で済んだ。

また、これ以外にも事務的な面で課題があった。休校が解除されても感染のリスクを恐れ、児童を自主的に休校させる家庭もあったため、これらの児童に関する給食費の減免対応が必要だったからである。学校給食費は生活保護費や就学援助費との関係で返金事務が煩雑になりがちである。読谷村では、突然の一斉休校要請を受けて発生した至急かつ大量な事務に追われて体調不良に陥る事務職員もいた。しかし、読谷村では過去に調理員が調理場の入札手続等、事務作業の経験をしていた経過があり、調理員の事務対応が可能であったため大きな混乱には至らなかった。

3　給食業務の運営上の課題

(1) 正規職員の削減と民間委託化

平時でもコロナ禍でも、給食調理員の第一の使命は子どもたちへの安心・安全な食事の提供にある。そのためにはどうすればよいか、日々現場の調理員は考えながら業務に携わっていることは上述したとおりである。しかし、現場での安定した業務実施は近年大きく脅かされている。国から正規職員の削減が要請され、自治体はこの要請に民間委託の推進や非正規職員の増加で対応してきたからである。

第２章で詳しく述べられているとおり、近年の自治体の人員削減に大きな影響を与えた原因は、総務省が2005年３月に公表した「地方公共団体における行政改革の推進のための新たな指針」(集中改革プラン)

にある。この集中改革プランにおいて、2005年から2010年までの５年間で自治体全体で4.6％の職員数の純減が目標とされた（総務省 2005：８）。その後、「地方公共団体における行政改革の更なる推進のための指針の策定について」（18年指針）が公表され（総務省 2006）、2009年８月時点で自治体全体の純減目標は6.4％（都道府県4.5％、政令指定都市9.4％、その他市区町村8.6％）まで引き上げられた（総務省 2010：１）。

給食調理員もこの影響を受け、職員は年々減らされていった。図１は総務省の定員管理調査から給食調理に携わる職員数の2005年以降の推移を示したものである。2005年に57,191人いた職員は、15年後の2019年にはその約35％の21,030人と急激に減少している。全国市長会の調査によれば、集中改革プランによって削減した職員について、自治体は臨時職員・嘱託職員の増員や民営化・民間委託の推進で代替した（全国市長会 2007：32）。

図１：給食調理に携わる職員数の推移

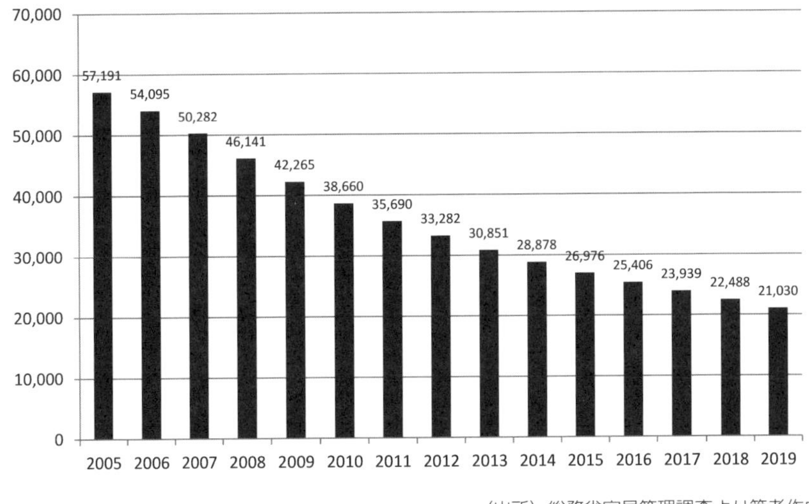

（出所）総務省定員管理調査より筆者作成

給食調理員の場合、自治労の調査によれば、非正規職員の数は2008年で37,305人、2012年で39,294人、2016年で37,985人と大きくは変化していないため、退職不補充のほか民間委託を活用してきたと考えられる。実際、1998年4月時点で37%であった市区町村のおける学校給食の民間委託割合は、2003年には44%に増加した（中村 2014：52)。表2のとおり、委託業種別で見ても、集中改革プラン以降の2006年から2018年の12年間ですべての業種で委託割合が増加している。とくに調理や食器洗浄は約2.5倍と急激に民間委託が進み、2018年時点で半分近くが民間委託となっている。全国的には現在では学校給食の現場は民間に支えられて成り立っていると言っても過言ではないのである。読谷村では直営（自治体に直接雇用される職員による運営）が続けられているため課題とはならなかったが、民間委託の割合が多い自治体の中には、コロナ禍の学校給食において委託業者との調整に苦心した自治体もあったのではないかと予想される。給食調理員を含めた現業職場の民間委託についてはさまざまな課題があるが、これについては第4章の指摘の通りであるため割愛し、以下では非正規職員に焦点をあてて議論を続けていく。

表2：学校給食における外部委託状況（公立小中学校・委託業種別）

	2006	2008	2010	2012	2014	2016	2018
調理	21.3%	25.5%	31.1%	35.8%	41.3%	46.0%	50.6%
運搬	39.2%	39.8%	40.7%	41.2%	43.9%	44.7%	46.4%
物資購入管理	9.9%	8.4%	8.5%	8.7%	9.2%	10.0%	10.8%
食器洗浄	20.7%	25.2%	29.3%	34.3%	39.3%	43.5%	49.8%
ボイラー管理	16.6%	18.4%	19.6%	19.4%	21.8%	22.3%	24.8%

（出所）自治労による調査結果に基づき筆者作成（いずれも5月1日時点）

(2) 非正規職員の課題

読谷村には２か所の給食センターが設けられ、合わせて36名が給食業務に携わっている。内訳は、正規職員19名、フルタイムの会計年度任用職員12名、パートタイムの会計年度任用職員５名である。会計年度任用職員とは、2020年度から自治体に導入された非正規職員制度によって新たに設けられた非常勤職員である[2]。

会計年度任用職員制度が導入される以前、読谷村の非正規職員には、①臨時職員、②嘱託職員、③日々雇用職員、④臨時職員（産休・育休・病休等の代替職員）の４種類の雇用形態があった。報酬・賃金面では年収ベースで①・④が平均的な正規職員の約半分、③は３分の１以下であり、休暇面では①・④は、正規職員より若干劣るがほぼ正規職員並みで、①には年休・病休がそれぞれ月１日、その他には服喪休暇がある程度であった。

仲宗根氏によれば、自らが採用されてから現在までの約20年間の読谷村の給食調理員の職場環境について、採用当時は正規職員のみで業務を担っていたが、15年前の行政改革の影響を受けて職種が変更され、正規職員の数が半減したという。半減した人員は臨時職員で補充されたため職員の総数は減らなかったものの、正規職員の業務上の負担や責任は増大した。この15年前の行政改革とは先の集中改革プランであり、同プランによる非正規職員の増加は会計年度任用職員制度の導入の一因にもなった（湯浅 2021：90-3）。

読谷村では首長の方針により正規職員の削減割合は周辺地域の同規模の自治体と比較して小さく、すでに述べたように現在でも給食調理員のうち半数以上が正規職員である。したがって、会計年度任用職員制度導入による職員の処遇への影響はほぼなく、むしろさまざまな処遇が導入前より格段に良くなった。このため、仲宗根氏が見る限りでは仕事に対する非正規職員の意欲は向上したように感じられたという。また、会計年度任用職員制度の導入にあたっては、国から正規職員と非正規職員の業務内容に差をつけたうえで職員に明確に示すよう求められた。読谷村の給食調理員については作業マニュアル上でも両者の業務内容を明示し、より責任ある業務を正規職員に割り振るなど、適切に対応している。ただ、会計年度任用職員には再度の任用に制限があるため、一度に大量の職員の入れ替えが起これば業務が滞る可能性がある点を仲宗根氏は懸念している。

一方で、休校期間中には会計年度任用職員の多さに起因する苦労があったという。読谷村ではフルタイムの会計年度任用職員は休校期間中も正規職員と同じく通常通り出勤していたが、パートタイムの会計年度任用職員は無給休職となっていた。上林陽治は、こうした何の補償もない休業は労働基準法第26条違反であると指摘するとともに、労働者側も賃金の100%の請求が民法536条2項により可能であるが多くの自治体でこの認識が不足している点を懸念している（上林 2020：69-70)。仲宗根氏も会計年度任用職員の制度的な観点から定期的な出勤を当局に要請したが却下されたという。現場でもパートタイムの会計年度任用職員に担ってもらいたい事務作業等があったものの、勤務が認められなかった。このため、出勤できた職員ですべての業務を担わざるを得ず、一人当たりの業務量が増えてしまい、現場の職員は手いっぱいな状況であった。パートタイムの会計年度任用職員の任用にあたっては、今回のコロナ禍のような緊急時を想定したリスク管理の点から、以上のような労務上の課題を事前に整理しておくべきである。また、単なる人件費削減のためだけに正規職員を会計年度任用職員に、会計年度任用職員でもフルタイムをパートタイムに置き換えていくことは公務の安定性から避けるべきである。こうした視点から今後は人員体制を見直し、正規職員の必要数について再考すべきである。

4　給食業務から見える一斉休校時の教育課題

(1) 子どもの貧困と給食

一斉休校期間には、全国の小・中・高校や特別支援学校で子どもたちの居場所確保を目的としたさまざまな取り組みが実施されていた。共同通信の調査によれば、2020年３月２日から始まった全国での一斉休校措置に対し、３月７日の時点で県庁所在市や政令市など84自治体のうち、77％にあたる65の自治体が休校中も児童を学校で受け入れていた（共同通信 2020）。とくに給食では、子どもの貧困との関係で給食が提供されないことに伴う課題が指摘されている（朝日新聞 2020；辻 2020）。貧困家庭では、生活保護費や就学援助費から支給されていた給食費が休校・給食停止により支給されなくなると、昼食代が各家庭の負担となるからである。貧困家庭では家庭の食事だけでは子どもの栄養が偏ってしまう懸念はもとより、そもそも１日の食事が給食だけの子どもも存在する（西日本新聞 2016）。

では、休校期間中も各自治体は児童を受け入れていたにもかかわらず、なぜ給食を提供しなかったのであろうか。これには、学校給食法第８条第１項の規定に基づいて定められた学校給食実施基準が大きく関係している。同基準第１条で、学校給食は当該学校に在学するすべての児童又は生徒に対して、また同基準第２条で学校給食は年間を通じて原則として毎週５回、授業日の昼食時の実施が求められているからである。休校期間中の給食の提供は、すべての児童・生徒を対象には実施されず、また授業のある日の昼食時に実施されないため、自治体は給食としての食事の提供を見送ったと推察される。

そうであるなら、給食ではない食事の提供はできないのかという次善策が思いつくが、この策も別の理由で実施困難であった。それは学校給食法第13条の補助金の規定である。同条第1項では、補助金の交付の決定を受けた者が補助金を補助の目的以外の目的に使用したときは、文部科学大臣は既に交付した補助金を返還させると明記されている。つまり、国からの補助金で建設した給食調理場（給食センターを含む）を使用して給食以外の食事を提供すると、自治体は国から交付された補助金を返還しなければならないと解釈できるのである。このように、学校給食実施基準に該当しない休校期間中の食事の提供に際して、学校給食施設を使用すると当該施設の目的外使用に該当し、補助金を返還しなければならないと解釈した自治体が多かったため、食事の提供が少なかったと予想される（第4章参照）。

読谷村においては、休校中でも医療・保育従事者の家庭の子どもたちを学校で受け入れていたため、こうした児童生徒への弁当もしくは簡易給食の提供について、仲宗根氏を含めた現場の職員から提案された。しかし、上記の理由のほか、予算面や安全面での課題解決に時間を要したため実現はできなかった。一方で、首長の判断で予備費を活用して食事の提供に踏み切った市町村もあった。提供に要した費用は、後に国から交付された学校施設環境改善交付金[3]で充当されたという。なお、読谷村ではこの交付金を給食センターの空調設備更新費用に充当した。

(2) 学校給食の目的の変化と給食調理員の新たな役割

そもそも、日本の学校給食の起源は、1889年に山形県鶴岡町の私立忠愛小学校で実施された貧困児童を対象にした無料での給食提供にあると言われる[4]。大正期までは学校給食はこうした貧困児童の救済を基本的な目的とし、民間人による慈善事業的要素の強い社会事業として実施されてきた。昭和に入ると、長引く不況から学齢児童が就学困難であったため、学校給食は就学奨励策の一環として推進された。そして、第二次世界大戦中の1940年の文部省訓令によって、学校給食は学校教育の中に明確に位置づけられるとともに、その目的は栄養改善や体位向上へと変化した。戦後の1954年に学校給食法が公布されたことで、給食の目標は学校生活を豊かにし、食事への理解と良き習慣を養い、食生活の改善に資することに転換した（川越・鈴木 2014）。

こうした社会経済状況の進展に伴う学校給食の目的の変化は戦後も続いた。1952年には、教育課程の一環として学校給食を実施するよう求める文部事務次官通達が出された。1958年には、同年に改訂された学習指導要領で初めて学校給食が位置づけられ、「教育としての学校給食」が確立した。1988年には、文部省内での学校保健課と学校教育課の統合を契機に、同年の文部省通知により健康教育の意味づけが付加された。また、1989年の学校給食指導要領改訂で、学校給食の指導は学級活動（学級を単位とした健全な生活態度の育成に資する活動）の位置づけとなった。そして、2005年の食育基本法成立、翌2006年の食育推進基本計画の策定を受け、学校給食の教育的意義を改めて見直し、食に関する指導をさらに充実させるため、「食育」への包摂がなされた（布川 2014）。

給食の目的が変わることは、給食調理員の役割も変わりうることを意味する。そもそも、世間一般には給食調理員の役割は異物混入や食中毒を起こさず、アレルギー対応等にも配慮しながら安心安全で美味しい給食を提供するだけ、あるいは良くても子どもたちの栄養管理や家庭の負担軽減であるとの認識であろう。しかし、読谷村では、コロナ禍の休校期間中にネグレクト（育児放棄）の子どもが、学校再開後には不登校の子どもが給食を食べるためだけに登校する姿が見られた。このコロナ禍を通じて、貧困家庭の子どもの救済という忘れられていた学校給食の根源的な目的が再確認されたのである。現在においても給食は単なる食事の提供ではなく、給食目的で登校する子どもたちのセーフティネットの機能を果たしている。給食調理員が担っている子どもたちの命を守るという役割には、こうした意味も含まれる点には留意すべきである。

役割の変化という点では食育についても課題がある。2005年に制定された食育基本法に関連して、文部科学省は食育の実施主体を栄養士のみと想定し、給食調理員を含めていない。教育の観点からは、毎日自らが口にする給食の実際の作り手と触れ合いながら食の良さや必要性を教わることは子どもたちとって有意義である。また、給食調理員の中には、「専門調理師・調理技能士」という国家資格を持っている職員もいる。専門調理師・調理技能士資格とは、日本料理や西洋料理など、特定の調理分野のスペシャリストとして認定する制度で、資格取得者は職業訓練指導員の資格や調理師学校の教員資格も与えられる。子どもたちの近くに隠れた「調理のスペシャリスト」が存在するのである。この専門調理師・調理技能士の給食調理員を活用すれば、外部から講師を招かなくとも学校内で高いレベルの食育を実施できる。このように、食育については給食調理員の関わりが好ましい業務が存在しており、給食調理員の役割の拡大には社会的ニーズもある。

5　今後の給食業務のあり方

本章では、読谷村の事例に沿って学校給食の現状、またコロナ禍での給食業務の実態について見てきた。これまでの議論を踏まえ、ここからはコロナ禍を通じて見えた今後の給食業務の課題について触れていきたい。

まず、緊急時も見据えた必要な人員の確保である。多くの自治体は慢性的な財政赤字を抱えており、さらにこのコロナ禍で状況は悪化しているため、過去のように職員すべてを正規職員とするのは困難かもしれない。しかし、民間とは異なる行政の役割に鑑みれば、今回のコロナ禍のような緊急時でも現場が安定して業務をこなせる人員の確保や体制整備が必要である。とくに専門性を有する調理業務は事務職と比較して他部署からの応援が実施しにくいため、余裕を持った人員配置が求められる。仮にどうしても人員増が困難なのであれば、緊急時に対応できる職員がいないか当該自治体の中で事前に特定し、業務継続計画を考えておくべきである。働き方改革において正確な業務量の把握は重要であるが（湯浅 2021：106-9）、どのような業務が存在し、それらがどのような優先順位なのかについて事前に整理しておくことは、緊急時の備えとしてもますます必要となってくるだろう。こうした意味では、今後は形式的な定数ではなく実質的な総業務量での管理が求められる。たとえば給食業務だけを見れば、メニューによって手間は異なるため、必要人員は日ごとに変わる。こうした現場の実態に基づいて非正規職員を活用している自治体は少ないのではないだろうか。少なくとも非正規である積極的かつ具体的な理由は示されるべきであり、そうした理由のないまま人件費削減のためだけに非正規雇用を維持・拡大していくことは、自治体の存在目的と矛盾を引き起こしかねない。

次に、給食調理員自身の意識改革である。自治体で人員削減が実施された背景のひとつには、国民や住民からの公務員批判がある。公務員が批判される理由として、一部の職員が起こす不祥事が断続的に発生し、公務員全体の印象が悪化している点があげられる。また、不祥事には該当せずとも、外部環境の変化や住民ニーズに積極的に応答せず、与えられた仕事に閉じこもる後ろ向きな職員も見られる。こうした状態が改善されなければ、最終的には公務員の自縄自縛につながってしまう。集中改革プランをはじめとした近年の行政改革の背景に存在するNPM（New Public Management）では、民間活力による効率化（Efficiency）が謳われ、行政の守備範囲を小さくし、組織や仕事を切り離す方法がとられる。指定管理者制度や民間委託はその典型である。そこではいかに与えられた仕事を効率的に実施するかが問われるが、その先に待っているのはAI（Artificial Intelligence）やRPA（Robotic Process Automation）に代表されるような機械化である。業務の一部ではなく、自らが現に担っている職そのものがこれらに取って代わられてしまうおそれもある。

20世紀初頭のアメリカでは、「効率こそ行政が最も重視すべき価値である」と効率が神格化された時代があった。しかし効率への反省が起こり、その後に一定の支持を得た新しい行政学（New Public Administration）運動では、組織内部から組織間の関係をうまく管理することへの転換が示された（Frederickson 1982：邦書 104）。担当業務と近接する業務にも携わり、自らの業務の理解をさらに深めることがイノベーションを生み出す場合もある。こうした積極的な行動によって業務の相互理解が深まれば、イノベーションの効果はさらに増大する。機械ではなく「ヒト」が実施する意味を職員が自発的に希求することが自らの仕事を守ることにもつながっていく。「危機感の欠如」（自治労 2009：60）と再び批判されないよう、現場の給食調理員自身一人ひとりが意識を変え、業務への問題意識を常に持ち、職の意義や役割について考え、前向きな提案や改善をしていくことが求められている。

そして、給食調理員の役割の見直しである。読谷村をはじめ、現業職に事務の仕事をさせず、業務を切り出して限定する自治体はよく見られるが、ここにもNPMからの大きな影響を指摘できる。ポストコロナの時代においてはそうした方法ではなく、緊急時のリスク管理を考慮して平時から互いの職務内容を経験しておくことはむしろ好ましいととらえるべきであろう。また、住民自治の視点からも、公務員の業務内容は管理部門からのトップダウンのみで決められるべき事項ではないはずである。食育における給食の役割が重要視されるなかで、給食調理員の業務内容は住民を交えて議論されるべきである。このように、当該自治体の職員の業務内容や役割に住民が関心を持ち、どのような仕事をしてほしいのか、ひいてはどのように行動する職員が理想なのかについて議論することは重要である（湯浅 2021：147-9）。

6　ポストコロナ時代の行政改革

コロナ禍では、これまで見えてこなかったエッセンシャル・ワークの重要性が露呈した。本章では給食調理員の例を取り上げたが、他章と同様に、コロナ禍においてはさまざまなエッセンシャル・ワーカーの苦労が垣間見られた。本書の総論部分でも触れられているように、共通することは現場の過度な人員削減である。これまでの日本の行政改革では、行政の失敗や財政赤字に対して全体として職員を削減し、かわりに民営化や民間委託、非正規化を実施する方法が取られてきた。その過程の中で、管理部門は行政に与えられた使命を見失ってしまい、半ば目的化された職員削減・人件費削減を続けてきた。対して現場では、これまでも減らされた人員のなかで自らを犠牲にしてまで奮闘してきた職員が少なくなかった。保健所に代表されるように、今回のコロナ禍によってそうした職員の姿が広く知られるようになった。

ここから浮かび上がるのは、改革すべき対象は現場ではなく、職員削減や民営化・民間委託、非正規化を過度に推進してきた管理部門の運営方法ではないかという疑問である。こうした方法による効率化が有効だった時代も確かにあったが、このコロナ禍で明らかとなったように、現代の日本はこれまで管理部門が実施し続けてきた運営方法では立ちゆかない時代となっている。総務、財務、政策企画といった、いわゆる官房系業務を担う管理部門は、現場での円滑な政策実施を支援するという自らの組織目的を十分に果たせているだろうか。課題を解決するための前向きなアイディアが現場にあっても、管理部門から道義的・論理的に納得できない理由を示され、「お金がつかない」「人を増やしてもらえない」あるいは「おかしな指示が来る」といった声を筆者自身も耳にするときがある。行政統制の視点からは、自治体の上層部には選挙で選んだ首長や議員を通じて、下層部には行政相談や市長への手紙、パブリックコメント等などによって市民の意思を表明・反映させることができるが、中層部にあたる管理部門への統制は相対的に弱い。こうした中層部への市民の意思の表明・反映をいかに確保するかが、ポストコロナの時代に取り組むべき行政改革のひとつとなろう。

本章で取り上げた給食調理員の話に立ち返って改めて整理すると、これまでの行政改革によって過度の人員削減と民間委託、そして積極的な理由のない職員の非正規化が進められていた。また、事務作業や食育からの排除に見られるように、リスク管理や時代への対応に即した給食調理員の役割と業務についての見直しはなされてこなかった。コロナ禍において、こうしたこれまでの改革によって生じた負の側面が露呈したと言える。緊急時の対応が事前に十分に想定されておらず、平時を前提とした改革が進められていたのである。コロナ禍によって学校給食が持つ貧困児童のセーフティネットとしての機能が認識されたが、給食の歴史をさかのぼれば、これは学校給食の根源的な目的であった。こうした過去の経過についても、改革を実行する前に十分レビューされてこなかった。これまでの行政改革を今後も甘受し続ければ、給食調理員という職の価値が矮小化され、正規職員はほとんどいなくなり、暮らしの安全・安心を守るという行政の本質が担保されなくなる危険性がある。

ピンチはチャンスとも言われる。コロナ禍は、国も自治体も、また現場職員も管理部門の職員も、そして国民や市民も一体となる機会を与えた側面もある。ポストコロナの時代には、より安心・安全な社会の実現に向け、行政のあり方についてあらゆる人々による本質的かつ建設的な議論が必要となるのは間違いない。

【参考文献・ウェブサイト】

朝日新聞（2020）「コロナ拡大、えぐられる子どもの貧困　支援の現状と課題」朝日新聞デジタル（2020 年 10 月 12 日閲覧、https://www.asahi.com/articles/ASN464VLYN3WPIHB01N.html）

沖縄県読谷村ホームページ（2020 年 10 月 22 日閲覧、https://www.vill.yomitan.okinawa.jp/）

川越有見子・鈴木一憲（2014）「学校給食制度の役割と効果１―戦後の学校給食法制定までの経過について―」『西南女学院大学紀要』18、129-138

上林陽治（2020）「欺瞞の会計年度任用職員制度と間接差別の温存」『季刊労働法』269、56-70

岐阜新聞（2020）「給食センター職員が感染　多治見市内 10 校で給食停止」岐阜新聞ウェブサイト（2020 年 12 月 28 日閲覧、https://www.gifu-np.co.jp/news/20201203/20201203-25858.html）

共同通信（2020）「休校中も児童受け入れ 77％　新型コロナ、親不在で居場所なく」Yahoo! ニュース（2020 年 10 月 12 日閲覧、https://news.

yahoo.co.jp/articles/a536c1a08dc09f5a87c6d689e36dfcbea1afe0ed)
忽那賢志（2020）「飲食店での食事は新型コロナ感染のリスク　Go To Eat キャンペーンを安全に利用するためには」Yahoo! ニュース（2020 年 10 月 12 日閲覧、https://news.yahoo.co.jp/byline/kutsunasatoshi/20200919-00198891/）
自治労（2009）「自治労現業評価委員会 最終報告」
全国市長会（2007）「都市財政の将来展望に関する調査研究　最終報告書」全国市長会ホームページ（2020 年 10 月 11 日閲覧、http://www.mayors.or.jp/p_opinion/documents/old/1903zaisei/07.pdf）
総務省（2005）「地方公共団体における行政改革の推進のための新たな指針の策定について」総務省ホームページ（2020 年 10 月 11 日閲覧、https://www.soumu.go.jp/iken/pdf/100512_1.pdf）
総務省（2006）「地方公共団体における行政改革の更なる推進のための指針の策定について」総務省ホームページ（2020 年 10 月 11 日閲覧、https://www.soumu.go.jp/iken/pdf/060831_1_bt.pdf）
総務省（2010）「『集中改革プラン』及び『18 年指針』の取組状況について」総務省ホームページ（2020 年 10 月 11 日閲覧、https://www.soumu.go.jp/main_content/000088277.pdf）
辻麻梨子（2020）「給食中止『食うに困る子』143 万人の切実な事情—ある子ども食堂の『覚悟』と政府の『無策』—」東洋経済オンライン（2020 年 10 月 12 日閲覧、https://toyokeizai.net/articles/-/334056）
内閣府（2020）「新型コロナウイルス感染症対応地方創生臨時交付金要綱」内閣府地方創生推進事務局ホームページ（2020 年 10 月 29 日閲覧、https://www.kantei.go.jp/jp/singi/tiiki/rinjikoufukin/pdf/20200923_seidoyoukou.pdf）
中村祐司（2014）「民間委託の歴史・現状・課題」外山公美・平石正美・中村祐司・西村弥・五味太始・古坂正人・石見豊『日本の公共経営』北樹出版、43-57
西日本新聞（2016）「いま、学校で（1）生徒の食『配給』が命綱」西日本新聞ホームページ（2020 年 10 月 12 日閲覧、https://www.nishinippon.

co.jp/item/n/224803/）
布川和江（2014）「教育課程における学校給食指導の変遷」『現代社会文化研究』59、83-100
藤原辰史（2018）『給食の歴史』岩波書店
文部科学省（2009）「学校給食実施基準」文部科学省ホームページ（2020 年 10 月 12 日閲覧、https://www.mext.go.jp/a_menu/sports/syokuiku/__icsFiles/afieldfile/2019/06/06/1407704_400.pdf）
湯浅孝康（2021）『政策と行政の管理―評価と責任―』晃洋書房
Frederickson, H. G.（1982）*New Public Administration*, The University of Alabama Press（＝中村陽一監訳（1987）『新しい行政学』中央大学出版部）
NHK（2020）「政府　飲食店や職場でコロナ感染拡大受け基本対策徹底呼びかけ」NHK NEWS WEB（2020 年 10 月 12 日閲覧、https://www3.nhk.or.jp/news/html/20201003/k10012645991000.html）

---

[1] ヒアリングは 2020 年 10 月 11 日（日）10 時～13 時に Web 会議サービスを利用して実施した。ヒアリングにあたって、事前にメールでの質疑応答も実施した。なお、ヒアリングに協力いただいた仲宗根氏は、採用 19 年目の 40 歳代の正規職員である。一般的な公務員と同様に、勤務時間は 1 日 7 時間 45 分、週 38 時間 45 分で、休暇は土・日・祝祭日、年 20 日の年次休暇のほか、病気休暇、夏季休暇、子の看護のための休暇等の特別休暇も付与されている。年収は約 600 万円と公務員の平均的な額である。

[2] 会計年度任用職員の概要と課題については、湯浅（2021）第 4 章を参照。

[3] 本交付金は、新型コロナウイルス感染症対応地方創生臨時交付金の対象事業の１つで、2020 年 4 月 20 日に閣議決定された「新型コロナウイルス感染症緊急経済対策」のすべての事項の対応として、自治体が作成した計画に対して国が交付する仕組みとなっている。その目的は、感染拡大防止、地域経済や住民生活の支援、事業継続や雇用維持等への対応、経済活性化を通じた地方創生が掲げられている（内閣府 2020）。

[4] なお、これ以前にも、1806 年 7 月 22 日に、会津藩で藩士の子弟を救済す

るために給食のようなものが提供された記録もある（藤原 2018）

第10章
子育て支援現場の悪化した労働環境

1　子育て支援業界とエッセンシャル・ワーク

日本の子どもの数は減少の一途にある。厚生労働省の人口動態統計[1]によれば、日本の出生数は2010年代の10年間で20万人以上も減少しており、2016年には戦後はじめて100万人を割り込んだ。2020年の出生数は84万人台と、統計を開始した1899年以降で最少、また5年連続で過去最少を更新すると予想されている。この背景の1つに新型コロナウイルスの感染拡大の影響があげられる。その影響がさらに大きくなる2021年では、出生数は70万人台まで落ち込むと懸念されている[2]。

少子化は当然ながら人口減少をもたらす。内閣府は、2055年には日本の総人口は1億人を割って9,744万人に、2065年には8,808万人にまで減少すると予測している[3]。人口減少は経済規模の縮小だけでなく、税収減少によって社会保障制度の維持が困難になるなど、社会にさまざまな悪影響を及ぼす。

人口を維持・増加させるためには子どもを増やすことが第一である。家庭状況に関わらず安心して子育てができる環境の実現のため、子育て支援施策の一層の充実は喫緊の課題だと位置付けられている。現代の男女共同参画社会は保護者支援や子育て支援なくして成立しえない点を考慮すれば、子育て支援業界の労働者も広い意味でエッセンシャル・ワーカーと言える。他方で、子育て支援業界の現場の労働環境は厳しい。全国各地で、労働条件をめぐって保育士が大量または一斉退職したニュースがしばしば報道されている。現場の厳しい労働環境自体は知られているものの、その背景や原因についてはあまり理解されていない。そして、今回のコロナ禍で状況はさらに厳しくなっている。

以下では、子育て支援業界の労働環境について、保育所と、いわゆる

「学童」ないし「学童保育」と呼ばれる放課後児童クラブの事例を取り上げる。実際に現場で働いている職員へのヒアリングを通じて、日本の子育て支援業界の労働環境の現状や課題を明らかにしてゆく。

2　保育所の現状

2016年2月下旬、ある匿名のブログが大きな注目を集めた。「保育園落ちた日本死ね！！！」と題されたそのブログ[4]では、保育所入所に落選した親が、待機児童問題が解決しない現状に対する不満を述べていた。保育所に入るための活動、いわゆる「保活」の成否は、共働き世帯やひとり親世帯にとって親のキャリアや収入にも直結する一大事である。保活の大変さも子どもを持つハードルを上げる一要素であるため、保育所の整備は急務とされている。

保育所等を利用する児童は2020年4月1日現在で約274万人にのぼり、その数は一貫して増加傾向にある[5]。直近5年間の伸び率はやや鈍化しているものの、毎年約2～4％ずつ利用児童は増加している。待機児童数は2012年から2017年までは2万3,000人付近を上下していたが、2018年以降は毎年約20％ずつ減少し、2020年4月1日現在では1万2,439人となっている。高まる保育需要に対して、国は2013年度から2017年度までの5年間を対象とした「待機児童解消加速化プラン」を策定し、53.5万人の保育の受け皿を確保した。続く2018年度から2020年度までの3年間を対象とした「子育て安心プラン」では、国は新たに32万人分の受け皿確保を目標に掲げ、2019年度末までの2年間で20.1万人分を整備した。そして、2020年12月21日に公表された「新子育て安心プラン」では、国は2021年度から2024年度までの4年間でさらに14万人分の保育の受け皿の整備を目指すと述べている[6]。

しかし、保育の受け皿となる保育士の人材確保は容易ではない。保育士の人材不足についてはさまざまな原因が指摘されている[7]。そもそも、大学、短大、専門学校といった保育士養成施設の卒業者のうち、約半数は保育所に就職していない。早期離職の傾向も見られ、保育所に就職しても50％以上が5年未満で離職している。保育士資格を持っているハローワーク求職者でさえも、約半数は保育士としての就業を希望していない。その理由は、就業継続に関する項目では「責任の重さ・事故への不安」（40.0％）が、再就職に関する項目では「就業時間が希望と合わない」（26.5％）が最も多い。働く職場の環境改善に関する項目では「賃金が希望と合わない」が最も多く（47.5％）、続いて「多職種への興味」（43.1％）、「自身の健康・体力への不安」（39.1％）、「休暇が少ない・休暇がとりにくい」（37.0％）があげられている。実際、保育士の年収は全産業平均と比べて約139万円も低い（図1参照）。他方で、このような就業にあたっての課題が解消した場合、63.6％の者が保育士への就職を希望している。以上から、保育士の人材不足解消のため、処遇や勤務環境の改善による職場の魅力向上が必要とされている。

では、保育所の実態はどうなっているのだろうか。次節では関東地方A市の公立保育所に実際に勤務しているB氏へのヒアリング結果[8]を通じて、保育所の実態と課題に迫ってゆく。

3　保育所の実態—A市の事例から—

(1) 民営化と保育士不足

ヒアリングにご協力いただいたB氏は公立保育園に勤務する正規の

図1　保育士と他業種との給与比較

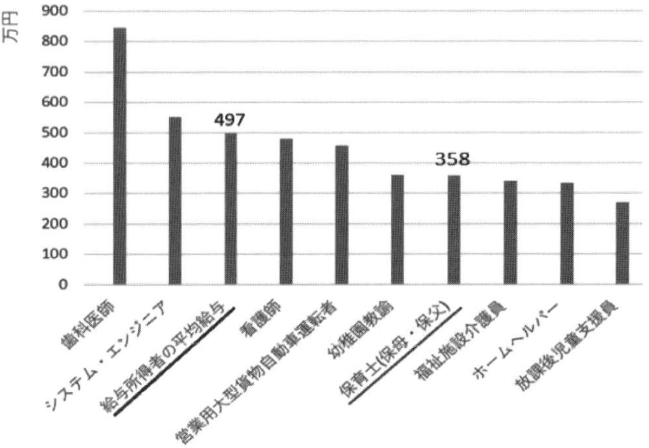

※ 放課後児童支援員以外の賃金は、「平成30年賃金構造基本統計調査」より、
「決まって支給する現金給与額」×12＋「年間賞与その他特別給与額」より算出。
（出所）日本労働組合総連合会（以下、「連合」）作成。

保育士で、労働条件は一般的な公務員と同様、勤務時間は7時間45分、年休20日、夏休5日などであるが、保育所勤務のため7時から19時15分までのシフト制となっている。保育士の業務については「子どもと遊んでいるだけ」と思われる人も多いが、実際には日誌の作成など、いわゆる「書き仕事」が多い。しかも業務時間中は書き仕事に専念する時間はほぼなく、保育と同時並行でこなさなければならない。A市をはじめ、食事指導のため昼食も子どもと一緒に食べている自治体では、保育士の休憩時間は実質ほとんどない。子どもの昼寝時間も健康状態や周囲の安全性をチェックする必要があるため、現場の保育士は隙間時間を縫うようにして書き仕事をこなしている。このため、指導計画の検討や保育準備などの業務を持ち帰ってこなす場合も少なくない。

保育士不足の原因はおもに保育士の早期離職と急激な保育所の増加にある。保育士の早期離職の理由は前節で述べたとおりであるが、保育所の増加については公設保育所ではなく民設保育所の増加を指す。この背景の１つとして、保育所運営経費の自治体の財政的負担があげられる。かつては公設保育所に対して国や県からの補助金が交付されていたが、現在では一般財源となっている。具体的には、「三位一体の改革」[9]のなかで公設保育所について保育所運営費は2004年から、施設整備費は2005年から補助金が廃止され、その自治体負担分について使用目的を指定しない一般財源として、税源移譲や交付税措置による財政的措置を実施する方式に変更された。他方で、民設保育所ではこれまでどおり運営費・施設整備費ともに全体の半額が国負担[10]と金銭的なメリットを受けられるため、自治体は民設保育所を増やそうとするのである。

財政面における公設か民設かの最大の違いは運営費の負担にある。運営費の多くは人件費である。民設保育所では収支を均衡、つまり赤字を出さないためにしばしば人件費に手がつけられがちである。民設保育所では、いわゆる「利益」が保育士に還元されない場合もあり、それが待遇の悪さや離職率の高さの一因となっていると考えられる。また、公設保育所でも自治体の財政難を背景に運営経費を軽減できる民営化が進められてきた経過があり、保育士の待遇が改善されない原因の１つとしてあげられる。Ｂ氏によれば、公設保育所の民営化についての検討は、これまでから建て替えを必要とする保育所から進められていた。そもそも公設の建て替えについて基本的には補助がなく、民間事業者もお金がかかる建て替えを嫌うため新築屋舎の方が受託しやすいからである。保育所の数を増やすことが最重要課題となって以降は民営化が保留された時期もあったが、最近では財政上の理由から民営化や民設保育所が再び増えつつあり、とくに保育所の数が多い自治体では民営化が着々と進められている。

表１は、公設公営、公設民営、民設の各保育所に対する市の負担額の

表 1　運営主体別認可保育所決算額の増減比較（東京都西東京市）[11]

平成 18 年度決算額 ※委託初年度	公設公営保育園（16 園）	公設民営保育園（1園）	民設民営保育園（5園）
歳出額	26.4 億円	1.6 億円	7.8 億円
子ども1人当たり	1,702 千円	1,403 千円	1,445 千円
一般財源額（市負担額）	19.0 億円	1.1 億円	3.8 億円
子ども1人当たり	1,228 千円	1,007 千円	698 千円

平成 29 年度決算額	公設公営保育園（10 園）	公設民営保育園（7園）	民設民営保育園（17 園）
歳出額	17.9 億円	13.6 億円	26.2 億円
子ども1人当たり	1,713 千円	1,809 千円	1,783 千円
一般財源額（市負担額）	13.0 億円	9.5 億円	10.3 億円
子ども1人当たり	1,245 千円	1,273 千円	705 千円

（出所）東京都西東京市（2019）「西東京市公設民営保育園の民設民営化計画」西東京市ホームページ（2021 年 1 月 9 日閲覧、https://www.city.nishitokyo.lg.jp/siseizyoho/sesaku_keikaku/keikaku/jidou/mineikakeikaku.files/keikaku.pdf）

違いについて、東京都西東京市[12]の例をあげている。まず、委託初年度である 2006（平成 18）年度では、公設公営保育所の民営化によって市の負担を子ども 1 人あたり 221,000 円減額できている。当初はこのように民営化で保育所運営経費の削減効果があったが、最近では状況が変わっている。公営・民営問わず、公設保育所で保育士の処遇改善がなされたからである。公設であれば運営主体に関わらず水準を同一としたため、とくに公設民営への歳出が増えた。その結果、2017 年度では子ども 1 人あたりの金額が公設公営よりも公設民営の方が逆に 28,000 円高くなっている。

(2) 民営化・規制緩和と保育の質

保育士の待遇の悪さは保育の質に影響する。一般的に、民営化・民間委託にあたっては、サービスの質を高めつつ経費も削減できるという2つのメリットが強調される。しかし、実質的には経費削減が目的であることも少なくなく、保育で言えばサービスの質、つまり保育サービスを受ける子どもにとってよりよい保育となっているかは疑問である。

保育の質とは非常に多元的であり、単純に定義することは難しい。ただし、保育の質を規定する要因としては、保育者の資質や保育士間の関係等の人的環境、保育室・園庭・遊具等の物的環境、具体的な実践の内容や方法、子どもに対する職員の人員配置・施設・設備等の制度やシステムがあげられる[13]。このうち、園庭については、認可保育所の急激な新設により、都市部の認可保育所の1/3、東京23区内では1/2超で国の面積基準を満たす専用の園庭がないという調査結果がある[14]。もちろん園庭がないのは民設である。

また、保育者の資質は保育士の経験、すなわち勤続年数と関係が深い。保育士（常勤）の平均勤続年数の全国調査を見ると（表2参照)、保育士では公立と私立で勤続年数が変わらなくなってきた一方、保育現場のリーダーである主任保育士の勤続年数には現在でも明らかな差がある。ただ、B氏によれば、この調査結果は実態を適切に反映しておらず、労働条件が良くない私立保育所は回答していないのではないかと述べていた。表3の通り、先に例示した西東京市においても公設と民設では明らかな差がある。このように、実際は公立と私立の勤続年数の差はいまだに存在する可能性がある。園庭の有無や保育士の勤続年数の差は、子どもにとってのより良い保育に少なからず影響をもたらしている。

保育の質について、現役の保育士や保育経験のある者に対するアンケートを実施した最近の研究では、研修をはじめとした「保育者の能動的な学び」の次に、「保育者の待遇改善」や「保育者が心身に余裕を

表２　保育士（常勤）の平均勤続年数

	保育士			主任保育士		
	2013年	2017年	2019年	2013年	2017年	2019年
公立	11.8	8.7	11.0	28.2	22.4	25.1
私立	8.5	8.8	11.2	21.1	19.6	21.7
差	3.3	-0.1	-0.2	7.1	2.8	3.4

（出所）厚生労働省調査[17]および内閣府調査[18]の結果から筆者作成。

表３　施設長及び保育士の社会福祉施設通算経験年数（東京都西東京市、2017 年度）

	5年以下	6年以上 10年以下	11年以上 15年以下	16年以上 20年以下	21年以上 25年以下	26年以上 30年以下	31年以上 35年以下	36年以上 40年以下	41年以上	平均年数
公設公営園	8.6%	11.2%	2.6%	11.8%	23.0%	15.1%	11.8%	12.5%	3.3%	22.18
公設民営園	23.5%	25.0%	25.0%	9.6%	8.8%	0.0%	3.7%	5.1%	1.5%	12.47
民設民営園	42.5%	22.4%	20.1%	6.9%	2.3%	2.7%	0.8%	2.3%	0.0%	8.40
うち社会福祉法人営	32.7%	23.3%	23.3%	10.1%	3.1%	3.1%	0.6%	3.8%	0.0%	10.07
うちその他法人営	58.0%	21.0%	15.0%	2.0%	1.0%	2.0%	1.0%	0.0%	0.0%	5.74
小規模・事業所内保育	45.1%	23.1%	19.8%	4.4%	4.4%	2.2%	0.0%	1.1%	0.0%	7.81
家庭的保育	0.0%	50.0%	25.0%	12.5%	0.0%	0.0%	12.5%	0.0%	0.0%	14.43

※公設公営保育園については、再任用職員を含む正規職員の西東京市役所在職年数

（出所）東京都西東京市（2017）「西東京市子ども子育て審議会保育園あり方検討専門部会（第４回）資料１」東京都西東京市ホームページ（2021 年２月 17 日閲覧、https://www.city.nishitokyo.lg.jp/siseizyoho/sesaku_keikaku/kodomo_kosodatenew/kodomo_shingikai/hoikuenarikata04.files/M1.pdf）

持って働ける職場体制」があげられている[15]。この背景として、保育者が直面している給与の低さや人手不足等の現状が、保育者自身の生活や職場環境のなかで余裕のなさを生んでいると推測されている。このような点から、「質の高い保育を行うには、財政的支出が欠かせない」[16]との指摘もある。

認可保育所には子どもの年齢ごとに保育士の配置基準が定められている。具体的には１人の保育士が担当できる子どもの数は、０歳は３人、

１～２歳は６人、３歳は20人、４歳は30人までである[19]。しかし、最近まで基準は厳守されていたものの、国や都道府県は規制を緩和し始めている。保育士不足から所定の基準を満たすことが困難なため、保育士の資格を持たない人も保育士とみなせるよう、配置基準が緩和されているのである。

たとえば、国は2016年４月から条件を満たす場合、保育士を近接職種（幼稚園教諭、小学校教諭、養護教諭）や子育て支援員研修を修了した者等に代替可能と定めている[20]。2019年４月からは、国家戦略特区の枠組みのなかで、保育士不足のため職員配置基準を満たせなくなった認可保育所について、一定の条件を満たせば補助を受けるために必要な認可化移行計画（認可を受けるためにどのような方策をとっていくのかについての見通し）の上限を５年以内から上限なしに、また運営費補助も上乗せする制度を新設した[21]。本制度では職員の４割は保育士資格がなくても働けるようにしており、現場や有識者からは保育士の専門性、現場の保育士の負担、子どもの安全性の観点から懸念の声が上がっている[22]。

このうち、保育士の専門性について、Ｂ氏は「医師不足だからと言って医師免許がなくても研修を受ければ医療行為をして良いと言われるのと同じである。国家資格（専門的知識）を持つ者としてプライドを持っている。自身に長年間の保育経験があるだけでなく、先輩から学び、後輩を育てるなかでの学びも多くある。逆に言えば、臨床経験・学術研究がなければプロフェッショナルとは言えない」と述べていた。

(3) コロナ禍における保育所の課題と気づき

Ｂ氏によれば、コロナ禍における保育所運営は、どのように保育を継続するか試行錯誤の連続だったという。まず、密閉、密集、密接、いわゆる「三密」の回避である。保育はその業務の性質上、どうしても子どもと密にならざるを得ない。消毒用アルコール等を使った感染防止対策に大変な手間がかかっただけでなく、密を避けるために職員間の会議や打ち合わせを取りやめる場合もあった。また、感染防止対策の１つとして保護者に保育所内への立ち入りを遠慮していただいたため、それまで保護者にご協力いただいていた衣類やおむつ等の補充も保育士の業務となった。

新型コロナウイルス感染症の影響は保育所の行事にも及んだ。幸いにもＢ氏が勤務する保育所では、保護者から理解を得られ、行事等の見直しは比較的スムーズに進められた。ただ、４月当初は先が見えなかったため、どの行事をどの程度縮小するか、あるいは取りやめるかを日々検討するような状態であった。このほかには、基準が曖昧なため保護者への説明が難しかった点、化学物質過敏症で体調を崩した職員がいた点、いつコロナに感染してしまうかという漠然とした不安を抱えながら仕事をしなければならなかった点があげられるという。このように、コロナ禍では保育士が担うべき仕事が増え、ただでさえ多忙な通常業務をこなすことさえ困難な日々が続く状況となり、現場の保育士は多忙を極めていた。

他方で、コロナ禍でも気づきはあった。これまで心身の体調が万全でなくても登園せざるを得ない子どもや、早く迎えに行きたくても延長保育があるがゆえに残業させられる親、そして今回のコロナ禍では、自粛の意思はあるのに保育所が休みにならなければ仕事を休めない親をＢ氏は多く見てきた[23]。テレワークや勤務時間の短縮など働き方改革の実現によって、子どもも親も幸せになれる保育所利用の道筋をＢ氏は感じていたのである。待機児童がゼロにならない理由の１つに、「募集増と申込増が追いかけっこ」である点が指摘されている[24]。待機児童数が減ると潜在需要を掘り起こし、翌年の申し込みがさらに増える場合もあるからである。子どもや親のためになる保育所利用という点からの課題は多い。

待機児童の定義については、現在の子ども・子育て新制度にも課題がある。質の高い保育を求めて認可保育所を希望しても、満員で仕方なく認可外保育所に子どもを預けている保護者も少なくない。この場合であっても、制度上待機児童としては算入されない。現制度では、保護者に多様な選択肢があると謳っている一方で、希望が叶わず保育所に子どもを預けることを諦めた場合はもちろん、希望と異なる保育所に預けている場合についても待機児童数には影響を及ぼさない。保育所の問題は待機児童の数に注目されがちであるが、こうした点には留意する必要がある。

実質的な待機児童ゼロを目指すためには、たとえば保育の受け皿を増やすばかりではなく、テレワークや時短といった働き方改革を進めて需要を減らし、その分を保育士の待遇改善やサービスの質向上につなげるべきだという考えも出てくるだろう。しかし、これはあくまでも保護者の視点である。B氏は「私たち保育士が第一に考えるのは子どもの権利であり、保育所は自治体に住むすべての子ども、加えて親のために存在している」と述べ、この点から保育所問題をとらえ直すべきだと強調していた。公立保育所には未来の保育所を創造する使命もある。コロナ禍では、私立保育所に実習の受け入れを断られた学生が公立保育所に多数来ている。公立保育所に勤めるB氏は、感染リスクを避けた私立保育所を認めつつも、どのような状況でも未来の保育士養成が公立保育所の使命だと述べた。同様に、公立保育所では私立保育所に入所を断られた障がい児を受け入れるケースも多いという。このように私立保育所とはスタンスが異なる公立保育所は、セーフティーネットとしての役割も積極的に果たすことも求められている。

4　今後の公立保育所

以上では、保育所をめぐる問題のうち、おもに保育士不足に焦点をあてて見てきた。保育所を増やすことが必要なケースももちろんあるだろうが、ただ安易かつ急速に保育所を増やしても、肝心の保育を担う保育士が集まらない。また、経費削減をはじめ安易な理由で民営化・民間委託や規制緩和を実施すれば、保育士の労働環境を悪化させて保育士の退職を促したり保育士への希望者を減らしたりするだけでなく、保育の質を低下させ、子どものための保育にならない恐れもある。他方で、国は補助金や制度を利用して自治体に民営化や民間委託を促している。コロナ禍で財政はさらに苦しくなり、自治体はこうした補助金や制度を活用しようと考えるのは容易に予想できる。ポストコロナの時代、保育所をめぐる問題はさらに深刻化する可能性もある。

ここで私たちが考えなければならないのは、保育所そのものの意義や私立と公立の役割である。保育所に対する社会の理解はまだまだ進んでいない。都市部に限った話ではあるが、教育や安全は二の次にされ、保育所に入所できさえすれば運営主体にこだわらない保護者は少なくはない。親が働いているかどうか、仕事が遅くなるかどうか、保育所が駅から近いかどうかといった大人の都合ではなく、あくまでも子どもを真ん中に置いた子育て政策を策定・実行すべきだとＢ氏は述べていた。保育所は単なる託児とは異なり、子どもへの積極的なかかわりを通じて「養護と教育が一体的となって展開されること」[25]が求められる。教師同様に事務仕事や研究・検証が多いのはこのためである。こうした保育の質が民設民営型で本当に保障されるのかどうかについて、B氏は疑問を感じていた。民設民営型では冒頭で述べた保育士の待遇の悪化が起こりやすく、待遇が改善されなければ就職希望者の増加、離職率の減少、保育の質の向上が期待できないからであろう。もちろん、これらは子どもにとっても好ましくない。

公立保育所の役割はただ保育サービスを提供するだけでなく、公共性の観点から付加価値を作り出す点にもある。待機児童の社会問題化に伴う保育所の増設や定員拡大、また民営化・民間委託のなかでこの本質が見失われつつある。ネグレクト（育児放棄）や児童虐待のみならず、公立保育所は当該地域の保育所を普段利用しない子育て家庭への支援の基幹施設であるべきだとB氏は言う。この点も踏まえ、公立保育所の意義や役割は何かを住民を交えてしっかりと議論したうえで、公共サービスの確固たる位置づけを行動計画に明記し、そのために必要な人員や財源の十分な確保が今後の公立保育所には必要だとB氏は強く主張していた。保育所をめぐっては待機児童問題と保育所の増設ばかりが取り上げられるが、視点を変えた多面的な議論、とくに子どもの視点に立った議論が必要である。

5　放課後児童クラブの現状

子どもを預けるのは就学前の保育所だけではない。就学後も「学童」に預けることになる。私たちが一般的に使用する「学童」ないし「学童保育」は通称であり、公文書等では「放課後児童クラブ」という名称が使われている。保育所と同様に、就学後の待機児童解消のため、国は2018年に策定した「新・放課後子ども総合プラン」[26]に基づき、2021

年度末までに約25万人分の放課後児童クラブ整備を目指している。2023年度までにはさらに約30万人分を整備し、女性就業率のさらなる上昇にも対応できると見越している。

では、現在の放課後児童クラブはどのような状況にあるのだろうか。2019年の厚生労働省の調査[27]によれば、放課後児童クラブの設置・運営主体別は公設民営が最も多く、全体の約46％を占めている。公設公営は約33％、民設民営は約21％となっている。設置場所別で見ると、約54％が小学校内に設置されており（学校の余裕教室が約29％、学校敷地内の専用施設が約25％）、児童館・児童センターは約10％にとどまる。登録児童数の人数規模別では20～35人が34％、36～45人が30％と、45人までの規模が全体の全体の約73％を占めている。

労働者の立場から放課後児童クラブを見ると、放課後児童支援員[28]

図2　放課後児童支援員と他業種との給与比較

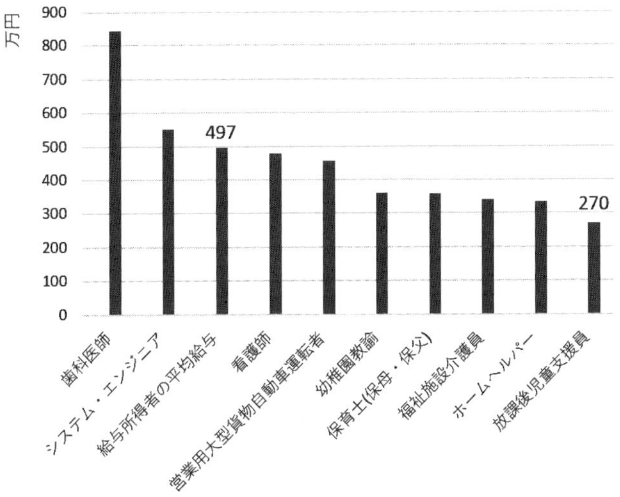

※ 放課後児童支援員以外の賃金は、「平成30年賃金構造基本統計調査」より、「決まって支給する現金給与額」×12＋「年間賞与その他特別給与額」より算出。

（出所）連合作成。

のうち常勤職員が約33％、非常勤職員が約67％と、常勤職員は３人に１人しかいない。このためか連合の調査によれば、年収も全産業平均と比べて約227万円も低い（図２参照）。自治労の調査によれば、2019年９月１日現在で放課後児童クラブに勤務する非正規職員の７割以上が年収300万円未満となっている。具体的には100万円未満が31.3％、100万円〜200万円未満が27.6％、200万円〜300万円未満が12.5％である。

これには放課後児童クラブの歴史的な経過が大きく関係している。日本の放課後児童クラブの起源は、1940年代後半に民間保育所が社会福祉事業の一環として開始した小学生の保育にある。当時、放課後児童クラブの担い手はパートタイマーとして勤務する専業主婦がほとんどであった。彼女たちは主たる稼ぎ手ではなかったため、雇用者側が積極的に処遇改善に取り組まず、今日まで処遇の悪さが存続してきた。現在では共働きの増加によって放課後児童クラブの社会的ニーズが高まり、専門性が問われる職場となっているが、過去の経過による処遇の悪さから職員を募集しても人が集まらないのが現状である。こうした放課後児童クラブの実情について、次節では関東地方のX市の放課後児童クラブに勤務するY氏へのヒアリング結果[29]を紹介する。

6　X市の放課後児童クラブの事例

(1) 職員の労働条件

ヒアリングにご協力いただいたY氏はX市の外郭団体に勤務する正規職員である。外郭団体に勤務しているため、Y氏の勤務条件は市の職員に近い。休暇制度は市職員の休暇制度に準拠し、年20日の有給休暇、年５日の夏季休暇が付与され、産前産後休暇や育児休暇の制度もある。給与は市職員の給料表に準拠するため公務員の平均的な額に近いが、給料表の運用で差があるため、市職員と比べて昇給は遅い。非正規職員の場合は定期昇給が５年で頭打ちとなってしまう。一時金については法改正に伴い 2020 年度から非正規職員にも支給されるようになったが[30]、正規職員よりも支給率が低い。勤務時間は放課後児童クラブの特性から変則勤務であり、通常の事務職とは異なる。X 市では学校開校中の平日の場合、原則として 10 時 30 分～18 時 30 分か 11 時 30 分～19 時 30 分のいずれかである。

(2) 放課後児童クラブと指定管理者制度

X 市では 2006 年から指定管理者制度が本格導入されており、公設民営型で放課後児童クラブが運営されている。現在では 50 以上の施設を 10 以上の異なる団体が担っている。指定管理者の多くは社会福祉法人や特定非営利活動法人（NPO 法人）である。指定管理者の選定にあたっては３次のプロセスが踏まれる。１次では書類が、２次では事業計画が、３次では金額が審査される。２次の事業計画は一定のレベルを満たしていることが判断基準とされるため、指定管理者の選定の実態は一般競争入札に近い。当然ながら指定管理者が変われば運営方法が変化するが、変更手続きには不十分な点がある。たとえば、年に１回実施される利用者満足度調査の結果は選定に大きな影響を与えない。また、指定管理者の変更にあたっては前年度の２月、つまり変更の２ヶ月前に市が利用者に対して説明会を開催し、変更の事実を伝えるのみである。利用者たる保護者が選定に参加する機会はないため、利用者目線に欠けていると言える。Y 氏によれば、実際に指定管理者の変更に際して不安を口にする保護者も少なくなく、なかには泣き出す子どももいたという。逆に言えば、これまでの指定管理者に対して信頼があり、運営方法や職員について保護者や子どもが変化を望んでいないとも言える。

選定の可否は指定管理側の負担も大きい。受託できないと雇用に直結するからである。X市の隣接市では選定の結果、これまでと大きく指定管理者が変わり、指定を受けられなかった外郭団体の正規職員が解雇された事案もあったという。指定管理者制度の目的は「民間事業者等が有するノウハウを活用することにより、住民サービスの質の向上を図っていくことで、施設の設置の目的を効果的に達成する」[31]点であったはずが、X市の運用ではコスト問題に矮小化されてしまっている。

(3) 放課後児童クラブの運営実態

X市では指定管理者制度を導入しているため、放課後児童クラブ間（指定管理者間）や学校との連携が難しい。公設公営型をとる他の自治体の一部で学校と連携ができている程度で、民間の指定管理者が関係部署と連携するためには「足で稼ぐ」しか方法がない。連携が重要である理由は、放課後児童クラブが原則として「お迎え」だからである。放課後児童クラブの職員は、学校の開校状態に関わらずほぼ毎日保護者との接点があり、そこから子どもの暮らしが見えてくる。しかし、現実にはこうした貴重な情報は他機関とは共有されず、子どもの微妙な変化から周囲が連携して対応する機会を失っている。たとえば児童虐待のような家庭内の問題や、子ども自身の精神的問題、いじめ問題などである。見逃されがちであるが、子どもの健全育成の観点から放課後児童クラブの役割は大きい。

子どもの受け入れ基準については、2015年4月から開始された「子ども・子育て支援新制度」に合わせてはじめて決められた。それまでは国が認可保育所に対して定めているような最低基準は存在しなかった[32]。同制度導入にあたって定められた「放課後児童健全育成事業の設備及び運営に関する基準」で、放課後児童支援員の数は支援の単位ごとに２人以上（第 10 条第２項）、１単位当たりの児童数はおおむね 40 人以下（同条第４項）と定められた。しかし、同基準はあくまでも各自治体が条例を定めるにあたっての「参酌すべき基準」（十分参照しなければならない基準）である。このため、基準を満たしていなくても直ちに違法とはならず、放課後児童クラブの環境改善は基本的に各自治体任せとなっている。専用区画の面積についても同様で、同基準では児童１人につきおおむね１.65㎡以上と定めている（第９条第２項）。Y 氏によれば、X 市では児童 41～80 人に対して職員は４人で基準内である一方、専用区画の面積は多くの既存施設が上記基準以下となっている。

7　コロナ禍での放課後児童クラブの対応

新型コロナウイルスの感染の拡大を受け、2020 年２月 27 日、当時の安倍首相は３月２日から小中高などの一斉休校を要請すると表明し[33]、春休みまで休校が続いた。続く感染拡大防止のための緊急事態宣言の発出や企業の在宅勤務の導入拡大などによって、利用者である保護者の労働環境は一変した[34]。これらの影響から、Y 氏によれば X 市では学童保育を利用する児童は例年同時期と比べて少ない傾向にあったが、Y 氏の施設ではそれでも数十人の利用があったという。社会が大きく混乱するなか、３月上旬の時点では先が見通せなかったため、放課後児童クラブの取り扱いに苦慮する自治体は多かった。春休みまでの開所を決定する自治体がある一方で、感染動向を見ながら順次開所を決める自治体もあった。X 市は後者を採用し、放課後児童クラブをまず１週間開所すると通達し、それ以降は自治体の方針が決まり次第、利用者に連絡する方法をとった。現場としては市からの開所通知が来ないと予定を決められず、利用者への通知は週末にならざるを得なかった。放課後児童クラブの開所が決まらないと仕事の調整ができないため、困り果てている利用者も多く見られたという。

放課後児童クラブ内での感染予防対策にも課題はあった。感染予防のためには、いわゆる「三密」の回避が広く呼びかけられている。放課後児童クラブも含めて、国は児童の間隔を１ｍ以上空けるよう推奨していたが、前述の通り専用区画の面積の基準は1.65㎡／人であり、実現は困難である。しかもこれは「参酌すべき基準」であるため、Ｘ市のように基準以下の自治体や、そもそも定員がない自治体も存在する。このように、児童との濃厚接触を避けることは放課後児童クラブでは物理的に不可能であった。

加えて、マスク等の予防策を子どもに施さない家庭も少なくなく、Ｙ氏をはじめ職員は感染予防の観点から不安を感じていた。放課後児童クラブはただでさえ狭い空間のなかに多くの児童が過ごすため、マスクや消毒液が必須の環境である。しかし、マスクや消毒液の備蓄がない施設もあり、当初は市からの支給もなかった。このため十分な感染防止対策がとれず、職員は常に不安を抱えながら勤務する状況にあった。たとえば、万が一自らの勤務する放課後児童クラブから感染者が出てしまえば、マスコミ等の報道により責任を負わされてしまうのではないかという不安である。なお、マスクや消毒液の備蓄については2020年10月現在では解消されており、一定の感染予防対策ができているという。

新型コロナウイルスの感染拡大は放課後児童クラブの職員の労働環境を一変させた。まず、職員の勤務時間が大きく変わった。通常であれば開校日は昼から午後にかけて設定されている職員の始業時間を、休校によって朝からにせざるを得なかったからである。また、冒頭で述べたように放課後児童クラブの職員の３人に２人は非正規職員で、その非正規職員のうちアルバイトには高齢者が多い。このため、感染を恐れて勤務を辞退する者もおり、コロナ禍で職員数はさらに減る状況にあった。若干であるが利用者は減ったものの、そもそもの労働条件の悪さに起因する職員の人手不足もあり、コロナ禍での放課後児童クラブの職員配置は困難を極めた。非正規職員のなかには正規職員と同様の労働条件で働いたり、休日返上で保育にあたらざるを得ない職員もいたりした。子育て中の職員のなかには休暇が取れず、わが子の対応に苦慮している職員もいた。

国は放課後児童クラブに対して保育士や教員の派遣も認めている。しかし、民間委託や指定管理、民間学童においてコロナ禍の緊急時にこの円滑な実施は不可能な状況であった。実際に可能であったのは、市直営の放課後児童クラブがほとんどであった。直営であったがゆえに、今回のコロナ禍のような緊急時に対応できたのである。逆に指定管理者制度を採用しているＸ市の放課後児童クラブでは、Ｙ氏の勤務先はもちろん、現場の職員は朝からの超過勤務が数か月間続き、精神的・体力的にも限界だった。また、直営であっても元々６時間勤務等の短い時間設定であったため、朝からの時間外勤務をせざるを得ない状況であった。このように、行き過ぎた行政改革によって生じたひずみによって、現場では対応が難しい状況が発生していた。

8　今後の放課後児童クラブ

コロナ禍においてエッセンシャル・ワーカーの存在と重要性が認識された。放課後児童クラブで働く職員にとっても、自らがエッセンシャル・ワーカーと認められる点は喜ばしい。ただし、現状では放課後児童クラブを取り巻く労働環境は厳しい。放課後児童クラブの職員の社会的評価を高めるためにも、労働環境の改善は急務である。放課後児童クラブは保育所とほぼ状況は変わらないと安易に考えがちであるが、職員の資格の面では両者は大きく異なる。保育所には保育士という国家資格が必要であるが、放課後児童クラブはそうではない。2015年4月から開始された「子ども子育て新制度」によって「放課後児童支援員」という資格が新たに創設されたが、これは現に職員である者のみが受講できる認定資格に留まっている。資格の価値向上は職員の地位や専門性の向上が見込めるだけでなく、労働者の処遇改善の契機となる可能性もある。学生からも目指すべき資格と認知されれば、放課後児童クラブの担い手の増加にもつながるだろう。そうすれば正規職員も増え、責任ある立場の職員が放課後児童クラブを運営するようになり、サービスの質の向上にもつながってゆく。

指定管理者制度は2003年9月から全国の自治体に導入されたが、少なくとも放課後児童クラブに対してはさまざまな課題をもたらしている。たとえば雇用不安である。X市では、放課後児童クラブの指定管理者は5年に1度選定されるが、Y氏の所属する外郭団体も過去の選定で長年運営していた施設を他の事業者に取られてしまった経過がある。こうした点から、正規職員であるY氏自身も今後安定して仕事を続けていけるか不安を感じている。ましてや、1年未満の契約も多い非正規職員は言うまでもなくより不安を抱えている。満足いくサービスを提供していた指定管理者の変更には、利用者も不安を感じている。

X市の指定管理者制度の運用方法についても課題がある。選定を勝ち取るためにコスト減ばかりが求められる構造をつくっているのはX市だからである。Y氏の所属する外郭団体も、競争に勝つために次第に正規職員を減少させており、正規職員は各職場に１人いるかいないかの状況である。正規職員を減少させた人員は非正規職員で、さらには非正規職員でも足りない人手はアルバイトで穴埋めする状況が続いている。このため正規職員の事務負担が年々増大し、現在では業務に支障をきたすほどになっているという。指定管理者制度導入に伴い、市が求める報告や書類、監査が増大したことも現場に大きな負担をもたらしている。人員を増やそうにも処遇が悪いため、職員を募集しても集まらず、現場は慢性的な人員不足に陥っており、子どもの安心・安全が疎かになりがちである。

加えて、コロナ禍で自治体の歳入減少が見込まれている。共同通信のアンケート調査によれば、全国の都道府県と市区町村の88％が財政悪化を見込んでいるという[35]。Y氏もコロナの影響から自らの施設に対する指定管理料が減る懸念を示している。指定管理にあたっては費用の上限を示されるため、指定管理料が減れば十分な事業計画が立てられない恐れがある。Y氏は雇用を守るために職員の賃金削減も考えないといけないかもしれないと述べていた。

放課後児童クラブの適切な運営にはそもそも課題が多い。国が示した基準はあくまでも「参酌すべき基準」であり、自治体は環境改善に踏み切らない状況が続いている。感染予防には人と人との距離が重要であるが、国の基準である1.65㎡／人は不十分である。自治体によっては定員すら決まっていないなど、感染防止の視点からも放課後児童クラブの運営の現状は劣悪と言える。「三密」を防ぐどころか文字どおりの濃厚接触に近い状態にあり、クラスターが発生する条件が十分に整ってしまっている。通常、職員はアレルギー対応等で子どもに気を遣っているが、コロナ禍でさらなる危機管理が求められ、命を預かる現場という側面がより濃くなっている。このような危機管理によって職員が疲弊しないためにも、国や自治体は放課後児童クラブの実態をふまえ、基準の改正や取扱いについて再検討すべきである。子育て環境の改善は保育所における待機児童解消だけではない。放課後児童クラブの職員の処遇改善等への努力が、結果的に放課後児童クラブ自体のサービスの質の向上にもつながっていく。この点を重視していくべきである。

9　行政改革が生み出した課題への対応

以上では保育所と放課後児童クラブの具体的な事例を取り上げ、それぞれの現状と課題について見てきた。両者は、民営化や規制緩和といったこれまでの行政改革によってさまざまな課題が発生しており、とくにコロナ禍においてそれが際立った点で共通していた。これらの課題は、結局は利用者に不利益や不便を生じさせている。

保育所では、保育の需要が高まるなかでも保育士資格を有する者が保育士を志望せず、人材不足である状況が見られた。課題の解消には保育士の処遇や勤務環境の改善が必要であるが、民営化・民間委託や規制緩和が進められるなかで改善はあまり進んでいない。そもそも保育士の確保が確実ではないなかで、問題の本質、つまり子どもにとってのより良い保育という「質」よりも保育の受け皿という「量」を拡大させ、足りない保育士は基準を緩和して保育士でない職員で埋めようとしている。

繰り返しになるが、保育所問題を考える際には、まずは「子どものためになっているのか」という点を最も重視する必要があるだろう。近年継続して進められてきた行政改革では、お金や数字には反映されないが確実に存在する「見えない部分」が軽視されてきた。コロナ禍でとくに目立ったこれまでの行政改革のデメリットを見直し、今後は子どもの視点に立った子どものための保育の実現が必要であろう。そのためには、保育所や保育士に対する理解を、保護者だけでなくわれわれ市民もより深めていく必要がある。そうした公立保育所の価値向上が保育士の待遇を改善させ、子どものための保育の実現につながっていくからである。

放課後児童クラブについては、歴史的経過に起因する処遇の悪さ、基準の機能不全による密な環境、指定管理者制度による悪影響など、多くの課題が見られた。これらは、公共サービスに共通する「継続性」という視点から問題があると言える。待遇が悪ければ継続して働くモチベーションをそがれ、正規職員を希望する人が増えないばかりか、非正規職員も入れ替わりが激しくなってしまう。現在の職員の配置基準や面積基準はポストコロナの時代には不適合であり、子どもの安全を担保するためにも見直しは必須である。

そして、単なる価格競争に堕落したり、不安定な雇用につながっていたりする指定管理者制度のあり方は早急に改善すべきである。このような状況では放課後児童クラブのサービスの質は向上しないし、利用者にとっても不幸である。競争は必要であるが、過度な競争はデメリットが多い。今回のコロナ禍の経験を活かし、公契約条例の活用などを通じて、行政側は公共サービスの本質が損なわれない対策を講じる必要がある。

1　厚生労働省（2020）「令和元年（2019）人口動態統計（確定数）の概況」厚生労働省ホームページ（2020年10月26日閲覧、https://www.mhlw.go.jp/toukei/saikin/hw/jinkou/kakutei19/dl/15_all.pdf

2　東京新聞（2020）「今年の出生数84万人台へ　過去最少を更新、政府見通し」東京新聞ウェブサイト（2020年10月26日閲覧、https://www.tokyo-np.co.jp/article/64041）

[3] 内閣府（2019）「平成30年度少子化の状況及び少子化への対処施策の概況（令和元年版少子化社会対策白書）＜概要＞」内閣府ホームページ（2020年10月26日閲覧、https://www8.cao.go.jp/shoushi/shoushika/whitepaper/measures/w-2019/r01pdfgaiyoh/pdf/01gaiyoh.pdf）

[4] 匿名（2016）「保育園落ちた日本死ね！！！」はてな匿名ダイアリー（2021年１月９日閲覧、https://anond.hatelabo.jp/20160215171759）

[5] 厚生労働省（2020）「保育所等関連状況取りまとめ（令和２年４月１日）」厚生労働省ホームページ（2021年１月５日閲覧、https://www.mhlw.go.jp/content/11922000/000678692.pdf）

[6] 厚生労働省（2020）「『新子育て安心プラン』の公表について」厚生労働省ホームページ（2021年１月５日閲覧、https://www.mhlw.go.jp/content/11922000/000707805.pdf）

[7] 厚生労働省（2017）「保育人材確保のための『魅力ある職場づくり』に向けて」厚生労働省ホームページ（2021年１月５日閲覧、https://jsite.mhlw.go.jp/ishikawa-roudoukyoku/library/ishikawa-roudoukyoku/antei/taisaku/joseikin/2904-hoiku.pdf）

[8] ヒアリングは2020年11月25日（水）18時半～19時半、2021年２月11日（木）14時～15時に電話で実施した。ヒアリングにあたって、事前にメールでの質疑応答も実施した。

[9] 三位一体の改革では、国から地方への税源移譲、国庫補助事業の見直し及び地方への財源移譲、地方交付税の削減などが実施された。

[10] 埼玉県三芳市（2016）「第１回三芳町公立保育所民営化検討委員会　資料６『保育所に係る補助制度の変遷』」埼玉県三芳市ホームページ（2021年１月９日閲覧、https://www.town.saitama-miyoshi.lg.jp/town/keikaku/documents/minneikadai1kaigisiryou6.pdf）

[11] 東京都西東京市は民設民営保育園の保育サービスの充実を図るため、国基準の運営費とは別に上乗せした補助を実施している。また、上乗せ補助の一部においては、民設民営保育園17園の内、社会福祉法人（７園）については都が直接事業者に対して補助を実施し、その他の法人（10園）については都の補助を受けて西東京市が事業者に補助を実施している。そのた

め、民設民営保育園子ども１人当たりの歳出額には、都が社会福祉法人に対して直接補助した額は反映していない。

12 西東京市は、2001 年１月に田無市と保谷市が合併して発足した多摩地域東部に位置する市で、東は練馬区に隣接している。なお、東京都特別区には北から西東京市、武蔵野市、三鷹市、調布市、狛江市が隣接している。

13 森上史朗・柏女霊峰編（2015）『保育用語辞典』第８版、ミネルヴァ書房

14 毎日新聞（2020）「都市部の認可保育所、３分の１『園庭』なし　近隣公園は混雑、移動時に危険も」毎日新聞ホームページ（2021 年２月 12 日閲覧、https://mainichi.jp/articles/20200401/k00/00m/040/002000c）

15 西野経子・阿部好恵（2020）「『保育の質』の向上のために必要な要素に関する研究―保育者へのアンケート調査から―」『帯広大谷短期大学紀要』57、35-42

16 徳田武史（2020）「公立保育所の意義と役割」『るびゅ・さあんとる』19、57-62

17 厚生労働省（2015）「幼稚園・保育所等の経営実態調査」厚生労働省ホームページ（2021 年２月 12 日閲覧、https://www.mhlw.go.jp/toukei/list/dl/163-1a.pdf）

18 内閣府（2018）「平成 29 年度『幼稚園・保育所・認定こども園等の経営実態調査』報告書」内閣府ホームページ（2021 年２月 12 日閲覧、https://www8.cao.go.jp/shoushi/shinseido/outline/pdf/houkokusho3_1.pdf）及び内閣府（2019）「令和元年度幼稚園・保育所・認定こども園等の経営実態調査集計結果＜速報値＞【修正版】」（2021 年２月 12 日閲覧、https://www8.cao.go.jp/shoushi/shinseido/data/pdf/chousa/kekka.pdf）

19 前田正子（2017）『保育園問題』中央公論新社

20 厚生労働省（2016）「保育所等における保育士配置に係る特例について（通知）」

21 厚生労働省（2019）「国家戦略特別区域における地方裁量型認可化移行施設の設置について」首相官邸ホームページ（2021 年１月９日閲覧、https://www.kantei.go.jp/jp/singi/tiiki/kokusentoc/pdf/h329kourou.pdf）

22 大野暢子（2019）「保育士不足は『配置基準の緩和』で解消されるのか　現

場から不安の声　参院選の各党公約は？」東京すくすくホームページ（2021年1月9日閲覧、https://sukusuku.tokyo-np.co.jp/hoiku/18755/）

[23] なお、保育所への登園状況については保育所によって差があった。一般的な傾向としては、保育所側から保護者に登園自粛を求めるだけでは登園する子どもは減らず、休所してはじめて仕方なく登園を取りやめるといった様子だった。

[24] 日本経済新聞（2018）「東京の待機児童、ゼロにならない5つのワケ」日本経済新聞ウェブサイト（2021年1月9日閲覧、https://vdata.nikkei.com/newsgraphics/fv20180403/）

[25] 厚生労働省（2017）「保育所保育指針」厚生労働省ホームページ（2021年2月17日閲覧、https://www.mhlw.go.jp/file/06-Seisakujouhou-11900000-Koyoukintoujidoukateikyoku/0000160000.pdf）

[26] 文部科学省・厚生労働省（2018）「「新・放課後子ども総合プラン」について（通知）」文部科学省ホームページ（2020年11月4日閲覧、https://manabi-mirai.mext.go.jp/torikumi/hourei-plan/plan/shin-houkago.html）

[27] 厚生労働省（2019）「令和元年 放課後児童健全育成事業（放課後児童クラブ）の実施状況（5月1日現在）」厚生労働省ホームページ（2020年10月26日閲覧、https://www.mhlw.go.jp/content/11906000/000580501.pdf

[28] 放課後児童支援員とは、2015年4月より実施されている「子ども・子育て支援新制度」によって創設された学童保育の指導のための専門資格である。

[29] ヒアリングは2020年10月23日（金）13時～16時にWeb会議サービスを利用して実施した。ヒアリングにあたって、事前にメールでの質疑応答も実施した。

[30] 自治体の非正規職員の制度改正については、たとえば、湯浅孝康（2021）『政策と行政の管理―評価と責任―』の第4章を参照。

[31] 総務省（2010）「指定管理者制度の運用について」総務省ホームページ（2020年11月2日閲覧、https://www.soumu.go.jp/main_content/000096783.pdf）

[32] 池本美香（2018）「新制度移行後の放課後児童健全育成事業の実態と課題―海外の動向をふまえた考察―」『社会保障研究』3（2）、241-255

[33] 日本経済新聞（2020）「学校保健安全法『一斉休校』に根拠薄く―コロナが

映す法の穴―」日本経済新聞ホームページ（2020年11月2日閲覧、https://r.nikkei.com/article/DGXMZO62827750Z10C20A8PP8000?s=5）

[34] NIKKEI STYLE（2020）「コロナで広がるテレワーク　私たちの働き方どうなる？―人生100年時代のキャリアとワークスタイル―」NIKKEI STYLEホームページ（2020年11月2日閲覧、https://style.nikkei.com/article/DGXMZO62754190Y0A810C2000000/）

[35] 中日新聞（2020）「自治体「財政悪化」88％　コロナ影響、負担増や税収減」中日新聞ホームページ（2020年11月3日閲覧、https://www.chunichi.co.jp/article/124691）

終　章
ポストコロナ時代の
公共サービス提供

1　本書ができた経緯と本書の視点

本書は偶然なSNSの書き込みが端緒となって誕生した。2020年7月中旬、本章の筆者藤井を長年にわたりご指導いただいている同志社大学政策学部の山谷清志先生が、筆者のFacebookに次のような書き込みをされたのである。

「『ポスト・コロナ時代のエッセンシャル・ワーク　～過った効率化～』、ごみ、介護、保育、学童保育、困窮化した人の相談ケースワーカーなど、過去20年間、非正規、コストカット、人員削減の対象になった公的サービスをどのように維持するか、考えています。そんな本の企画って無いでしょうか？」

この書き込みをいただいた時点では、筆者はあいにく提供できる出版の機会を何も持ち得ていなかった。他方で、近年自治体の現業職員の研究を進めていた筆者は、かねがねこの山谷清志先生の書き込みの内容と同じ思いを抱いていた。このため、「大変いい機会ではないか。自らが持ちうるリソースを活用できれば、かたちとして何かを残すことができるのではないか」、「山谷清志先生のお力をお借りすることができれば、社会に対して強いインパクトを与えることができるのではないか」と思い、早速、研究者とエッセンシャル・ワーカーが執筆する場を自ら創出し、共著本として出版する企画を練り始めた。こうして本書のプロジェクトは進んでいったのである。

筆者はすぐに自治労本部で現業局長を務めておられる小迫敏宏氏に話を持ち掛けた。というのも、筆者は2015年から2年間、自治労の「次世代を担う研究者」に採用されていた関係で自治労本部の方々とつながりがあり、その後も懇意にさせていただいていたからである。筆者は小迫氏に「これまで地方行革の対象となってきたエッセンシャル・ワーカーの方々をご紹介いただき、執筆の依頼をさせてもらえないか」と尋ねた。小迫氏からは「現職の公務員であるエッセンシャル・ワーカーの方々は長い文章を書くことに慣れておらず、執筆をお願いすることは難しい。ただ、研究者の皆さんがエッセンシャル・ワーカーの方々へインタビューし、原稿を執筆する形であれば対応できるかもしれない」とのお返事であった。こうして、本書の執筆は、研究者によるエッセンシャル・ワーカーの方々へのインタビュー結果に専門的知見からの考察も加える方法で進めることに変更した。

インタビュアーとなる研究者は山谷清志先生がお声掛けをされ、まず大阪国際大学の湯浅孝康先生と青森中央学院大学の山谷清秀先生が本プロジェクトのメンバーに加わることになった。また、山谷清志先生は、公務の民間化を労働法の視点から実践研究されている渋谷典子先生に打診するとともに、博士後期課程で山谷ゼミに所属する三上真嗣氏もメンバーに加えるよう指示された。さらには渋谷先生が男女共同参画センターの相談事業の現場で活躍されている近藤佳美氏にも呼び掛けることで、本書のおおかたの執筆陣は揃っていった。その後、執筆に先立ち自治労本部の方々から対象となる各部門のおおまかな現状についてレクチャーいただいたが、その際に講師としてお世話になった政策局長の林鉄平氏と先の小迫敏宏氏にも執筆にご参加いただくことになった。これにより今回の執筆陣が揃った。一方、出版にあたっては、当時『月刊ガバナンス』への執筆を期に出版事業部の方と知りあっていた「(株)ぎょうせい」に本企画の話を持ち込むことにした。幸いにも出版の趣旨をご理解いただくことができ、その実現に向けた態勢を整えることができた。

以上が本書の出版の経緯である。少々長々と書いてしまったがこれには理由がある。以上の出版の経緯からも、エッセンシャル・ワーカーの職場体制の構築へ向けた一定の示唆が導き出されるからである。すなわち、「想定外の事態に対応していくためには、その時に活用できるリソースを普段から持ち得ているかどうかが、その時の対応力やその後の結果の明暗を左右するものになる」からである。山谷清志先生からの書き込みは、筆者にとって想定外の出来事であった。いただいた書き込みに迅速に対応できたのは、これまでの人とのつながりやご縁を人一倍大切にし、しっかりと維持してきたからである。

調査や研究にてご縁をいただいた方々は、その調査を終えた後も筆者を支え、時には叱咤激励してくださっている。その方々の支えがあるからこそ研究を続けられていると感じており、人とのつながりを何よりも大切にしている。一方で、私のもとには、研究期間が終了した後は新たな研究に打ち込むべきではないか、そうする方が自らの視野が広がり、研究分野も増えていくため「効率的」なのではないか、というアドバイスも寄せられる。しかし、いただいたご縁を大切にしていたがゆえに今回も協力を得られ、本書を世に出すことができた。ここからも、ある程度の「ムダ」「あそび」「余裕」は、必要不可欠であるどころか、むしろ新しい成果につながりうるとご理解いただけると思う。

対照的に、エッセンシャル・ワーカーたちが働く公共サービスの現場では、これまで効率性ばかりを求めるあまり、必要な人員まで削減してきた。その結果が今回のコロナ禍で現場の苦悩となって表れている。これまでの章で繰り返し述べられているように、エッセンシャル・ワーカーが働く職場は、全般的に地方行革によって過度に効率性が追求され、健康に過ごすために必要な脂肪すらそぎ落とされた「やせすぎ」な体制になってしまっている。しかし、こうした地方行革に際しては想定外の出来事への対応が定められておらず、緊急時に身動きが取れなくなるレベルにまで体制を脆弱化させてしまった。これがまさに現在のコロナ禍で見られる公共サービスの提供体制の機能不全を引き起こしている原因なのである。

想定外であった今回のコロナウイルスの蔓延は、これまでの行政改革の実態を精査しつつ、エッセンシャル・ワーカーの現場をどのように維持していくかを検討し、改善策を提言する必要性を世に知らしめた。サービスの受給者である住民にとってみれば、今後の行政のあり方についての議論が必要不可欠となったとも言える。議論の際には、まず先ほど述べた「ムダ」「あそび」「余裕」は想定外の事態への対応のために必要だと再確認することが重要であろう。財政が厳しい自治体が少なくないなか、どのような事態となっても私たちの生活にとって必要不可欠なサービスを行政にしっかりと実施してもらうか、住民による十分な議論が求められているのである。この議論の土台として本書を幅広く活用いただければ幸いである。本書を基にさまざまな議論が交わされ、コロナ禍において奮闘されているエッセンシャル・ワーカーが直面した過酷な状況をはじめ、今後の公共サービスの提供体制や現場で働くワーカーたちの処遇が改善されていくことを願っている。

なお、上述したように本プロジェクトは新型コロナウイルスの第二波が到来していた時期に発案されため、広く社会に向けてすぐにでも出版したいという気持ちであった。しかし、想定していた以上にエッセンシャル・ワーカーの方々へのインタビューの調整に時間がかかり、執筆者のそれぞれも自らの業務を抱えながら執筆をしていたため、当初のスケジュールから遅れが出始めた。こうした事情もあったが、関係者の方々のご協力もあり、2021 年 3 月にやっとの思いで出版できた。大変光栄に感じている次第である。

2　本書を読むにあたって

本書は、総論から各論への流れに従って構成されている。第１章から第４章までが総論を構成し、第５章から第10章までが各論という位置づけである。体系的に読み進めたい場合は最初から、興味がある分野から読み進めたい場合はそれぞれの分野から、読者のニーズに従って読んでいただければと思う。

さて、ここで本書をふりかえり、改めて強調しておきたい点について記しておく。なお、紙幅の都合上、総論部分のみ取り上げて述べていく。

第１章「地方行革の『効率化』問題」では、地方行革を支える仕組みとしての「評価」が、エッセンシャル・ワーカーの職場にどのような影響を及ぼしてきたかについて説明がなされていた。その過程では評価の本質が振り返られたうえで、20世紀末から行われてきた改革自体が再評価され、軌道修正される必要性が指摘されていた。そして、そのためは評価規準を検討するために、「規準」と「基準」の違いを念頭に置いたうえで、多様な判断規準や価値観を持つことが肝要であり、とりわけエッセンシャル・ワーカーに対する判断規準や価値観を転換していく必要性が指摘されていた。エッセンシャル・ワーカーの職場を直撃した行政改革を「評価」の視点から述べた第１章を読んだ方々は、効率化と節約一辺倒の平時の経常的な評価が間違いであったと改めて気づかされたと思われる。また、「政策評価」の理解を深めるうえでの重要な説明もなされ、漠然とした評価へのイメージが整理されたのではないかと思われる。

第２章「これまでの地方行革」では、これまでの地方行政改革が時系列にまとめて整理されていた。これまでわが国においてどのように行政改革が進められてきたのか、とりわけ本書の各章でも頻繁に出てくる「集中改革プラン」について説明しているので、以降の章で展開されていく議論を理解していくためのツールとして活用していただきたい。

第３章「地方公務員削減を強いた財政の理由」は、地方行革のカラクリを財政的な視点から明らかにした内容となっている。保健所は連日コロナ感染者への対応に追われているが、その保健所を含む自治体の公衆衛生全般の脆弱性がどこにあったのかを財政面から明らかにしている。理由のひとつとして、「『保健師の給与費として地方交付税で保証されている経費をほかの施策で使っている』という現実が見えてくる。ここから、自治体において、保健所や公衆衛生が軽視されていたのではないかという疑いが生じる」と指摘されていた。

この指摘を読者の皆さんはどのように受け止めたであろうか。自治体の首長やそれを支える企画、財務、総務といった自治体内のマネジメント部門のこれまでのあり方に疑問を持ち、今後はこのマネジメント部門をどのように住民がコントロールすべきなのかと考えたのではなかろうか。また、財政面から国が自治体に行政改革を迫っている状況も説明されており、自治体の財政的自立の必要性を認識したのではないだろうか。ともあれ第３章は、私たち住民からはなかなか見えてこない自治体財政の仕組みや地方交付税の仕組みを理解するうえで、大変有用な内容であったと思われる。

第４章「現業職場の窮状と公共サービスの危機」は、自治労本部現業局長の職を務める小迫敏宏氏に執筆いただいた。現業局長という職には、ごみ収集、学校給食、学校用務、保育所給食、介護、自動車運転、道路維持管理、動物愛護、渡船、といった全国の現業職場で働く職員労働者の声が届けられる。こうした現場からのナマの声を基に書かれた第４章は、コロナ禍のなかでエッセンシャル・ワーカーである現業職員がどのように活躍していたのかを知る一助になったと思われる。また、現業職員が置かれている現状について体系的に整理がなされているため、住民の安心で安全な暮らしを守るためにエッセンシャル・ワーカーがどのような役割を担っているかを改めて理解できたと思われる。

一方、各論部分においては、各分野の現場の状況や課題が理解できたのではないかと思っている。それぞれの職場で発生している「地方行革のひずみ」がわかり、まさに「新たな評価規準」の必要性を認識いただけたのではなかろうか。

本書全体を通じて、これまでの地方行革が行き過ぎた効率性を求めた結果として、今般のコロナ禍に対応しなければならない現場の辛い状況がわかっていただけたと思われるが、ここで疑問がわいてくる。本書全体で述べてきた「行き過ぎた効率性」を追求する状況を作った原因はいったいどこにあったのか、という疑問である。

第９章では、自治体の企画、財務、総務といった管理部門に一因があると指摘し、政策実施を支援する管理部門が十分に機能を果たしていない点に原因を見出していた。また第２章では、地方における公共サービスの実態を顧みない国からの指示により、自治体の管理部門の外堀が固められた点に一因があると指摘されていた。その背後には、財政を通じた国によるコントロールが存在していたことは言うまでもない。このように、国からの指示と、それを受けた地方自治体の管理部門の業務遂行が「行き過ぎた効率性」を追求していく状況を作っていったと推測される。

一方で、この状況を作ったのは政治サイドである。集中改革プランは

2005年の「地方公共団体における行政改革の推進のための新たな指針」を根拠としているが、同指針は2004年に閣議決定された「今後の行政改革の方針」に従って総務省により発出された。つまり、第1章で指摘されているように、原因は「20年遅れのサッチャー改革」としてのコイズミ改革にある。さらに言えば、リーダーシップに長けていたと評価される当時の小泉首相でさえ、独断では行政改革を実行できないので、改革路線を取るリーダーを国政選挙で強く支持した国民の意思があってこその行政改革だったのである。よって究極的には、主権者である国民「本人」、つまり私たちが、政治家という「代理人」を通じて行政改革を実施させたという構造になってしまうのである。

行政改革の根源を探っていけば、以上のように私たちの選択が現在のエッセンシャル・ワーカーの過酷な現状を作り出し、その結果、今回のコロナ化における公共サービスの提供の機能不全を招いたと解釈することもできる。コロナ禍を期に、私たちは私たち自身のこれまでの選択の妥当性を評価する必要があるだろう。

3　エッセンシャル・ワーカーとしての公務員獣医

本書ではコロナ禍で奮闘するエッセンシャル・ワーカーを取り上げてきた。しかし、本書はすべてのエッセンシャル・ワーカーを網羅しているわけではない。これまでの各章で取り上げたエッセンシャル・ワーカー以外にも、電車やバスの運転手、スーパーやコンビニの店員をはじめ、実社会ではさまざまなエッセンシャル・ワーカーたちが私たちの安心・安全な暮らしを支えてくれている。日常生活で気づくことのなかった「エッセンシャル」な側面も、コロナ禍で気づかされた読者も多いのではないだろうか。以下では、この中から「公務員獣医」について簡単に紹介する。

先述のとおり、筆者は近年、自治体の現業職について研究している。その一環で2020年8月に北海道旭川市の動物愛護センター「あにまある」を訪問する機会を得た。当該センターのおもな事業は、動物愛護・適正飼育の普及啓発、犬や猫の譲渡の推進、負傷動物の保護・治療、収容動物の適正管理等であり[1]、筆者は同センターで実際に行われている収容動物の飼育管理業務や返還業務を体験することができた。その際、同センターに勤務する獣医師の方々から担当されている業務についてお伺いしたが、彼らが担当できるフィールドの広さと実際にコロナ禍で担われている業務に筆者は驚かされた。獣医師といえば「動物のお医者さん」というイメージが強いが、実は私たちの生活は彼らの活躍によって見えないところで支えられている実態がわかったからである。

農林水産省のホームページによれば、獣医師のうち動物病院でペットを対象に働く獣医師は4割未満（37%）で、続いて公務員分野（家畜の伝染病の防疫、食品衛生監視）が25%、産業動物分野（牛や鶏などの産業動物の診療に従事）が13%、その他の分野（大学の教員、製薬会社等）が13%となっている[2]。自治体の職員として働く獣医師が一定程度存在しているのである。旭川市保健所に勤務する獣医師は27名（2020年4月現在）で、彼らは①動物愛護センター、②食肉衛生検査所、③生活衛生、④食品衛生のいずれかに配属されている。それぞれの業務を見ると、①は収容動物、傷病動物の保護・検査・治療業務、②には牛、豚、馬、山羊等の家畜の屠畜検査を行う業務、③にホテル、公衆浴場、理美容（床屋・美容室）施設の営業許可や衛生関係の監視業務、④は食中毒の調査、飲食店と食品工場の営業許可、衛生関係の監視業務となっている。このうち、①と②については獣医師の資格が、③と④は公衆衛生等の一定の任用資格がなければ業務に携わることができないが、獣医師は獣医学を学ぶ過程で公衆衛生学を学ぶため、すべての業務を遂行することが可能となっている。なお、③と④は、医師、歯科医師、薬剤師、栄養士などの資格があれば業務に携わることができるが、過去からの経緯で獣医師もその業務に携わっている。

このように公務員獣医の担当できる業務範囲は広く、私たちの衛生的な生活を陰で支えている。公務員獣医はいわば万能かつ優秀な職員としてコロナ禍で活躍するエッセンシャル・ワーカーの1つとなっているのである。マスコミは保健所での保健師の奮闘の様子ばかりを取り上げるため、われわれはそれがコロナ禍におけるエッセンシャル・ワークのすべてのように錯覚しがちである。しかし、保健所では総動員体制で業務が運営されており、保健師だけでなく獣医師にも業務分担がなされている。具体的には、保健師はおもに対人関係を担い最前線での患者や病院との連絡・調整を担っている。対して、細菌学、ウイルス学を学び消毒の手順も熟知している獣医師らはそれ以外の対物関係、すなわち、コロナウイルス感染症に罹患した疑いのある患者を保健所の業務用車で病院まで搬送し、その後はその車を消毒する業務も担っているのである。他にも、獣医師は罹患者が入院している際の患者のペットの扱いについての相談や、クラスターが発生した施設の消毒作業や客への対応についての相談なども担っている。

このように自らのスキルを活かし、住民の生活を幅広く陰で支えている獣医師もエッセンシャル・ワーカーであると私たちは認識しておく必要がある。コロナ禍において私たちの日常生活を衛生的に保つために獣医師が活躍できる分野は各方面に及ぶと見込まれる。たとえば先述の③や④の業務に従事する獣医師は、清掃事務所、小中学校や給食室の衛生管理をはじめ、人が集まる役所の衛生管理業務など、広範な公衆衛生のあらゆる場面において活躍の場が期待されるのである。

しかし、この公務員獣医は行政改革による人員削減以前に、そもそも人員が定員に満たない状況に置かれている。とりわけ農村部の自治体となると、獣医系の大学が設置されていればある程度は当該自治体への就職が見られるものの、そうでない場合は獣医師の確保に苦労している状況にある。獣医師の輩出については数年前に獣医学部の設置をめぐり国会でも議論がなされたが、全体のバランスが取れていない状況にある。動物病院のような小動物の臨床分野では飽和状態ではあるものの、それ以外の大動物、産業動物、公衆衛生、家畜衛生を含む分野では獣医師が足りていないのである。

この原因は、獣医師の職務内容や能力に見合った処遇がなされていない点にある。獣医師が事務職と同じ給与体系となっている自治体もあり、不釣り合いな待遇が存在しているのである。エッセンシャル・ワーカーの職場を財政的に考察した第３章では、保健師の給与費として地方交付税で保障されている経費をほかの施策に使用している可能性が推察されていた。まさに獣医師の給与にもこの影響が見られると見極められるのである。以上の点から、今後は獣医師の充足や待遇改善に向けた検討が必要となってこよう。コロナ克服後に進んでいくと思われる公共サービス提供体制の再構築の議論をする際には、感染症対策において有用な効果を発揮できるポテンシャルを持つ公務員獣医の有用性を認識し、十分な給与水準の保証による適正数の配置がなされるべきである。

4　今後の地方行革の方向性

繰り返しになるが、筆者は地方自治体の現業職場、とりわけ清掃の職場を研究対象としている。研究にあたっては、現場感覚をつかむため実際の清掃の現場に参加させていただき、清掃職員とともに収集作業をしながらコロナ禍における清掃職場の実態を肌で感じている。以前は東京都新宿区の環境清掃部に、2020年11月からは東京都北区の生活環境部にお世話になり、週1回ではあるが滝野川清掃庁舎にて清掃車に乗務させてもらい現場を観察・体験している。

現場となる東京23区では、2000年に清掃事業が都から区に移管された。その後は区独自の収集業務が展開され、地域ごとの事情にあった収集が実施されている。経費削減のためどの区でも清掃車の台数を減らしている事情もあって、収集エリアが広く積み込み量も比較的多くなっており、ごみの多い週明けや年末年始の作業は小走りしなければ割り当てられた量を所定の時間内に積み込めない状況となっている。滝野川清掃庁舎の管轄エリアには戦争の空襲を免れた地区も残っているため、清掃車が入りきらない狭小路地が多く存在し、路地奥からのごみの引っ張り出しが必要な場所もある。こうした場所では、清掃車を道に長く停めると人々の往来ができなくなるため小走りが欠かせないばかりか、効率的な収集作業のため全ての指にありったけのごみを引っかけて路地奥から引っ張り出すこともあり、かなりの労力を要する。

先日担当させてもらったルートはそのような路地奥からの引っ張り出しではなかったが、一緒に作業に同行した入庁18年目となる清掃職員の方（以下、「A氏」）は一切走っていなかった。北区の清掃職場では走りながら収集する慣習なのだろうと予想したものの、念のためA氏になぜ走らないのか尋ねてみた。すると意外な回答が返ってきた。

「急ぎながら仕事をすると怪我につながりやすいという点もあるが、それ以上に、何か困った区民がいつでも区の職員である清掃職員に話かけやすい状況を作るために、おおらかに、ゆっくりと作業をするように心掛けている」との理由だったのである。Ａ氏自身も、入職した当初はごみを積み込むだけが仕事であると認識していたそうであるが、仕事を進めていくうちに清掃職員である自らに対して区に対する質問や要望、時には駅や郵便局や接骨院の道案内までも聞かれる機会が意外に多く、区民からごみ収集以外でも色々と頼りにされていることに気づいたという。それ以降、自分が区の職員として何かできることはないかと考えるうち、住民との対話が必要であると感じるようになった。そして清掃職員それぞれが持っている技能や能力を活かし、区民の安心・安全な暮らしに寄与したいと思いながら業務に勤しんでいるとのことであった。

筆者は拙著『ごみ収集という仕事』の出版後から清掃の講演を依頼されることが多くなったが、毎回の講演で「現業職員の価値」について繰り返し伝えている。委託化が推進されていく昨今においても定型業務しか行わないでいると、その仕事は委託業者でもできる仕事に過ぎなくなり、実際に委託に出されてしまう。そうではなく、住民ニーズを汲み取りながら委託業者ではできないサービスを自ら考えて業務を推進すれば、それが自らの職を守るだけでなく、住民満足度の向上にもつながると伝えているのである。筆者は以前に体験した新宿区の作業現場での経験から以上の結論に至ったが、まさにいま目の前で話をされたＡ氏も同じ境地に達し、率先してその実践に努めておられることに、筆者は大きな感動を覚えた。

Ａ氏と一緒に仕事をしている時に見た光景を紹介する。ある住民がたまたま住居の窓越しからごみ収集中の我々に対し「年末の収集日はいつまで？」と尋ねた。積み込み作業中であったため、清掃車を運転する委託業者の運転手が住民に丁寧に答えたが、作業が一段落した際にＡ氏は収集をいったん中断し、清掃車から案内ビラを取り出して当該住民宅を訪れ、詳細な説明を始めたのである。些細なことではあるが、このような対応を通じて住民の行政への信頼が堅固なものとなる。ちょっとした気遣いが住民の満足度を向上させ、清掃行政のみならず区行政への協力者を増やす流れが生み出されていくのである。その現場を筆者は間近で見ることができた。

これまでの行政改革は人員等を「削減」していく方向性であったが、このような光景に鑑みれば、筆者の目の前で展開された清掃職員の仕事の進め方こそが真の「改革」なのではないだろうか。つまり、清掃職員全体が住民に近いところで住民のために自らができることを積極的に実践するよう、研修などを通じて清掃職員全体のモチベーションや能力を底上げしていくことが真の「改革」なのである。削減のみが行政改革でなく、今ある行政リソースをいかに活用して住民が必要とする新たな公共サービスを提供していくかに考えを変えていくべき時期だとも言える。そうすればより住みやすい地域が創造され、住民の満足度も向上するばかりか、住民福祉が向上していく流れも生み出されてくる。コロナ禍の経験をふまえ、今後の地方行革がこのような方向に変化していくことを筆者は切望している。

5　「住民自治が団体自治を規定する」潮流の発現に向けて

エッセンシャル・ワーカーが担う公共サービスは、基本的に自治体が住民の生活福祉を向上させるために提供される。公共サービスに関することは地方自治の領域に含まれるため、地域社会の主人公である住民は公共サービスに密接不可分な関与や参加が求められてくる。最後に、今後もエッセンシャル・ワーカーによって提供される公共サービスのあり方について、地方自治の理念に立ち返りながら展望してみたい。

一般的に、地方自治を学ぶ際には、憲法でも謳われている地方自治の指針ともいうべき「地方自治の本旨」の解釈から始められる。通説では、地方自治の本旨は住民自治と団体自治から構成されると解釈され、住民自治とは「地方公共団体の地方限りの行政がその構成員たる住民自身の手により運営されること」(佐藤 1990：21）を、団体自治とは「地方公共団体が国から独立してみずからその意思を決定し、国の機関から独立した機関を有すること」(佐藤　前掲書）を意味する。定説では、この２つがあたかも車の両輪のように機能すれば地方自治の本旨が満たされると説明される。

今川晃は、このような「車の両輪」論を越え、住民自治が団体自治に優先して存在するという住民自治を基盤としたパラダイム転換の必要性を指摘している（今川ほか 2005：2、今川 2014：2 参照)。今川は、住民自治のありようが団体自治の範囲に影響を与える、すなわち住民が自治体運営に参加していくことが自治体のあり様を左右することを念頭に置いている。地方自治における住民としての私たちのあり方が問われているとも言える。

このことは自治体の公共サービスのあり方についても当てはまる。つまり、エッセンシャル・ワーカーが提供するサービスについて、住民は単なる享受者という位置づけから、サービスのあり方自体に自らの考えを持って積極的に関わり、あるべき姿を展望してゆくことが必要であると解釈できる。コロナ禍においても、住民がより一層公共サービスに参加し、そのあり方を展望していくことが必要なのである。そのために必要なことは次の３点になると考えられる。

第一は、住民としての責任を持ち積極的に選挙へ参加することである。「改革」という言葉が有権者にとって魅力的なせいか、公共サービスを提供する自治体のリーダーを決める首長選挙では、これまで改革を謳う候補者が選出される傾向が高かった。彼らは当選後も改革の幟のもと、公務員の削減、公共サービスの民営化・委託化を推進してきた。その一方で、彼らが実施してきた改革は公共サービスの提供体制を脆弱にし、見えないところで私たちの安心・安全な暮らしを脅していた。私たちは知らず知らずのうちに、自らの首を自らで締めて苦しんでいたのである。今後のあるべき公共サービスを展望するにあたっては、有権者は積極的に自治体の首長選挙に参加し、自らの安心・安全な暮らしをしっかりと守れるリーダーを見極めて選出していくことが求められる。また、国政選挙についても同様に、それぞれの政党が私たちの暮らしをどのように創造するかをしっかりと見極めて議員を選出していくことが求められる。

第二は、第９章でも触れられていたように、自治体の官房系部署への住民の直接的な統制手段の確立である。すなわち、自治体の財務や企画や人事といった組織のマネジメントについての意思決定に対して、住民の意思を直接反映できるような制度を生み出していくことである。自治体組織を便宜的に３つの層に分けると、①首長をはじめとする意思決定者層、②その指示を受けて自治体のマネジメントを行う官房系組織層、③実際に公共サービスを提供する現場層に分けられる。このうち、①は住民の選挙により直接コントロールでき、③も広聴や苦情相談等を通じて直接声を伝えることが可能である。しかし、②については住民からは直接的に見えない位置にある。一般的には、②も①を通じて統制ができるとされてきた。しかし、公共サービスの提供に関する「ヒト」「モノ」「カネ」といった資源提供の実質的な決定権は②が握っており、中には②が①をコントロールしているケースも見られる。②は現場に触れる機会が少なく、組織的には中間管理職的な役割を演じる必要があるが、その中には少数ではあるが、いわゆる「机の上で仕事をする」者や、サービスの受益者である住民の利益や③の現場の実情に鑑みず、上から課せられた課題の解決や数字の達成にばかり注力する独善的な者も見受けられる。自治体では人事異動で②に配属された職員もいずれは③にも配属となり、現場感覚を身につける機会があると言われているが、実際にはそのようなジョブローテーションが機能しておらず、②の部署ばかりの異動を繰り返している現実もある。このような課題から、②への何らかの住民による直接的な統制手段が必要となろう。

第三は身近な公共サービスについて興味を持ち、それを知る姿勢を持ち続ける住民の態度である。公共サービスは私たちの安心・安全な暮らしに必要不可欠であるが、サービスは享受するものの、サービスの仕組みやサービスの実施の際の問題点については意外と知らないことが多い。たとえば清掃サービスではごみの収集や焼却までは理解が及ぶが、焼却によって生じた灰はどこに運び込まれるかについて明確に答えられる住民は少ない。23 区の場合は東京湾の最終処分場に運搬されるが、その処分場はあと何年持つのかについて知る住民も少ない。現実には50 年後には埋め立て場所がなくなり、街にごみが溢れかえる状況が待ち受けている。また、水道については、2018 年の水道法の改正によるコンセッション方式の導入によって、私たちの暮らしに必要不可欠な水の質が低下し、料金も割高になるという危険性もはらんでいる。こうした現実が差し迫っている状況を住民は理解し、公共サービスのあるべき姿とは何かを展望していく必要がある。住民が公共サービスに参加し、あり方を展望してくためには、まず享受しているサービスに興味を持ち、実態を紐解いていくところから始めていくことが肝要である。

以上を通じて、住民が提供されるサービスの質にとらわれるのではなく、そのサービスの質を統制しガバメント（自治体政府）を創造する流れ、すなわち住民自治が団体自治を規定する流れが生まれてくることになろう。

最後に、コロナ後に公共サービスそのものやサービスの現場で働くエッセンシャル・ワーカーをどのように維持していくのかについて、サービスを享受する住民側から声が上がり、広く議論がなされていくことを願ってやまない。公共サービスへの私たちの関わり方が、自らの安心・安全を作り上げていくことを一人でも多くの住民が理解し、議論に参加するようになることを祈るばかりである。

参考文献

今川晃（2007）「地方分権時代における行政統制の意味の変容」行政管理研究センター編『季刊行政管理研究』No.120、5-13
今川晃（2009）「ガバメントを創造すること―行政統制における制度設計の政策学―」行政管理研究センター編『季刊行政管理研究』No.125、1-2
今川晃編（2014）『地方自治を問いなおす―住民自治の実践がひらく新地平―』法律文化社
今川晃・馬場健編（2009）『市民のための地方自治入門［新訂版］』実務教育出版
今川晃・山口道昭・新川達郎（2005）『地域力を高めるこれからの協働―ファシリテータ育成テキスト―』第一法規
久米郁男・川出良枝・古城佳子・田中愛治・真渕勝（2011）『補訂版 政治学』有斐閣
佐藤竺（1990）『地方自治と民主主義』大蔵省印刷局
藤井誠一郎（2018）『ごみ収集という仕事―清掃車に乗って考えた地方自治―』コモンズ

---

[1] 詳細は旭川市動物愛護センターのホームページを参照されたい。

http://www1.city.asahikawa.hokkaido.jp/files/eiseikensa/Animaal_HP/gaiyou/gyoumu.html

2 農林水産省「特集1 獣医師の仕事（2） 幅広い分野で活躍する獣医師たち」を参照。

https://www.maff.go.jp/j/pr/aff/1212/spe1_02.html

地域を支える　エッセンシャル・ワーク
— 保健所・病院・清掃・子育てなどの現場から —

令和３年４月５日　第１刷発行

編　著　山谷　清志・藤井誠一郎

発　行　株式会社ぎょうせい

〒136-8575　東京都江東区新木場1-18-11
URL：https://gyosei.jp

フリーコール　0120-953-431
ぎょうせい　お問い合わせ　検索　https://gyosei.jp/inquiry/

〈検印省略〉

印刷　ぎょうせいデジタル株式会社

※乱丁・落丁本はお取り替えいたします。

ISBN978-4-324-10969-4
(5108692-00-000)
〔略号：エッセンシャルワーク〕

≪執筆者一覧≫

◎第１章　山谷　清志（同志社大学　政策学部　教授）

◎第２章　藤井誠一郎（大東文化大学　法学部　准教授）

第３章　林　　鉄兵（全日本自治団体労働組合　政策局長）

第４章　小迫　敏宏（全日本自治団体労働組合　現業局長）

第５章　三上　真嗣（同志社大学大学院　総合政策科学研究科
後期課程）

山谷　清志（前　掲）

第６章　山谷　清秀（青森中央学院大学　経営法学部　講師）

第７章　渋谷　典子（特定非営利活動法人参画プラネット
事、愛知大学非常勤講師）

近藤　佳美（特定非営利活動法人浜松男女共同参画推
理事、精神保健福祉士）

第８章　藤井誠一郎（前　掲）

第９章　湯浅　孝康（大阪国際大学　経営経済学部　講師）

第10章　湯浅　孝康（前　掲）

終　章　藤井誠一郎（前　掲）